예수를 바라보는 세 가지 시선
: 공관복음 펼쳐 보기

예수를 바라보는 세 가지 시선
: 공관복음 펼쳐 보기

2019년 4월 10일 초판 1쇄 인쇄
2019년 4월 15일 초판 1쇄 발행

지은이 | 김선정
펴낸이 | 김영호
펴낸곳 | 도서출판 동연
등 록 | 제1-1383호(1992. 6. 12)
주 소 | 서울시 마포구 월드컵로 163-3
전 화 | (02)335-2630
전 송 | (02)335-2640
이메일 | yh4321@gmail.com

Copyright ⓒ 김선정, 2019

이 책은 저작권법에 따라 보호받는 저작물이므로
무단 전재와 복제를 금합니다.
잘못된 책은 바꾸어드립니다.
책값은 뒤표지에 있습니다.

ISBN 978-89-6447-499-0 93230

이 도서의 국립중앙도서관 출판예정도서목록(CIP)은 서지정보유통지원시스템
홈페이지(http://seoji.nl.go.kr)와 국가자료종합목록시스템(http://www.nl.go.kr/kolisnet)에서
이용하실 수 있습니다. (CIP제어번호 : CIP2019014063)

The Synoptic Gospels

예수를 바라보는 세 가지 시선

공관복음 펼쳐 보기

김선정 지음

동연

머 리 말

공관복음은 '예수가 누구인가'라는 질문에 대한 원시 기독교 공동체들의 다양한 고백이라 할 수 있다. 이러한 고백은 각각의 복음서를 산출한 신앙 공동체의 집단적 고백을 반영한다. 이들은 예수 사후, 부활 체험을 통해 그리스도의 현존을 경험한다. 그리스도의 가르침과 삶은 부활 사건을 통해 새롭게 조명되었고, 예수가 어떻게 그리스도로 고백될 수 있는가를 놓고, 공관복음 배후의 공동체들은 나름의 답변을 내보인다.

공관복음은 복잡한 구전 단계를 거친 다양한 예수의 말씀 자료와 다양한 에피소드의 구전 모음집의 수집과 편집을 거친 원시 기독교 공동체들의 문헌들로 보는 것이 적절하다. 구전과 문서화의 다양한 과정을 거치면서, 또 신앙공동체의 집단적 경험을 반영하면서 원시 기독교 공동체들의 예수 사건에 관한 이해와 신학적 해석은 깊어지고 넓어졌을 것이다. 이러한 과정은 복음서의 예수 이야기가 다양한 과정과 발전을 거쳐 집단적으로 형성된 것이라는 사실을 보여준다. 공관복음은 예수에 관한 사실(fact)만을 단순하게 나열한 자료집이 아니라, 예수의 삶을 신앙적 관점에서 재해석한 그리스도 사건(event)에 관한 이야기라 할 수 있다.

예수 사건을 체험한 원시 기독교 공동체들의 예수 이야기는 시대의 변화와 사회적 환경에 따라 다양하게 변주되어 내려오면서 끊임없이 새롭게 해석되고 재현된다. 공관복음의 예수에 관한 다양한 초상들을 한 가지 색으로만 일치시키려 한다면, 예수 사건이 지닌 풍부한 의미를 탈색시키게 될 것이다. 공관복음에 묘사된 다채로운 예수 이야기 속에는 대내외적인 혼란과 위기에 직면했던 원시 기독교 공동체들의 신앙적, 신학적 대응이 깃들어 있다. 그들이 그려내는 예수의 이야기는 단지 과거에 있었던 일이 아니라, 그들의 현재 삶 가운데 현존하는 그리스도 사건으로 체험된다. 따라서 복음서를 읽는다는 것은 과거의 예수에 관한 이야기를 읽는 것을 넘어서, 현재 예수를 해석하는 공동체들의 이야기를 읽는 것이다. 이들은 과거의 예수 이야기 속에 현재 자신들이 직면한 신앙적 위기를 투사하고, 극복하고자 했다. 또한 이들은 자신들의 이야기를 미래의 독자들에게 개방하며, 자신들의 이야기 속에 독자들을 초대하고 있는 것이다.

이 책은 오래 전 공관복음에 대한 강의를 위해서 준비하였던 강의록을 토대로 새로운 연구 성과들을 추가하고, 편집과 내용을 수정 보완하여 공관복음을 보다 깊게 이해하고 싶은 독자들을 위한 입문서로 탄생되었다. 이 책은 공관복음을 둘러싼 최근의 연구 성과들을 반영하여, 마태복음, 마가복음, 누가복음 상호간에 존재하는 내용적 상이점이 무엇인지를 살피고, 이러한 차이점을 야기한 복음서 저자의 신학적 전망을 추적할 것이다. 그리고 공관복음의 신학적 독특성을 다양한 원시 기독교 공동체들이 직면한 사회, 역사적 환경과 공동체의 정황으로부터 이해하려고 시도할 것이다. 이를 위해 사회과학적인 전망으로 공관복음을 연구한 성과들을 비판적으로 수용하여, 원시 기독교 공동체들이 대내외적인 위기와 혼란을 어떻게 수습하고 이겨냈는지를 살펴볼 것이다.

필자는 많은 공관복음 연구서들이 각각의 복음서별로 내용을 구성하고 있어서 독자들이 공관복음 상호 간의 유사점과 차이점을 비교하기가 쉽지 않다는 데 아쉬움을 느끼고 있어서 공관복음의 각 복음서들을 펼쳐 놓고 보는 것과 같은 구성의 책이 있었으면 좋겠다고 생각하였다. 그래서 이 책에서는 공관복음의 주제들 중에서 예수 이야기, 하나님의 통치 이야기, 각 복음서 배후의 공동체들이라는 주제를 선택하여 각 주제별로 복음서들의 특징을 전체적으로 비교해 볼 수 있도록 구성하였다. 독자들이 공관복음을 메타 시각으로 바라보는데 작은 보탬이 되기를 소망한다. 필자가 학술지에 발표했던 공관복음 연구 논문 세 편을 부록으로 실었다. 공관복음이라는 큰 숲 속에 자리 잡고 있는 멋진 나무들의 모습을 독자들에게 조금 보여드리고 싶었다. 이 책의 출판을 허락하신 도서출판 동연 대표 김영호 사장님과 교정 작업으로 수고해 주신 편집실 여러분께 감사를 드린다. 끝으로 늘 부족한 엄마를 기다려주고, 이해해 주고, 도와주는 사랑하는 딸 해랑이와 신약학 연구의 동반자로 힘든 순간마다 버팀목이 되어주는 남편 정승우 교수에게 마음 깊이 사랑과 감사를 보낸다.

2019년 2월 13일
봉산의 위안이 있는 작업실에서
김선정

차 례

머리말 / 4

서문	11
1장_ 원시 기독교와 공관복음	17
1_ 공관복음의 시각적 이미지들	17
2_ 원시 기독교 공동체들과 공관복음	23
2장_ 공관복음의 기원	39
1_ 공관복음이란 무엇인가	39
2_ 공관복음의 저자, 저작 연대, 자료	47
3_ 공관복음의 이야기 구조	55
3장_ 공관복음의 예수 묘사	63
1_ 탄생 이야기	64
2_ 공생애 활동 이야기	76
3_ 수난과 부활 이야기	86

4장_ 공관복음의 하나님 나라   101

  1_ 마가복음의 하나님 나라 비밀   103
  2_ 마태복음의 하늘 나라 의(義)   112
  3_ 누가복음의 하나님 나라 확장   124

5장_ 공관복음 배후의 공동체들   133

  1_ 마가공동체   134
  2_ 마태공동체   143
  3_ 누가공동체   154

부록
  1. 포도원 주인의 두 가지 길   167
  2. 여성과 일   189
  3. 큰 잔치 비유 다시 읽기   209

미주 / 233
참고문헌 / 253
찾아보기 / 263

서문

　원시 기독교는 예수에 관한 다양한 기록들을 지니고 있었다. 신약성서에 포함된 네 권의 정경 복음서들(Canonical gospels) 외에도, 도마복음서, 마리아복음서, 유다복음서와 같은 신약성서에 채택되지 못한 외경 복음서들도 존재하고 있었다. 그러나 4세기 무렵부터 원시 기독교인들은 마태복음, 마가복음, 누가복음, 요한복음만을 공식적으로 인정하기 시작한다. 이들 복음서들만이 예수의 제자들의 증언에 충실하다는 이유 때문이었다. 또한 이 문서들이 교회가 인정할 수 있는 예수의 지상 활동과 육체적 부활을 기록하고 있다고 간주되었기 때문이다. 다시 말해 4권의 복음서가 정경(正經, Canon)으로 채택된 이유는 이 복음서들이 예수에 관한 사도들의 가르침을 충실히 따르고 있다고 여겨졌기 때문이다. 마태복음은 세리 마태의 가르침을, 누가복음은 바울의 동역자 의사 누가의 증언을, 마가복음은 베드로의 제자 마가의 전승을, 요한복음은 야고보의 형제 요한의 회고를 반영한 것이라는 믿음 때문이었다. 따라서 정경복음서의 확정은 사도적 전승이라는 공통 분모에 관한 원시 기독교의 신앙적 신념에 토대를 둔 것이었다. 즉 네 복음서들이 예수에 관한 사도적 신앙이라는 동일한 기초에 입각해 있다는 확신 때문이었다. 그런데 네 복음서들을 면밀히 검토해 보면 이러한 공통의 기초와는 별도로 각 복음서들마다 개성과 독특성들이 존재한다. 공관복음이라고 불리는 마태복음, 마가복음, 누가복음에 등장하는 예수의 가르침과 활동은 전체적인 스토리 라인에서는 유사성을 보여주고 있으나 강조점이나 특성에 있어서는 각각 차이가 있다. 공관복음과 달리, 요한복음은 1장에서부터 '로고스'라는 헬라철학의 개념을 차용하여 예수의 신적인 정체성에 관심을 기울인다. 요한복음에는 예수의 비유도 등장하지 않고, 니고데모와 사마리아 여인과의 긴 담화를 통해 영생의 의미를 가르친다. 공관복음과 같은 형태의 최후의 만찬 이야기는 요한에는 등장하지 않고, 제자들의 발을 씻긴 이야기(13장) 이후에 예수의 고별 담화가 등장한다. 이러한 요한복음의 신학적 독특성은 이미 2세기 교부들에 의해서 감지되었다. 오리겐을 비롯한 초대교회 교부들은 공관복음과 요한복음의 전승 계보가 상당히 다르다는 것을 파악하였다. 19세기 후반과 20세기 초반에 걸쳐 복음서의 구전전승과 자료가설을 밝혀낸 독일의 학자들은 공관복음과 요한복음의 전혀 다른 기원을 지녔다는 사실을 밝혀내었다. 이후 20세기 불트만(R. Bultmann)을 중심으로 한 양식비평(Form criticism) 연구는 공관복음과 요한복음은 전혀 다른 전승 계보를 지닌 것으로 판별하였다.

공관복음은 신약성서에 포함된 세 권의 복음, 즉 마태복음, 마가복음, 누가복음을 지칭한다. 공관(共觀, synoptic)이라는 말은 유사한 관점에서 예수의 가르침과 생애를 바라보고 기록하고 있다는 것을 뜻한다. 앞서 살펴보았듯이, 19세기부터 서구의 학자들은 복음의 구전(oral tradition) 과정과 문학적 특징을 연구하면서, 공관복음들 사이의 모종의 연관성이 있다는 것을 발견하였다. 공관복음은 예수에 관한 스토리 라인이 유사하다. 예수의 갈릴리 활동 그리고 예루살렘에서의 재판, 십자가 처형, 부활이야기 등 외형상으로 상당히 유사한 이야기 전개를 보여준다. 이는 마태복음과 누가복음이 마가복음의 스토리 라인을 채용했기 때문이라고 주장한다. 또한 마태복음과 누가복음에 동일하게 등장하는 예수의 어록 역시 1세기 중반에 유통되던 예수의 어록집을 참고했기 때문이라고 한다.

불트만의 기념비적인 저작인 『공관복음전승사』는 예수의 어록과 에피소드가 구전(oral tradition)으로 전해지는 과정에서 공관복음 상호 간의 복잡한 문학적 연관성이 형성되고, 전승 계보가 공유되었음을 밝혀내었다.[1] 그러나 2차 대전 이후부터 공관복음들이 단순히 구전전승의 수집물이 아니라, 각각의 복음서 저자의 독특한 신학적 전망으로 편집된 문헌이라는 것에 강조점이 주어지기 시작했다. 서구의 학자들은 외형상으로 유사해 보이는 공관복음 저자들이 사실은 각각의 독특한 신학적 전망과 관점으로 예수의 이야기를 '편집'하고 있다고 주장하였다.[2] 즉 공관복음은 더 이상 같은 관점으로 이해될 수 없다는 것이다. 예를 들어, 마태복음에는 산상설교(5-7장)가 등장하지만, 마가복음에는 이처럼 긴 예수의 가르침이 없다. 보른캄(G. Bornkamm)은 마태복음 저자의 신학사상을 추적하면서, 마태복음에만 등장하는 독특한 예수의 가르침에 주목하였다.3 누가복음에는 엠마오 이야기라는 독특한 예수의 부활 이야기가 기록되어 있지만, 마태복음에는 이와는 다른 부활 이야기가 등장한다. 콘첼만(H. Conzelmann)은 누가복음이 구원사에 입각하여 예루살렘 중심주의를 표방하고 있다고 주장하였다.4 마가복음에는, 마태복음이나 누가복음과는 달리 예수의 탄생 이야기가 아예 누락되어 있다. 마태복음에서 예수가 유독 구약성서를 자주 인용하는 것은 무슨 이유 때문인가? 누가복음에서 예수가 선교를 강조하는 이유는? 마가복음에서 예수가 제자들에게 자신의 수난을 자주 예고하는 것은 무엇 때문인가? 막센(W. Marxen)은 마가복음 저자가 세례 요한의 전승을 차용하여 예수의 활동의 전조로 재해석하였다고 주장하였다.5 이처럼 20세기 중반부터 공관복음이라는 말이 무색하게 마태복음, 마가복음, 누가복음의 개별적인 신학적 특징이 강조되기 시작하면서 공관복음에 관한 연구들이 공관복음의 개별 복음서들의 독특성을 분석하는 방향으로 발전하기 시작하였다.

    마가복음은 그레코-로만 시대에 유행하였던 전기 문학을 창조적으로 차용하여 '복음'이라는 새로운 이야기 틀을 원시 기독교 공동체에 유통시켰다. 마태복음과 누가복음은 이러한 마가복음의 장르를 계승하면서, 자신과 자신들의 공동체의 경험 속에서 예수의 이야기를 재구성한다. 즉 복음서 저자들이 직면하였던 다양한 사회, 정치, 종교적 상황 속에서 예수의 의미를 재해석하고, 그들의 삶 속에서 재현하였다. 역사적 예수가 살았던 팔레스타인의 사회적, 역사적 환경은 70년 로마 제국이 예루살렘 성전을 함락시킴으로써 엄청난 변화를 경험하게 된다. 전쟁의 참화 속에서 예루살렘을 거점으로 활동한 초창기 예수 그룹들은 이방 지역으로 흩어졌고, 성전을 중심으로 한 유대교는 몰락하여 얌니아(Jamnia)에서 새로운 유대교 재건 운동을 시작한다. 이러한 과정에서 원시 기독교는 유대교 내부로 흡수되지 않고, 추방됨으로써 독자적인 길을 모색하지 않을 수 없었던 것으로 보인다. 랍비 유대교는 소위 이단 저주칙령(Birkath ha-Minim)을 발표하여, 나사렛 예수 추종자들이 더 이상 유대교도가 아님을 공식화하였다. 나사렛파의 정체에 대한 논란이 있지만, 마태복음 23장에 나타나는 서기관과 바리새인들에 대한 예수의 비판과 요한복음 9장 22절에 기록된 유대교의 출교 위협은 이러한 정황을 암시한다. 이런 점에서 복음서의 예수 이야기는 일정 정도 논쟁적인 성격을 지닌다. 마가복음의 예수는 유대교의 안식일 규례에 정면으로 도전한다. 마태복음의 예수는 모세로 상징되는 유대교의 가르침과 다른 교훈을 가르친다. 누가복음의 예수는 유대교의 경계를 넘어 이방인들에게 다가선다. 한편, 공관복음의 예수 이야기는 교훈적인 성격을 지닌다. 원시 기독교 공동체 내부의 잘못된 예수 이해를 교정해 주기 위한 의도로 복음서가 쓰여졌기 때문이다. 마가복음 8장에 등장하는 가이샤랴 빌립보에서의 예수의 수난 예고는 마가공동체 내부에서 십자가 사건에 관해 잘못 이해하고 있던 일부 교인들을 겨냥한 것으로 볼 수 있다. 또한 바디매오의 눈뜸(깨우침)과 제자들의 눈멈(무지)을 병치 보도함으로써, 이 이야기를 읽는 독자들에게 영적 각성에 관한 교훈을 제시한다. 이러한 모습은 마태복음과 누가복음의 저술 태도에서도 자주 발견된다. 마태복음의 예수는 '산상설교'에서 율법에 관한 잘못된 이해를 교정하며, 누가복음의 예수는 '탕자의 비유'를 통해 보상과 처벌의 하나님 이미지를 사랑과 용서의 이미지로 교정한다. 이러한 점에서 복음서의 저작 동기 중에는 신자들을 올바른 신앙으로 인도하기 위한 교훈적인 목적이 있었음을 추정할 수 있다.

마태복음, 마가복음, 누가복음은 공통의 전승과 자료를 가지고 예수 이야기를 기술하였다. 공관복음은 신앙적으로 동의할 수 있는 예수에 관한 자료들을 공유했다. 다만 이들의 강조점이 달랐을 뿐이다. 즉, 마가복음은 예수의 수난을, 마태복음은 예수의 가르침을, 누가복음은 예수의 선교를 부각하여 자신들만의 이야기를 재구성하였다. 그것은 각기 다양한 환경 속에서 힘든 삶을 살아냈던 원시 기독교인들이 예수의 가르침과 삶 속에서 다양한 교훈과 의미를 획득하기 위한 것이었다. 마치 물방울을 투과한 빛이 아름다운 일곱 가지 색을 지닌 무지개를 형성해내듯이, 원시 기독교인들의 삶을 투과한 예수 사건은 이제 공관복음을 넘어서 오늘 우리들의 삶을 비추고, 예수에 대한 수많은 고백들과 증언들로 탄생될 것이다.

1 장

원시 기독교와 공관복음

1. 공관복음의 시각적 이미지들

유대교는 하나님을 시각적으로 이미지화하지 않았다. 십계명의 두 번째 계명은 하나님의 신상뿐만 아니라, 여하한 신의 형상도 금하고 있다. 예수 당시 유대 사회에서 통용되던 로마의 주화는 성전에서 통용될 수 없었다. 로마 황제의 초상이 새겨져 있었기 때문이다. 예수 당시의 유대인들은 성전세를 바칠 때에는 아무런 형상도 새겨져 있지 않은 세겔로 바꾸어야 했다. 예루살렘 성전 입구에는 드라크마와 같은 로마의 주화를 세겔로 바꾸어 엄청난 시세차익을 얻는 환전상들이 성전 당국의 허락을 받아 상주하고 있었다. 공관복음에서 예수는 이러한 환전상들을 강도들이라고 비판하고 있다(마 21:12-13, 막 11:15-19, 눅 19:45-48).

유대교가 지켜온 신상을 금하는 전통은 예수의 제자들에 의해서도 엄격히 지켜졌고, 원시 기독교에서도 지속되었다. 사도행전에 따르면, 베드로와 요한은 부활 체험 이후에도 여전히 성전 예배에 참석하였다고 한다(행 3:1). 유대의 역사가 요세푸스의 기록 속에서 예수의 형제 야고보는 유대교 율법 준수 논란과 관련해서 언급되고 있다.[1] 그러나 기독교가 4세기부터 로마 제국의 종교로 채택되면서 신상을 금지한 유대교의 습속은 서서히 깨어지기 시작한다. 그레코-로만의 전통은 다양한 신들을 인간들이 볼 수 있게 형상화하는 문화였기 때문이다. 이러한 흔적을 우리는 카타콤의 초기 기독교 미술에서 발견할 수 있다.[2] 4세기 중반부터 기독교인들은 예수의 모습을 그리스의 오르페우스 신화에 등장하는 목자의 이미지로 형상화하기 시작한다. 복음서들도 예수를 선한 목자 또는 희생양으로 묘사하고 있었기 때문에 이러한 이미지는 커다란 설득력을 얻었다. 5세기에 접어들면서 보다 본격적으로 로마 제국의 기독교는 신을 형상화하는 유대교의 금기에서 벗어나서 다양한 기독교의 시각 이미지들을 발전시키기 시작한다. 이제 기독교는 유대교의 그림자에서 벗어나서, 그레코-로만의 시각 문화의 영향권 속에서 자신들만의 독자적인 종교 문화를 창출하기 시작한다. 중세의 고딕 성당에 등장하는 스테인드글라스는 기독교 시각 문화의 상징이라 할 수 있다. 이러한 기독교의 로마적 변용은 5~6세기부터 과감하게 나타난다. 이 시기부터 하나님의 아들, 예수의 모습이 형상화되는 것은 물론, 예언서나 묵시문학에 등장하는 동물들이 메시아나 초기 기독교 성인들의 상징으로 사용되기 시작한다.[3] 예를 들어, 사자는 6세기부터 라틴어 성서를 번역한 제롬과 관련된 동물로 사용되기 시작하였다. 사자는 광야에서 성서를 번역하는 제롬(Jerome)을 악마로부터 수호하는 동물로 간주되기도 하였다.

전통적으로 공관복음서를 상징하는 동물들을4 처음 언급하는 텍스트는, 구약성서 에스겔 1장 1절이다. 에스겔은 바벨론의 그발 강가에 포로로 잡혀 와서 하나님의 보좌에 관한 환상을 보는데, 그 가운데 네 마리의 생물들이 하나님의 보좌 주변에 도열해 있었다. 이 생물들은 인간의 얼굴, 사자, 수소, 독수리의 네 이미지로 묘사되고 있다. 아마도 이것들은 하나님의 영광을 수호하는 동물들로 간주되었을 것이다. 유대교는 하나님의 형상을 직접적으로 묘사할 수 없기 때문에, 법궤나 보좌를 수호하는 그룹이나 동물들을 통해 간접적으로 묘사한다. 이러한 수호자들은 동물의 형상을 하고 있지만(겔 1:10) 형태상 인간이다(겔 1:5). 유대 랍비 전승에서는 이러한 동물들이 채택된 것은, 그것들이 가진 위엄 때문이라고 이야기한다. 즉, 인간은 만물의 영장이고, 사자는 야생 짐승의 왕이고, 수소는 가축들 중에 으뜸이고, 독수리는 새들 중에 가장 높기 때문이다. 각각은 자기 영역에서 최고이지만 하나님 자신의 보좌 아래에 위치한다. 구약성서, 열왕기 7장 29절에는 사자, 수소, 케루빔은 성전의 물 담는 그릇 기둥에 그려져 있다. 한편 금으로 된 케루빔은 지성소에서 법궤를 지킨다(왕상 6:23-28). 이러한 이미지들은 이사야의 환상에서처럼(사 6:1-2), 에스겔의 환상에 영감을 주었을 것이다.[5]

요한계시록 4장에 등장하는 천상에 관한 환상은, 보좌와 네 생물에 대한 설명이 있는 에스겔 1장을 포함한 많은 구약성서에 등장하는 묵시문학적 판타지들로부터 영향을 받았다. 계시록 4장 7절은, 각기 네 생물을 다른 순서로 말한다. 첫째는 사자와 같고, 둘째는 소와 같고, 셋째는 사람의 얼굴 같은 모습을 지녔고, 넷째는 날아다니는 독수리 같다고 기록한다. 4세기부터 기독교인들은 이 네 마리 동물들이 메시아의 영광을 드러내는 상서로운 짐승들로 생각하였고, 각각 네 복음서에 등장하는 예수의 이미지에 상응하는 상징적 동물로 채택되었다. 이후 중세 서양의 교회들이 생산한 복음서 필사본이나 회화 작품 속에서 네 마리 짐승들이 각각의 복음서를 상징하는 것으로 확정되어 갔다. 초기 기독교회는 6~7세기부터 계시록의 네 동물을, 각각 네 복음서의 저자들에 대한 상징으로 사용하기 시작한다. 마태는 인간의 얼굴을 하고 있고, 마가는 포효하는 사자의 머리를 가졌으며, 누가는 인내심 있어 보이는 수소로, 요한은 날카로운 부리를 가진 독수리로 그려져 있곤 했다.[6]

사본 연구가들은 네 복음서가 같이 묶인 것은 150~180년경으로, 2세기 중반부터 코덱스(codex) 사본—오늘날의 책과 같이 낱장끼리 묶어서 만듦— 형태로 유통되기 시작하면서 이루어진 것으로 추정한다. 이 네 책이 묶일 때, 그 순서에 관한 두 가지 전승이 있다. 하나는 마태-요한-누가-마가의 순서로 된 고대 라틴 또는 서구식 순서인데, 초기 라틴 필사본에서 자주 발견된다. 이러한 순서는 지중해 서쪽의 저자들과 교회들 사이에서 채택되었다. 남프랑스 리용(Lyons)의 감독이었던 이레네우스(Irenaeus)는 서구식 순서를 따랐고, 에스겔에 등장하는 동물들을 이 순서에 맞추었다. 즉 인간-마태, 사자-요한, 소-누가, 독수리-마가의 순서이다. 따라서 이러한 복음서에 대한 상징이 사용된 것은 매우 이른 시기이다. 390년경의 밀란(Milan)의 주교 암브로스(Amborse)도 이 순서에 따라, 요한을 사자, 마가를 독수리에 비교하였다. 그러나 오늘날 우리가 가진 현대 성서의 순서인 마태-마가-누가-요한은 170~200년경의 무라토리 정경(The Muratorian Canon)에 처음 등장한다. 이 순서는 지중해 동쪽, 그리스 저자들이 사용하였다. 이레네우스와 동시대 인물인, 네 복음서의 주석을 쓴 시리아의 안디옥(Antioch) 주교 테오필루스(Theophilus)는 사자를 마가에, 독수리를 요한에, 마태와 누가는 인간의 얼굴과 수소로 비교하고 있다. 즉 인간-마태, 사자-마가, 소-누가, 독수리-요한의 순서이다. 신약성서의 라틴어 번역본인 불가타(Vulgate)를 탄생시킨 제롬은, 복음서들의 정경적 순서를 표준화한 인물이다. 그는 에스겔 주석과 마태복음 주석에서 테오필루스의 순서를 채택하였고, 그것이 중세를 거쳐 오늘날에도 각각의 복음서를 상징하는 동물들로 이어져 내려왔다.7

버릿지(R. A. Burridge)는 각각의 복음서에 대응되는 상징 동물들은 단순한 상징이 아니라, 공관복음에 서술된 예수의 특징적인 생애를 잘 포착하고 있다고 주장한다. 그의 주장에 따르면, 마태복음의 상징으로 채택된 인간의 얼굴은 마태복음 1장 1절부터 17절에 기록된 예수의 인간 족보와 잘 어울린다. 예수의 인간적인 모습이 족보를 통해 잘 드러난다는 것이다. 한편 누가복음은 수소로 상징되고 있는데, 누가복음 1장 5절에서는 세례 요한의 아버지, 스가랴의 제사장직을 언급하고 있다. 구약에서 수소는 제사장들을 위한 희생 제물로 상정되어 있다. 애초에 마가복음의 상징으로는 독수리와 사자가 혼용되어 사용되었다. 리옹의 주교 이레네우스는 마가를 상징하는 동물로 독수리를 설정하였는데, 마가복음이 이사야의 예언으로 시작되고 있기 때문이라는 것이다. 즉 독수리는 예언자의 통찰을 상징하는 동시에, 마가의 간결하고 신속한 진행이 독수리의 동작을 닮았기 때문이다. 그런데 제롬은, 이레네우스와는 달리 마가의 상징으로 사자를 채택하는데, 마치 마가복음이 사막에서 울부짖는 사자와 같이 '광야에서 외치는 자의 소리'(막 1:3)로 시작하기 때문이다. 예수의 길을 준비하기 위해 광야에서 큰 소리로 외치는 세례 요한의 이미지가 사자의 큰 울음을 연상시킨다는 것이다.[8]

이러한 이미지들은 복음서의 메시지를 시각적 이미지로 간단하게 함축하는데 요긴하게 사용될 수도 있다. 공관복음의 예수를 인간으로 태어나서 수소처럼 희생되었고, 사자처럼 다시 승리한 메시아로 그려낼 수 있다. 예를 들어, 루이스(C. S. Lewis)가 쓴 『나니아 연대기』에 등장하는 사자, 아슬란이 복음서의 예수의 모습을 암시하는 것처럼 말이다. 그러나 이러한 시각화는 공관복음이 기록하고 있는 예수의 가르침과 생애를 상징적 이미지로 단순화는 문제점이 있다. 왜냐하면 공관복음의 예수 이야기는 평면적이기보다는 입체적이기 때문에 하나의 고정된 동물의 캐릭터로 예수 이미지를 고착시키는 것은 공관복음의 다양성을 희석시키는 바람직하지 않은 결과를 초래할 수 있다. 공관복음에는, 원시 기독교 공동체들이 직면했던 다양한 사회적 정황들에 대응하는 과정에서 산출된 신학적 논쟁들도 자리하고 있다. 따라서 하나의 고정된 이미지만으로 공관복음을 이해하려는 시도는 그 문헌들이 가지고 있는 역동성을 제대로 파악하지 못하게 할 위험성이 있다. 그렇다면 공관복음을 원시 기독교 공동체들이 직면한 다채로운 사회, 역사적 환경과의 관련 속에서 이해하기 위해서는 어떤 접근 방식이 유효하고 의미 있는 지 살펴보도록 하겠다.

2. 원시 기독교 공동체들과 공관복음

공관복음 읽기와 원시 기독교 공동체들

공관복음서들은 간략하게 말한다면 원시 기독교 공동체들의 예수 이야기이다. 이야기 속에는 적어도 두 가지 중요한 이야기 층이 존재한다. 하나는 역사적 사실(fact) 혹은 사건(event)으로서의 예수 사건 혹은 예수 운동이다. 이것은 2000여 년 전 유대 땅에서 실제로 일어났던 어떤 일을 가리킨다. 예수 이후, 그의 추종자들은 예수에 관한 전승들(구전)을 통해서 예수에 대한 기억을 유지시킨다. 예수에 관한 이러한 구전 전승들은 문서화의 과정을 거쳐 하나의 책으로 탄생한다.9 이러한 문서화의 과정에서 결정적인 역할을 한 것이 바로 원시 기독교 공동체들이다. 그들은 예수에 관한 기억들을 당시 자신들의 삶—그것이 미시적이든 거시적이든—과 밀접히 연관시켜서 문자라는 또 다른 기호 체계로 옮기게 된다. 이 옮김의 과정에서 역사적 예수 그 자체에 원시 기독교 공동체의 해석이 추가된다(해석의 단계). 그들은 예수 사건을 단순히 보도하는 것이 아니라, 자신들의 삶의 다양한 상황 속에서, 그 빛에서 예수를 바라보고 있으며, 그들의 '주'(主, kyrios)로 고백하고 있기 때문이다. 이러한 독특한 원시 기독교 공동체들의 예수 고백이 복음서들로 탄생한다(재현의 단계). 따라서 복음서들 안에는 역사적 예수이외에, 공동체들의 해석에 상응하는 부분들이 존재하게 되는데 이것이 바로 두 번째의 이야기 층이 되는 것이다. 정리하면, 복음서들 안에는 실제 2000여 년 전에 살았던 그 예수와 관련된 이야기 층과 예수에 관하여 쓰고 있는 원시 기독교 공동체와 관련된 이야기 층이 동시에 존재한다는 것이다. 따라서 우리는 복음서를 읽을 때, 이 두 이야기 층에 주의를 기울여야 한다. 공관복음(마태복음, 마가복음, 누가복음)은 이러한 맥락에서 각기 독특한 예수 고백을 내놓고 있는 것이다. 한 분의 예수와 세 가지 예수 고백이라고 말할 수 있다.

    2000여 년 전 고대 사회는 어떤 사건이 글로 기록되어 문서로 전달되기보다는 입에서 입으로 말을 통해서 전해지는 구전의 시대였다. 특정한 공문서들을 제외한 일반인들의 이야기는 주로 기억에 의존하였다. 공관복음서는 예수에 관하여 구전으로 전해져 오던 것을 특정한 계기와 시기에 문서로 보존한 것이다. 공관복음의 구전 양식을 연구한 학자들은 이러한 사실에 동의한다. 예수에 관한 구전은 원시 기독교 공동체 구성원들의 집단적인 기억과 전승을 통해 전해져 내려온 것이다. 예수에 관한 구전 전승들은 문서화의 과정을 거치면서 독창적인 신학적 전망을 지닌 복음서 저자에 의해서 개별 복음서 나름의 플롯을 지닌 이야기로 정착되었다. 이 지점에서 복음서 저자는 구전 양식의 수집가가 아니라, 나름의 신학적 전망을 지닌 개별적 저자로 이해된다. 이것이 편집비평(Redaction criticism)이 복음서 저자를 바라보는 관점이다.[10] 그러나 공관복음서가 독창적인 저자의 개인적 산물이 아니라, 원시 기독교 공동체의 집단적 생각을 반영한 것이라는 관점도 존재한다. 복음서는 현대의 문학작품처럼 불특정 다수를 상정한 문헌들이라기보다는 신앙공동체의 정체성을 형성하고, 소속 구성원들을 지도하고 격려하기 위한 내부 문헌의 성격이 강한 책들이다. 역사적 예수와는 다른 변화된 역사적, 문화적 환경에 처해 있던 원시 기독교 공동체들은 다양한 문제에 직면했다. 우선 그들은 유대교와의 관계 설정을 어떻게 할 것인가를 놓고 고민했다. 유대-로마 전쟁으로 인해 세력이 약화되었던 유대교가 랍비 유대교로 재편되었고, 이 과정에서 초창기 예수 그룹들은 유대교와 갈등하고, 결국 결별하게 된다. 또한 그레코-로만의 다양한 종교적 그룹들과 접촉하는 가운데 자신들만의 독자적인 교리와 신학들을 형성해야만했다.[11] 복음서 안에는 이러한 다양한 도전들에 대한 대응들이 예수 이야기 안에 내포되어 있다. 켈버(W. H. Kelber)는 복음서의 저술 목적과 관련하여 다음과 같이 주장한다.

> 복음서 저자들이 복음서를 쓴 주요 동기는 기원후 30년의 예수를 그들의(복음서 저자들의) 시대에 관련되도록 하는 것이었다. 과거의 예수를 현재를 위해 재해석하는 것이다. … 그렇지만 재해석은 정확한 재생을 뜻하지 않는다. 재해석은 창조적인 재기록 과정(rewriting), 부분적으로는 재개념화(reconceptualizing)까지를 수반한다. 이 과정은 변화하는 시대에 의해서 그리고 변화하는 문화적 조건들에 의해서 요구된다. 예수가 재해석되지 않는다면, 그는 살아 있는 선택의 대상(a live option)이기를 멈춘다. 즉 고정화되어 버린다. 이 정신에서 각 복음서 저자는 예수의 메시지와 기억을 그의 독자들에게 의미 있고 이해할 수 있는 방법으로 재현시킨다.[12]

타이센(G. Theissen) 또한 복음서 저자는 단순한 전승의 수집가나 전달자가 아니며, 독창적인 신학자로 간주할 수도 없다고 지적한다.[13] 오히려 복음서 저자들은 자신이 속한 원시 기독교 공동체의 지도자 혹은 공동체 형성에 적극적으로 참여한 인물이라고 볼 수 있다. 따라서 복음서는 이러한 역할을 시도했던 복음서 저자와 이들의 공동체 사이에서 일어난 상호 작용의 결과물로 간주될 수 있다. 이러한 성격 때문에 공관복음서를 특정한 개인이 저술한 개인적인 산물로 보는 데에서 나아가, 그것을 공유했던 집단에 의해서 영향 받은 공동체의 문헌임을 고려해야 하는 것이다. 공관복음의 예수 이야기가 다양한 것은, 각각의 복음서를 산출한 공동체의 환경과 경험이 달랐기 때문이다. 마태복음의 예수가 율법과 특히 모세와의 관련성 속에서 묘사되는 것은, 마태복음을 산출시킨 원시 기독교 집단이 자신들의 정체성을 유대교와의 비판적 대화 속에서 규명하기 때문이다. 또한 마가복음의 예수가 수난 받는 메시아의 이미지로 묘사되는 이면에는, 유대-로마 전쟁의 참화로 수난 받고 있던 마가공동체의 경험이 투영되었기 때문이다. 이처럼 공관복음 배후에 있는 원시 기독교 공동체들의 사회, 정치적 경험이, 그들이 묘사하고 있는 예수 이미지에 투영되어 있는 것이다.[14]

이러한 해석적 전망은 지식사회학에 그 뿌리를 두고 있는데, 특정한 개인의 사상은 그가 처해 있었던 다양한 컨텍스트의 영향을 받는다는 통찰 때문이다.[15] 서중석 교수는 이러한 전망을 사회학적 신약해석이라 부르며, 다음과 같이 정의한다.

> 사회학적 신약해석이란 신약성서 본문에 나타나는 사상들이나 행위들을 그 본문 배후를 이루고 있는 팔레스타인이나 로마 제국 사회라는 폭넓은 사회적 준거 틀 속에 위치시키거나, 원시 그리스도교 공동체들이라는 보다 구체적인 작은 단위의 사회적 준거 틀 속에 위치시킨 채 해석하려는 하나의 전망 혹은 상상력의 한 형태이다.[16]

이러한 사회학적 해석은 공관복음을 연구하는데 있어서도 매우 유용한데 전망을 제공한다. 복음서 저자들의 생각과 주장은 일차적으로는 자신들이 살았던 유대교의 전통과 관습, 그리고 그레코-로만의 세계로부터 영향을 받지 않을 수 없었다. 또한 그들이 속한 신앙공동체의 영향으로부터 무관할 수 없었다. 다시 말해, 공관복음서들은 그 저자의 삶의 정황(개인적 및 사회적)과 무관하지 않으며, 특별히 그것이 공적인(내부인들끼리의 공공성도 포함) 문서일 경우, 그 문서를 공인한 집단의 정황과 밀접히 관련되어 있다고 볼 수 있다. 서중석은 이러한 공관복음의 성격을 다음과 같이 지적한다.

> 복음서 기자들이 갖는 현재적인 입장이 수십 년 전에 활동했던 예수를 묘사하는 색깔을 결정한다. … 공관복음서 기자들이 과거의 예수를 그릴 때 각 기자들이 현재 속한 공동체의 상황이 그 주조 색을 결정짓고, 역으로 그들이 독특한 색깔로 채색한 예수상은 그들의 공동체의 방향에 영향을 준다.[17]

공관복음서들은 신앙고백을 함께 했던 집단에 의해서 공동으로 읽혀졌던 문서들이다. 따라서 우리는 복음서 배후에 그 문서들을 인정하고 받아들여서, 그들의 삶과 신앙의 표준으로 삼았던 집단이 존재했음을 부인할 수 없다. 공관복음을 이해하는 데 있어서 그 문서를 인정하고 받아들였던 집단의 성격과 그 집단의 사회적, 문화적, 정치적, 종교적, 등의 정황은 중요한 의미를 지니게 된다. 이러한 관점에서 우리는 공관복음 배후에 있는 공동체들을 각각 마태공동체(The Matthew Community), 마가공동체(The Markan Community), 누가공동체(The Lukan Community)로 명명하고자 한다.18

원시 기독교 공동체 모델

원시 기독교는 단일한 교리나 통합된 조직을 가지고 있지 못했다. 사도행전 15장이 반증하는 것처럼, 원시 기독교 공동체는 유대교의 종교적 관례와 이방인 가입 문제에 관한 통일된 의견이 없었다. 갈라디아서와 로마서는 율법 준수에 관한 원시 기독교 공동체 내부의 갈등을 보여준다. 기독교 공동체가 일관된 신학적 교리와 제도적 조직을 갖춘 통일된 모습을 보이기 시작한 것은, 4세기 콘스탄티누스 황제의 기독교 공인 이후의 일이다. 따라서 우리는 일관된 신조와 형태를 지닌 교회의 모습을, 복음서가 형성되기 시작하는 1세기 후반에 존재한 다양한 형태의 원시 기독교 공동체에 투사해서는 안 된다. 복음서보다 20년 정도 일찍 기록된 바울의 편지에 언급되고 있는 에클레시아(ekklēsia)라는 단어는 오늘날 사용하는 의미에서의 교회를 뜻하지 않는다. 바울의 에클레시아는 당시의 그레코-로만 사회의 모임이나 회중을 의미했지, 통일된 신조를 지닌 조직된 신자들의 모임이 아니었다. 마태복음을 산출한 마태공동체에 이르러서 에클레시아라는 단어가 비로소 교회라는 의미로 사용되기 시작한다. 사도행전에 따르면, 교회의 탄생은 예수의 부활 사건을 체험한 제자들의 모임으로 시작된다. 그러나 이들은 자신들의 모임을 새로운 종교 공동체의 탄생이라고 생각하지는 않았다. 그렇다면 원시 기독교 공동체들은 예수라는 새로운 메시아를 추종하는 자신들의 모임을 무엇이라 생각했을까? 19세기 독일의 종교사학파를 비롯하여 최근의 사회학적 연구자들은 원시 기독교 공동체를 종파(sect)라는 관점에서 접근하였다.[19] 그러나 다른 한편에서는 예수 당시의 유대교가 다양했으며, 그레코-로만의 종교들도 현대적 의미에서의 종교로 규정하는데 문제가 있어서[20] 원시 기독교 공동체를 종파라는 용어로 규정하는 것이 적절한 지에 대한 논란이 남아 있다.

원시 기독교 공동체의 정체성을 파악하려는 다른 시도는 고대 그레코-로만 사회에서 존재하였던 다양한 사회적 집단을 원시 기독교 공동체와 비교해 보는 것이다. 믹스(W. A. Meeks)는, 고린도 교회와 같은 바울 공동체의 사회적 성격을 규명하기 위해, 당대의 그레코-로만 사회의 다양한 환경으로부터 유용한 집단 모델을 제시한다.[21] 첫 번째로, 가족(family) 집단이다. 원시 기독교 공동체들은 가족 구성원들이 주를 이루었다. 주인이 회심을 하면 노예를 포함하여 가족 구성원 전체가 개종하였다. 바울의 편지에는 교회에 소속된 가족들에게 전하는 안부 인사가 종종 발견된다.[22] 또한 원시 기독교 공동체는 '형제', '자매'와 같은 친족 언어를 신도들에게 사용함으로써 유사 가족 구성원의 분위기를 지니고 있었다. 바울은 당시 그레코-로만 사회에서 통용되고 있던 가정 규범을 공동체의 윤리로 소개하기도 한다.

두 번째는 유대교 회당(Synagogue)이다. 바울은 이방 지역의 선교를 위해 그레코-로만의 대도시들에 산재해 있던 디아스포라 유대인들의 회당을 이용하였다. 당시 유대교는 체계적인 교리나 확고한 메시아 사상이 정립되어 있지 않았다. 가령, 알렉산드리아의 유대교는 당시의 헬라 사상을 적극적으로 수용하여 다문화적인 유대교의 모습을 보여주었다. 필로(Philo)가 대표적인 인물인데, 그는 모세를 제우스와 비교하면서 적극적으로 헬라 사상을 수용하여 유대교를 재해석함으로써 이방인들의 관심을 끌었다.[23] 바울도 아레오바고의 법정에서 스토익, 에피큐리안 철학자들과 수사학적 대화를 통해 자신의 유일신 사상을 변증하기도 했다. 원시 기독교 공동체들은 자신들의 주장(나사렛 예수=메시아)을 입증하기 위해 구약성서의 메시아적 본문들을 수집하고 새롭게 해석하였다. 마태복음은 이사야서를 자주 인용하는 예수의 모습을 보여준다.

세 번째는 콜리기움(*collegium*) 또는 사적인 식사 클럽(private dining club)이다. 콜리기움이란 고대 그레코-로만 사회의 자발적인 모임을 뜻한다.[24] 이들은 사업적인 목적이나, 자선을 위해 모임을 구성하였는데, 이러한 모임이 당시에는 무척이나 활발하였다고 한다. 바울은 천막제조업자로서 고린도에서 브리스길라와 아굴라 부부를 고린도 시장에서 만나게 된다. 이들은 천막 제조업자들의 콜리기움의 일원이었기에 쉽게 협력할 수 있었던 것이다. 그레코-로만의 제조업자들이나 상공인들은 상호부조를 위해 수많은 콜리기움을 결성하였다. 심지어 로마 제국 내에서는 엘류시드, 미트라스와 같은 신비종교의 추종자들이 자신들의 종교적 제전을 위해 콜리기움을 구성하기도 했다. 플리니(Pliny)가 로마의 트리안(Trajan) 황제에게 보낸 기독교들의 모임에 관한 보고서에서, 우리는 이 로마인이 기독교인의 예배를 일종의 이교적 콜리기움으로 간주했다는 것을 알 수 있다.[25]

네 번째는 학파(school)이다.[26] 당시 그레코-로만 사회에는 다양한 철학 학파들이 활동하고 있었다. 유대교는 샴마이 학파와 힐렐 학파가 유명하였고, 그레코-로만에서는 스토아 학파와 견유학파가 인기를 끌었다. 고린도 교회에는 아볼로파와 베드로파와 같은 분파가 있었다. 이들은 아마도 율법에 대한 헬라적 해석과 유대적 해석을 각각 대표하는 그룹들이었을 것이다. 그리고 이들은 모두 '하나님의 지혜'를 추구하였다(고전 1:24). 사도행전에 따르면 바울은 두란노에 있는 '학원'(school)에서 강론한다. 복음서에서 예수는 자신을 스승이라고 하였고, 그의 추종자들은 '학생'(*mathetai*)으로 불린다. 이러한 바울과 예수의 모습은 당시 그레코-로만 사회의 철학 교사의 이미지와 많은 부분에서 유사하다. 원시 기독교의 공동체들은 전통을 재해석하고 멤버들을 교육하는 학문적 성격을 지니고 있었다. 바울의 편지는 자신의 추종자들을 재교육하는 기능을 수행하고 있다. 스텐달(K. Stendahl)은 마태공동체를 율법을 새롭게 재해석할 수 있을 만큼 지적 능력을 지닌 학문적 성격이 강한 집단으로 생각한다.[27]

그레코-로만 사회의 환경으로부터 가져온 믹스의 모델들은, 다양한 원시 기독교 공동체들의 사회적 성격과 특징을 살펴볼 수 있는 중요한 단초들을 제공한다. 그러나 믹스가 소개한 모델들은 공관복음서를 산출한 공동체의 모습을 적실하게 설명하지 못한다. 왜냐하면 믹스의 모델들은 당시의 집단들과의 유사성에만 주안점을 두었을 뿐, 정작 공관복음 배후에 있는 원시 기독교 공동체들의 특수한 모습을 제대로 그려낼 수 없기 때문이다. 이런 점에서 보스턴 대학의 신약 교수였던 클라크 키이(H. C. Kee)의 공동체 모델들은 복음서 배후의 다양한 원시 기독교 공동체들의 모습을 보다 적절하게 설명해준다. 그는 바벨론 포로기 이후 유대 공동체가 변화된 환경에 대응하여 하나님의 백성으로서의 정체성을 재확립해나가는 과정에서 보여준 공동체 모델을 분석한다. 그는 다음에 제시되는 모델들을 이용하여 원시 기독교 문헌들을 분석하고, 이러한 모델들이 더욱 공적인 구조와 조직을 지닌 운동으로 어떻게 변경되었는가 고찰하고 있다. 다음은 키이가 제시한 원시 기독교 공동체들에게 적용될 수 있는 모델들이다.[28]

첫 번째 모델로 제시된 것은, 지혜의 공동체이다. 여기서 사용된 지혜(wise)는 포로기 이후 유대교의 지혜 개념과는 상이하다. 여기서 지혜는 선택된 자들을 향한 하나님의 뜻이 갈등과 고난을 통해서 최종적으로 신적 변호로 완성된다는 것을 의미한다. 지혜의 공동체란 이러한 입장을 가지고 있었던 공동체를 가리킨다. 키이에 따르면, 이들은 유대교의 후기 예언자적 전통, 묵시 사상적 전통과 유사한 점을 보여준다. 예수의 어록(Q), 마가복음서, 바울, 유다

서, 베드로후서, 야고보서가 이러한 공동체의 특징들을 보여준다.29

두 번째 모델은, 율법-준수 공동체이다. 이들 집단은 성전 파괴 이후, 이스라엘의 정체성을 율법 해석과 준수에 두고자 했던 공동체를 위한 모델이다. 대표적으로 랍비적 유대교를 들 수 있다. 이들은 토라와 미슈나, 그리고 탈무드와 같은 율법의 해석 작업을 진행하며, 율법과의 관련성 속에서 자신들의 정신적 정체성을 유지했다. 원시 기독교 공동체들은 이러한 유대교 공동체와 대결, 경쟁하면서 규범적 공동체로서의 하나님의 새 계약 백성의 정체성을 확립해 나갔다. 마태복음을 생산한 마태 공동체가 이러한 유형에 속한다고 볼 수 있다. 마태공동체는 유대교와 대결하며 진정한 유대교의 계승자로 자임하고 있었다. 유대-로마 전쟁의 참혹한 결과로 드러난 유대 민족주의의 정치적 실패와 그레코-로만 문화와의 강력한 마주침에 대응하는 방식을 놓고, 무엇이 계약 백성으로서의 정체성인가라는 질문이 제기되었다. 그리고 유대적 전통을 전유하려는 공동체들(여기에는 마태공동체와 같은 원시 기독교 공동체들도 포함된다)의 자기 정체성을 규명하려는 신학적 답변들과 시도들이 등장한다. 다음과 같은 신학적 주제들이 등장한다. 아브라함과 그의 후손들과의 언약의 기원, 하나님의 백성들의 역사 속에 나타나는 하나님의 뜻, 계약 백성의 삶을 위한 도덕적 토대, 하나님에게 가까이 감, 계약 백성을 위한 신적 계획의 미래적 완성 등과 같은 문제의식이 대두된다. 이러한 것들은 원시 기독교 공동체들의 기본적인 사고 구조를 제공한다. 마태복음서 전체를 통하여 태동기의 랍비적 유대교와 계속해서 대화하고 도전하는 증거가 나타난다.30

세 번째 모델은, 자신들 가운데에 하나님의 현존을 강조했던 공동체이다. 자신들의 공동체 구성원들 가운데 임재하신 하나님의 현존을 강조하였던 원시 기독교 공동체이다. 이들은 거룩한 도시 시온, 예루살렘, 성전에 대해서 강조했다. 일종의 제의적 모델(cultic models)이라 볼 수 있다. 여기에서는 예수의 제의적-희생적 죽음이 부각된다. 예를 들어, 바울의 편지들(고린도전/후서, 에베소서, 로마서), 복음서 전승의 일부(막11:15-17; 13:2; 10:35-42), 후기 신약 문서들이 이에 해당된다. 이러한 문헌들에서는 하나님과 그의 정결한 백성들 사이의 만남의 장소로서의 도시와 성전 모델이 더욱 강조된다. 베드로전서는 묵시 사상적 기대와 그레코-로만 문화에의 적응을 혼합시켜 바울의 전승을 발전시키고 있다. 요한계시록 또한 묵시 사상적 전승에 토대하여, 도시, 성전을 계시적 장소로 강조한다. 히브리서 역시 하나님의 백성이 하나님께 가까이 가기 위한 대리자요 대제사장으로서의 예수를 강조한다. 이들 모두 그리스도의 희생이 중심이며, 하나님의 백성들이 지상의 예배 공동체로서의 책임감을 지녀야 한다는 것을 강조하고, 보다 넓은 세계에서 증인이 되어야 한다는 사실을 주장한다.31

네 번째 모델은 신비적 연합을 강조하는 공동체이다. 이에 가장 부합하는 것이 요한복음을 산출한 요한공동체이다. 요한복음은 그레코-로만 세계의 신비 철학적, 종교적 문헌들과 공동된 특징들을 많이 보인다. 1장에 등장하는 로고스 사상과 14장 이후에 등장하는 신비적 연합 모티프가 이에 해당된다. 요한복음은 여러 가지 점에서 공관복음과 다른 모습을 보여준다. 요한복음에는 마태복음과 누가복음에 언급되고 있는 산상설교가 등장하지 않는다. 요한복음에는 마가복음에서보다 정제된 7개의 기적 이야기만 등장한다. 비유 이야기는 나타나지 않으며, 니고데모와의 담론과 같은 제자들과의 긴 담화가 등장한다. 또한 요한복음은 중의적 단어가 나타나며, 내부자의 이원론적 언어가 자주 등장한다. 이처럼 요한복음은 공관복음과 많은 차이점을 보여준다. 또한 요한공동체는 이후 중요한 변화를 겪는데, 이러한 변화 과정을 요한 1, 2, 3서에서 발견할 수 있다. 요한계 문서들의 특징들은, 구원자는 세상의 창조에서 중심적인 역할을 하였다(요 1:3)고 강조하는데, 이 계시자는 인간으로 그의 부모와 형제가 알려져 있고, 그의 경험들에는 실제의 고통과 죽음이 포함되어 있다. 요한공동체에 따르면, 예수의 계시적 역할의 본질적인 특징은 인간 실존에서 벗어나는 것이 아니라, 공동체를 형성하는 것이다.[32]

다섯 번째 모델은 인종과 문화적으로 포괄적인 공동체이다. 이러한 공동체에서는 하나님의 계약 백성의 범위가 넓어진다. 유대인뿐만 아니라 이방인도 하나님의 구원사에 편입될 수 있다는 개방성을 특징으로 한다. 이런 점에서 두 번째 모델인, 율법-준수 공동체와 대조를 이룬다. 이 때문에 중요한 신학적 논점 중에 하나로, 이방인을 이스라엘의 계약 공동체에 받아들일 수 있는가 하는 문제가 중요하게 대두된다. 이 공동체는 당시 그레코-로만 사회와의 대화를 시도하며, 일종의 문화적 통합을 기획한다. 예언서나 시편, 헬레니즘 시대에 나온 문헌들 중 일부에서 드러난 인종-문화 통합적인 텍스트를 활용함으로써 자신들의 기획을 합법화한다. 이러한 공동체가 생산한 문헌들 속에서는 유대적인 요소와 이방적인 것의 통합이 특징적으로 나타난다. 예를 들어, 누가복음을 산출한 누가 공동체가 대표적인 사례라 할 수 있다. 누가공동체는 예수 탄생과 관련된 이야기에서 유대 전통이나 율법 준수를 강조하는 동시에, 유대 사회의 경전 기준에서 종교적으로, 육체적으로, 직업적으로, 도덕적으로, 인종적으로 배제되었던 사람들에게 주로 관심을 표명한다. 또한 공동체의 확장에 대한 관심, 즉 선교에 대한 강조가 나타난다. 예를 들어, 누가복음은 예수의 이방선교가 강조되고, 사도행전은 그 자체가 이방선교를 강조하기 위한 문서라 할 수 있다.[33]

2 장

공관복음의 기원

1. 공관복음이란 무엇인가

신약성서 안에는 '복음'이라는 이름이 붙은 네 편의 책들이 존재한다. '복음'은 그리스어로 *euangelion*이라고 하는데, 그 의미는 '좋은 소식' 또는 '좋은 소식의 공포'라는 뜻이다.[1] 여기에서 좋은 소식이란 구체적으로 말하면, 약 기원전 4년에서 기원후 30년까지 생존했던 갈릴리 나사렛의 예수에 관한 이야기를 지칭한다. 이 이야기는 네 편의 책들을 통해서 우리에게 전해지고 있다. 그 책들의 이름은 전통적으로 마가복음, 마태복음, 누가복음, 요한복음으로 불리고 있다. 그렇다면 이들 복음서들 중에서 공관복음으로 명명된 것은 어떤 것일까? 그리고 그 의미는 무엇일까? 공관(共觀)이란 '함께 본다'는 뜻이다. 공관복음이란 예수의 이야기를 전하는 네 편의 복음서들 중에서 용어나 내용, 이야기 순서 등에 있어서 유사성을 보이는 세 복음, 곧 마가복음, 마태복음, 누가복음을 함께 일컫는 말이다.

그렇다면 공관복음은 요한복음과는 얼마나 다른가? 두드러진 내용적인 차이는 공관복음으로 불리는 세 권의 책에는 실려 있지만 요한복음에는 빠져 있는 내용들, 예를 들면 귀신 축출, 처녀탄생, 예수의 변모, 하나님 나라 등에서 우선 찾아볼 수 있다. 또 공관복음의 어떤 책에도 소개되지 않는 내용이 요한복음에만 나타나는 경우도 있다. 예를 들면 로고스, 가나 표적, 니고데모와의 대화, 사마리아 여자와의 대화, 고별연설 등이 그것이다. 또한 예수의 생애를 재구성하는데 있어서 연대기적인 부분에 상당한 차이를 보이기도 한다. 예를 들면, 예수의 공생애 사역 기간이 공관복음의 경우 1년 미만인데 반하여, 요한복음의 경우 2년 이상으로 설정되어 있다. 성전 정화 사건도 공관복음의 경우, 예수께서 체포되기 전, 곧 그의 생애 말기에 있었던 것으로 전해지는 반면, 요한복음의 경우는 예수의 공생애 사역 초기에 이루어진다. 이외에도 예수의 재판이나 처형 시기의 차이나 문체, 자료의 상이함도 들 수 있다.

요한복음과는 달리, 공관복음 즉, 마태복음, 마가복음, 누가복음은 비슷한 내용을 많이 공유하고 있다. 내용적으로 마가복음의 90%가 마태복음 안에 반영되어 있고, 마가복음의 50% 정도가 누가복음 안에 반영되어 있는 것으로, 마태복음과 누가복음의 경우는, 약 200구절 정도가 일치하는 것으로 분석된다.[2] 이러한 공통성은 동일한 본문이 세 복음서에 모두 등장하는 경우를 비롯하여 다양한 형태로 나타난다. 또 이야기 순서에 있어서도 상당한 유사성을 보여주고 있다. 그러나 이러한 유사성에도 불구하고, 이들 세 복음서들은 각기 독특성을 보유하고 있다. 그렇지 않다면 세 복음서가 존재해야할 필요가 없을 것이다. 이번 장에서는 공관복음 간의 유사성과 독특성의 실체를 자세히 살펴 볼 것이다.

복음서란 어떤 책인가? 이것은 '복음서'라는 책의 성격을 묻는 것으로, 여기에서는 굳이 공관복음서와 요한복음서를 구별하지 않고 복음서의 일반적인 성격에 관하여 살펴 볼 것이다. 우리는 바울이 남긴 문헌들이 '편지'라는 장르에 속한다는 것을 알고 있다. 이 때문에 바울이 남긴 편지들을 이해하기 위해서는 수신자인 교회와 발신자인 바울의 처지와 상황을 고려하는 것이 중요하다. 편지는 장르적 성격상 보내는 이와 받는 이들의 내밀한 사연이 전제되어 있기 때문이다. 그러나 복음서는 바울의 편지와는 장르적 성격이 다르다. 그렇다면 복음서는 어떤 장르의 책으로 분류될 수 있을까? 현대 문학의 관점에서 복음서는 예수라는 개인의 생애를 다루고 있으니, 자서전(biography)이라 말할 수 있을까? 복음서의 장르를 이해하는 것이 중요한 이유는 어떤 저작물의 장르에 따라 독자들이 기대하는 바가 다르기 때문이다. 독자들은 시, 소설, 수필, 시나리오, 전기, 전설, 역사, 등등 다양한 장르의 문학 작품을 알고 있다. 시를 읽을 때, 소설에 대한 기대감을 가지고 그것을 이해하거나 감상하지 않는다. 또 신화나 전설을 역사서와 같은 방식으로 해석하지는 않을 것이다. 구약의 시편을 읽는 독자들은, 창세기에 등장하는 요셉의 이야기와는 다른 신앙적 정서를 느끼게 된다. 이처럼 문헌의 장르는 그것을 해석하는데 영향을 끼치게 된다. 우선, 우리는 복음서가 현대적 의미에서 예수에 관한 엄격한 역사 서술이 아니라는 사실을 인정해야 할 것이다. 복음서는 예수가 그리스도(메시아)임을 믿게 하기 위하여, 예수에 관한 이야기를 신앙적 입장에서 해석한 문헌이라 할 수 있다. 요한복음 저자도 이러한 사실을 잘 알고 있었다. 요한복음 20장 31절에서, 저자는 자신의 기록 목적을 다음과 같이 전하고 있다. "오직 이것을 기록함은 너희로 예수께서 하나님의 아들 그리스도이심을 믿게 하려 함이요." 독일의 신약학자 불트만은 복음서는 예수에 관한 초대 교회의 케리그마(Kerygma, 선포)라고 단언했다. 즉 복음서는 예수의 역사성을 밝히려는 의도로 작성된 것이 아니라, 예수가 그리스도임을 신앙적으로 선포하려는 목적으로 쓰였다는 것이다. 이러한 이유로 그는 역사적 예수를 묻는 것이 필요하지도 가능하지도 않다고 주장한다. 이러한 역사적 예수에 대한 불트만의 주장은 포스트 불트만 학파로 불리는 그의 제자들에 의해서 반박되었지만, 복음서를 역사물로 읽는 것을 경계한 부분은 복음서의 장르를 정당하게 평가한 것으로 볼 수 있다.

　그러면 복음서들은 어떤 종류(장르)의 책일까? 앞서 '복음'이란 좋은 소식 혹은 좋은 소식을 선포하는 것으로서, 나사렛 예수에 관한 이야기라고 소개하였다. 그렇다면 복음서는 나사렛 예수에 관한 역사적인 보고서일까? 아니면 예수에 관한 소설일까? 아니면 예수의 일생을 기록한 전기일까? 아니면 일종의 민담처럼 예수에 관하여 전해져 내려오는 이야기들을 묶은 책일까? 전통적으로 복음서들은 예수에 대한 전기들로 간주되었다. 19세기 전기에서는 위대한 인물들의 어린 시절, 인격 형성기, 교육, 심리적 발달, 등을 고려해서 그 인물의 성격을 설명하기 시작하였다. 19세기 초에는 복음서를 전기 또는 역사 기록으로 간주하여 예수의 삶을 재구성하려는 시도들이 있었다. 그러나 그러한 연구 결과들은 복음서의 자료들을 현대적 의미의 전기 문학적 특징에 맞추려고 했다는 비판을 받았고, 복음서들이 예수의 삶을 재구성하는데 적절한 자료인가 하는데 회의를 남겨주었다. 따라서 복음서들은 그러한 전기들과는 다르게 취급되기 시작되었다. 가령, 공관복음서의 구전 양식(oral form)들을 분석한, 슈미트(K. Schmidt)와 불트만 같은 학자들은 복음서들이 전기라는 것을 거부하였다. 왜냐하면 복음서들은 예수의 인격, 외모, 특성에는 관심이 없고, 또 예수의 짧은 공생애와 그의 죽음에 대한 긴 강조 외에 나머지 생애에 대해서는 어떤 것도 말하지 않기 때문이다. 이 때문에 복음서들은 인기 있는 대중 문학, 구전으로 전해 내려온 이야기들의 집성체로 간주되었다. 그러한 접근은 복음서들의 개별 이야기들의 '양식'이나 '타입'을 강조하는 '양식 비평'으로 알려지게 되었다. 복음서들은 예수의 전기가 아니라 '독특한' 양식의 문학으로 여겨졌고, 이러한 접근은 그 이후 반세기 동안 복음서 연구를 지배하였다.

    그러나 20세기 중반부터, 복음서 저자들은 신학자요, 의식 있는 문학가로 보는 새로운 관심이 생겨났다. 이러한 관심은 복음서 장르와 그것이 1세기 문학의 컨텍스트에서 차지하는 자리에 대하여 다시금 질문을 제기했다. 많은 장르들이 제시되었지만, 흥미롭게도 복음서들은 다시 전기로 간주되었다. 예를 들면, 버리지는 복음서와 고대 그리스와 로마의 전기문학들을 비교하는 연구를 통해, 이들이 유사한 장르적 특징을 공유하고 있다는 것을 입증하였다.3 그의 연구에 따르면, 복음서는 그 형식이나 구조 측면에서 볼 때, 고대의 초기 소설이나 역사적 모노그래프, 전기의 그것과 유사한 연속 산문 이야기(prose narrative)로 간주될 수 있다는 것이다. 또한 그레코-로만 전기들은 현대의 자서전과는 달리 주인공의 전 생애를 엄격한 연대기적 순서로 나열하지 않고, 주인공의 성격에 관한 세밀한 심리 분석도 기술하지 않는다는 것이다. 고대의 영웅 전기물들은 아주 단순한 연대기적 윤곽만을 제시하는 경우가 대부분이었고, 영웅에 관한 선별된 에피소드들과 어록들이 삽입되기도 하였다. 그레코-로만 세계의 영웅담들은 주인공의 탄생이나 공적 등장으로 시작해서 죽음으로 끝나는 경우가 많았다. 외형상으로 예수의 세례로부터 죽음에 이르기까지, 그의 공생애에 강조점을 둔 복음서들은 고대의 영웅담과 유사하다는 것이다.4

복음서 저자들은 예수 생애의 마지막 한 주에, 그의 죽음과 부활에 복음서의 15~20%를 할애하고 있는데, 이것은 플르타르크와 타키투스 같은 그레코-로만의 작가들이 쓴 작품에서 영웅적 주인공들의 죽음이 강조되고 있는 것과 유사하다. 고대의 그리스 작가들은, 영웅은 위기 상황에서 진면목이 드러내고, 확실한 가르침이나 가장 위대한 행동을 보인다고 생각했다. 이러한 점에서, 복음서들과 그레코-로만의 고대 전기들 사이에는 형식과 내용에 있어서 유사성이 있어 보인다. 그러나 아우어바흐가 지적했듯이, 그리스의 영웅담이 죽음 앞에서의 '숭고의 미학'에 경도되어 있다면, 복음서의 예수는 비천의 미학을 드러낸다.5 바울은 고린도 교회와 빌립보 교회에 보내는 편지에서 예수의 십자가 죽음의 의미를 다음과 같이 표현한다.

> 십자가의 도가 멸망하는 자들에게는 미련한 것이요. 구원을 받는 우리에게는 하나님의 능력이라… 유대인은 표적을 구하고 헬라인은 지혜를 찾으나, 우리는 십자가에 못 박힌 그리스도를 전하니 유대인에게는 거리끼는 것이요 이방인에게는 미련한 것이로되 오직 부르심을 받은 자들에게는 유대인이나 헬라인이나 그리스도는 하나님의 능력이요 하나님의 지혜니라(고전 1: 18, 23-24).

> 그는 근본 하나님의 본체시나 하나님과 동등 됨을 취할 것으로 여기지 아니하시고 오히려 자기를 비워 종의 형체를 가지사 사람들과 같이 되셨고 사람의 모양으로 나타나사 자기를 낮추시고 죽기까지 복종하셨으니 곧 십자가에 죽으심이라(빌 2:6-8).

복음서들과 고대 전기물들의 언어 구조에 대한 세밀한 분석은 이들의 장르적 연관성을 보여준다. 고대 전기 문학에서는 주인공에게 사용되는 동사가 전체의 1/4 또는 1/3 정도를 지배한다. 또한 이 중에서 15~30%가 이 영웅의 말, 연설, 인용에 할애된다. 복음서들에서는 중요한 동사의 활용이 예수에게 집중된다. 예수는 마가복음에 등장하는 동사의 1/4을 차지한다. 또 1/5 이상이 그의 설교와 비유에 사용된다. 마태와 누가복음 역시 유사한 분량의 동사가 예수의 언행에 집중된다. 따라서 지중해 세계의 고대 영웅전기와 유사하게, 복음서는 예수의 행동과 말씀에 관심을 기울인다.6 비록 공관복음 저자들이 각각 서로 다른 예수를 그려내고는 있지만, 이들 모두 예수의 가르침과 행동에 주안점을 두고 있다는 점에 있어서는 일치한다. 복음서들은 고대 지중해 세계에 유포되어 있던 전기의 특징을 지니고 있음을 알 수 있다.

우리는 복음서들이 자신들의 주인공인 예수에 대하여 무엇을 강조하고 있는 지 주목해야 한다. 또한 각각의 저자들이 어떤 방식으로 예수에 대한 자신들의 독특한 이해를 그려내고자 했는가를 살펴야 한다. 독자들은 공관복음이 어떤 방식으로 기록되고 있으며, 무슨 내용을 담고 있는지, 그 이야기들은 어떤 기능을 하고 있는지 유념해서 읽을 필요가 있다. 그것은 독자들이 공관복음의 세 가지 예수 이야기들을 신중하게 읽고, 상이한 묘사들 이면에 자리한 신학적 전망을 이해하는데 도움을 줄 것이다. 그뿐만 아니라 그것은 오늘날 우리들의 예수 이해의 전거를 새롭게 하는 데도 도움을 줄 것이다.

2. 공관복음의 저자, 저작 연대, 자료

공관복음의 저자

오늘날 많은 기독교인들은 현재 공관복음서의 제목에 언급되고 있는 '마가', '마태', '누가'라는 이름들을 각각 그 책의 저자로 간주하는 경향이 있다. 우선, 각각의 이름들에 대해서 성서가 어떻게 소개하고 있는지 살펴보도록 하겠다. 사도행전 12장 12절, 25절에 '마가'라고 하는 요한이라는 인물이 등장한다. 천사의 인도로 감옥에서 나온 베드로가 그의 어머니 마리아의 집을 맨 처음 방문하였고, 또 많은 사람들이 그 집에 모여 기도했던 것으로 보아, 마가라고 하는 요한과 그의 어머니는 원시 기독교 공동체에서 중심적인 위치에 있었던 것으로 보인다. 또한 바울과 바나바는 그를 선교 여행의 동반자로 데리고 간 것으로 보인다. 사도행전 15장 37절은 마가라고 하는 요한으로 인하여 바울과 바나바가 서로 갈라서서 바나바만이 마가라고 하는 요한을 자신의 선교 여행에 동반시키고 있다. 골로새서 4장 10절에는 바나바의 사촌인 마가가 언급된다. 최근의 공관복음 연구들은 예루살렘 교회의 주요 인물이었던 마가라고 하는 요한이 마가복음의 저자가 될 수 없는 이유를 다음과 같이 제시하고 있다. 첫째, 마가복음 저자는 팔레스타인의 지리를 잘 알지 못한다. 예를 들면, 마가복음 7장 31절에서 저자는 두로를 시돈의 북쪽으로 암시한다. 둘째, 마가복음의 저자는 유대교의 전통과 관습에 무지하다. 셋째, 마가라고 하는 요한이 베드로의 제자였다면, 마가복음에 등장하는 베드로에 관한 부정적 언급을 이해하기가 어렵다. 따라서 마가복음의 저자는 팔레스타인의 문화에 그다지 정통하지 못하고, 헬라어를 구사할 수 있었던 인물로 추정할 수 있다.

'마태'라는 이름은, 마가복음 3장 18절, 마태복음 9장 9-13절, 10장 3절, 누가복음 6장 15절에 등장하는 예수의 열 두 제자 명단에 포함되어 있는 것으로 보아, 예수의 제자 중에 한 사람이 이러한 이름을 가지고 있었던 것으로 보인다. 전통적으로 마태는 세리라는 직업을 가진 인물로 간주되어 왔는데, 이는 마태복음 9장 9절에 근거한 것이다. 마태복음과 상응하는 마가복음 2장과 누가복음 5장의 본문에는, 마태가 아니라 레위라는 인물이 제자로 부름을 받는다. 마태는 아마도 유대교의 전통에 상당히 익숙한 인물인 듯하다. 마태복음의 저자는 마가복음과 누가복음의 저자보다 율법에 관해 깊이 있는 지식을 가지고 있는 것으로 보인다. 또한 마태복음만이 기록하고 있는 산상설교(마 5-7장)에서, 저자는 예수와 모세를 능숙하게 비교하고 있고, 모세 오경에 상응하도록 자신의 복음서 안에 다섯 개의 긴 예수의 가르침을 배치하고 있다(마 5-7장, 10장, 13장, 18장, 24-25장). 또한 마태복음에는 '천국의 제자 된 서기관'(마 13: 52)이라는 표현을 사용하고 있는데, 이는 마태복음 저자가 유대교와의 연속성 속에서 자신의 공동체를 규명하려는 입장을 가졌던 것으로 보인다. 따라서 저자는 율법 해석 훈련을 받고, 헬라어를 구사할 줄 알았던 친유대적 인물일 가능성이 높다.

'누가'는 빌레몬서 1장 24절, 골로새서 4장 14절에서 바울의 동역자들 중 한 사람으로 언급되고 있다. 전통적으로 누가는 바울의 동역자 역할을 한 인물로, 의사로 간주되어 왔고, 누가복음뿐만 아니라 사도행전의 저자로도 주목을 받았다. 누가복음과 사도행전 두 책의 서두에는 데오필로라는 익명의 로마 고위 관료에게 바치는 헌사가 기록되어 있다. 누가는 세련된 헬라어를 구사하며, 팔레스타인보다는 그레코-로만 문화에 더 정통한 인물로 간주된다. 그러나 최근의 연구는 누가복음의 저자를 바울의 동역자로 간주하지 않는다. 왜냐하면 그의 저작에는 바울의 신학적 영향력이 거의 보이지 않기 때문이다. 그리고 바울의 행적에 관한 누가의 보도는 바울 자신의 편지들과 어긋나는 점이 많다. 누가복음을 기록한 인물은 아마도 에베소를 중심으로 한 바울의 전승을 계승한, 그레코-로만의 문화에 익숙한 익명의 기독교인이었을 것으로 추정된다.

이제 각각의 책들에 이러한 이름들이 붙여지게 된 경위를 살펴보도록 하겠다. 공관복음은 원래 익명으로 출간되었다. 따라서 현재의 공관복음의 각 문헌들에 붙어 있는 제목은 원래의 것이 아니다. 마가복음의 경우, 원래 '마가에 의한 복음'이란 이름이 붙여진 것이 아니라 '하나님의 아들, 예수 그리스도의 복음의 시작'이라는 표제가 붙여졌다.

그렇다면 언제부터 지금의 이름들이 붙여졌으며, 왜 그러한 이름들이 각각의 책에 붙여진 것일까? 180 C. E.(Common Era) 남프

랑스 리용의 감독이었던 이레네우스(Irenaeus)는, 공관복음 및 요한복음의 현재 이름과 본문들을 인용하고 있다. 따라서 적어도 이 시기 이후에는 현재의 이름들이 각각의 복음서에 붙여진 상태로 읽혀졌던 것으로 보인다. 150 C. E. 경의 로마에서 활동한 순교자 저스틴(Justin)은, 오늘날의 복음서에서 볼 수 있는 것과는 다소 차이를 보이는 예수의 말씀들을 인용한다. 또한 그는 복음서들을 구분하지 않고 인용하며, 저자의 이름도 거명하지 않는다. 그러나 140 C. E. 경, 소아시아 히에라폴리스의 감독 파피아스(Papias)는 예수에 관해 기록한 특정 자료를, 마가의 것 혹은 마태의 것으로 구분하여 언급하고 있다.7 그러나 이러한 자료들이 오늘날의 복음서와 동일한 것으로 보이지는 않는다. 파피아스 이전에는, 오늘날 복음서의 내용과 유사한 내용들이 교부들에 의해서 인용되고 있기는 하지만, 그것이 저자라는 개념과 연결되지는 않는다. 따라서 공관복음들이 기록된 이후 이름이 붙여지기 까지는 최소한 50년 이상이 걸린 것으로 보인다. 이러한 과정 속에서 저자는 알려지지 않았거나, 아니면 저자의 이름이 제시되었다고 하더라도 별로 의미 있는 것으로 간주하지 않았을 가능성이 크다. 복음서들은 현재의 이름이 붙기 이전에, 이미 익명의 상태에서 사용되었을 것이다.8

익명으로 된 복음서들에 이름을 붙이게 된 것은, 그 책들을 사도적 권위와 연결시키려는 의도 때문이었던 것으로 보인다. 특정한 복음서를 어떤 특정 인물, 특히 사도적 권위와 관련된 인물과 연결시키는 과정은, 근본적으로 추정에 입각한 것으로 결코 명확한 것이라고 말하기는 어렵다. 후에 마가복음으로 이름 붙여진 복음서는, 베드로의 권위와 연관되었다. 그러나 원시 기독교인들은 그 책을 베드로가 직접 쓴 것으로 보기는 어렵다고 판단했고, 베드로와 관련된 인물, 마가를 찾아내었다(행 12:12; 벧전 5:13). 누가복음의 경우는 그것과 동일 저자의 것으로 여겨진 사도행전의 저자로 추정된 의사 누가에(행 16:6-10; 몬 1:24; 골 4:14) 의해서 기록된 것으로 보았다. 마태복음의 경우, 공관복음서 모두가 마태를 예수의 제자 명단에 소개하고 있지만, 유독 마태복음만이 다른 곳에서 별도로 예수가 자신의 뒤를 따르라고 명령한 제자, 세리의 이름을 마태로 언급하고 있는 것으로 보아(마가복음과 누가복음의 경우 그 이름을 레위라고 함), 그 책의 저자를 마태로 보는 것이 무리가 없다고 생각하였을 것이다.

공관복음의 저작 연대

공관복음은 언제 기록되었을까?9 그것을 어떻게 알 수 있는 것일까? 공관복음을 포함하여, 신약 문서들의 연대를 추정하는 한 가지 방식은 가장 초기 사본의 연대를 측정하는 것이다. 이것은 가장 이른 사본이 나오기 이전에 해당 문서가 기록되었을 것이라는 추정을 가능하게 한다. 또 다른 방식은 해당 문서 안에 나타나는 소위 내적 증거를 들 수 있다. 즉 공관복음의 경우, 그 안에 가장 최근에 일어난 사건에 관한 흔적을 추적하는 것이다. 이것은 저자들이 당대의 사건을 자신의 책에 반영하였을 것이라는 전제 아래 이루어진다. 공관복음은 90년대 이후에 발생한 사건에 대한 명확한 정보를 제시하지 않는 것으로 보아 90년 이전에 기록되었을 것으로 추정된다. 또한 70년의 로마 군대에 의한 예루살렘 성전 멸망이라는 역사적 사건이 복음서 연대 추정의 한 전거로 사용되는데, 누가복음의 경우가 이 사건을 확실히 경험한 것으로 보이는 진술들을 제시하고 있다(눅 21:20). 따라서 누가복음은 70년 이후에 기록된 것으로 본다. 마태복음의 경우도 이 사건을 알고 있었던 것으로 보이므로(마 22:7) 70년 이후 저작으로 볼 수 있다. 또 100~110년경 마태복음이 사용되고 있었던 증거로 판단할 때, 마태복음은 그 이전에 기록되었을 것으로 보인다. 이러한 전거들을 종합하여 마태복음과 누가복음은 70~90년 사이인 80~85년경에 쓰인 것으로 추정해 볼 수 있다. 그러나 마가복음의 경우는 성전 멸망과 관련된 언급이 역사적 사실과 잘 맞지 않는 것으로 보아 70년 이전에 기록된 것으로 보인다. 마가복음 13장의 재림 지연에 관한 언급은 바울의 문서들이 보여준 임박한 재림 기대와도 비교될 만하다. 따라서 바울 문서들 보다는 후기의 것으로 보인다. 결국 마가복음은 최소한 55~70년 사이에 기록되었을 것으로 보이는데, 특히 첫 세대가 종말을 고할 무렵인 65~70년 사이에 기록된 것으로 추정된다.[10]

공관복음의 자료

고대 문학 작품들 가운데 공관복음처럼 상호 유사성을 가지고 있는 경우는 매우 드물다. 이러한 보기 드문 유사성은 공관복음이 각 문서 간에 서로 밀접하게 연관되어 있다는 것을 의미한다. 이러한 관련성은 구전 전승 단계에서 보다는, 문서단계에서 형성된 것으로 보인다. 공관복음 간의 상호관계의 양상을 살펴보면 다음과 같다. 우선 동일한 본문들이 종종 세 복음서 안에 모두 등장하는 경우가 있다(triple tradition 예. 마가8:34-9:1; 마태 16:24-28; 누가 9:23-27). 셋이 일치하지 않는 경우, 대개 마태복음이나 누가복음 중 어느 하나가 마가복음과 일치한다. 마가복음의 90%가 마태복음 안에, 마가복음의 50%가 누가복음 안에 반영되어 있다는 것이 이를 잘 설명해 준다. 마태복음과 누가복음의 일치보다, 마태복음과 마가복음, 누가복음과 마가복음의 일치가 더 두드러진다. 마태복음과 누가복음의 일치 부분은 거의 어록 자료에 해당하며, 그 일치의 수준은 다양하게 나타난다(double tradition 예. 마태 23:37-39; 누가 13:34-35).[11]

이러한 공관복음 간의 관계 양상에 대한 설명으로 제시된 것이 스트리터(B. H. Streeter)의 두 자료설(two source hypothesis)이다.[12] 그의 주장에 의하면, 마가복음이 가장 먼저 쓰여 졌고, 마태복음과 누가복음이 각기 마가복음을 알고 있었던 것으로 설명한다. 또한 마태복음과 누가복음의 일치점들은 Q자료라는 예수의 어록집이 공통의 자료로 사용된 것으로 설명한다.

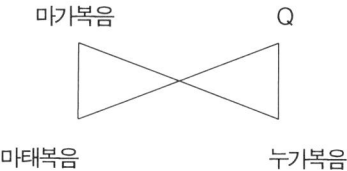

그러나 마태복음과 누가복음은 마가복음과 말씀자료(Q) 외에 자신들만의 독자적이 자료들(single tradition)을 사용하고 있다. 예를 들면, 마태복음에는 아기 예수의 이집트 피신 이야기(마 2:13-15), 포도원 주인의 비유(마 20:1-16), 부활절 아침의 지진(마 28:2) 등과 같은 마태복음만의 특별한 자료들이 등장한다. 이러한 자료들을 통해 우리는 마태복음의 신학적 관심을 엿볼 수 있다. 누가복음에도 누가복음에만 등장하는 자료들을 볼 수 있는데, 세례요한의 탄생이야기(눅 1:5-25), 선한 사마리아 사람(눅 10:29-37), 탕자의 비유(눅 15:11-32) 등이 그것이다.13 이처럼 마태복음과 누가복음은 마가복음과 말씀자료(Q)를 공통으로 사용하였기 때문에 내용적인 유사성을 지니게 되었다. 그러나 이들은 마가복음과 말씀자료들을 자신들만의 신학적 전망으로 창조적으로 편집하였고, 자신들이 수집한 독특한 자료들을 사용하여 그들만의 독특한 예수 이야기를 전개하고 있다.

3. 공관복음의 이야기 구조

공관복음은 예수의 갈릴리 활동과 예루살렘으로의 여행 그리고 예루살렘에서의 재판과 처형 그리고 부활이라는 스토리 라인을 공유한다. 그러나 각각의 복음서 저자들은 이러한 느슨한 구조를 유지하면서 저마다의 독특한 무대 설정과 에피소드를 통해 예수의 이야기를 자신들만의 신학적 기조와 색깔로 그려내고 있다. 다음에서는 공관복음들의 다채로운 이야기 구조를 개괄적으로 살펴볼 것이다.

마가복음

마가복음이 설정한 예수에 관한 스토리 라인을 마태복음과 누가복음이 대체로 따르고 있다. 마가복음은 예수의 탄생 이야기를 생략하고, 곧바로 공생애 활동을 보도한다. 이야기의 첫 무대는 광야이다. 마가복음 1장 1-13절에서 예수는 광야에서 활동하는 세례요한을 만나고, 광야에서 사탄으로부터 세 가지 시험을 당한다. 한편, 마가복음 1장 14-15절은 다음 무대인 갈릴리 호숫가의 활동에 관한 저자의 요약구이자, 전환구라 할 수 있다.

두 번째 무대인 갈릴리 활동은 마가복음 1장 16-8장 21절에서 나타난다. 예수는 가버나움이나 거라사와 같은 갈릴리 호수 인근에서 본격적인 활동을 전개한다. 세 차례에 걸쳐 갈릴리 호수를 제자들과 횡단하고, 군중들을 가르치며, 기적을 행한다. 한편 마가복음 8장 22-26절의 무대는 벳새다로, 이곳에서 예수는 눈먼 이의 치유 이야기를 통해, 예수의 수난을 제대로 보지 못하는 제자들의 영적 무지를 간접적으로 지적한다.14

세 번째 무대는 마가복음 8장 27절에서 10장 52절에 나타나는데, 주로 예루살렘으로 가는 길 위에서 예수는 활동한다. 세 번째 무대에서 가장 중요한 것은 세 차례에 걸친 예수의 수난예고라 할 수 있다. 예수는 빌립보 가이사랴의 여러 마을들을 지날 때(막 8:27-34절) 제자들에게 처음으로 자신이 장차 예루살렘에서 장로들과 대제사장들과 서기관들에게 버림받고 죽임을 당할 것을 예고한다. 그런데 베드로는 이러한 예수의 수난을 거부하며, 항변한다. 예수는 마가복음 9장 30-32절에서 두 번째 수난예고를 하게 되는데, 제자들은 예수의 경고를 아랑곳하지 않고, 길 위에서 누가 더 큰 권세를 얻을 것인가를 쟁론한다(막 9:34). 마지막 세 번째 수난예고는 10장 32-34절에 등장한다. 수난예고에도 불구하고 야고보와 요한은 서로 자신들의 지위를 놓고 다투고 있다(막 10:35-37). 마가복음은 예수의 세 차례 수난예고를 통해 제자들의 오해와 무지를 극대화한다. 마가는 이러한 문학적 전략을 통해, 예수의 수난을 암시하고 긴장을 고조시킨다. 동시에 제자들의 무지와 오해를 극대화한다. 결국 마가복음의 수난 이야기 속에서 제자들은 주도적인 역할을 부여받지 못한다. 오히려, 여성들이 예수의 십자가 길을 따르며, 부활의 증인으로 격상된다.15

네 번째 무대는 예루살렘이다. 마가복음 11장 1절부터 15장 39

절에 등장하는 예수의 활동무대는 예루살렘의 올리브 산과 성전이다. 마가복음 11장에서 예수는 나귀 새끼를 타고 입성한다. 그리고 성전의 지배층들을 상징하는 무화과나무를 저주하고, 성전의 환전상들을 내어 쫓는다. 마가복음 12장에서는 악한 포도원 농부의 비유와 납세 논쟁을 통해 위선적인 유대교의 지도자들을 공격한다. 마가복음 13장에서 예수는 성전 파괴의 예언을 통해 자신의 공격을 극대화한다. 마가복음 14장과 15장은 예수의 수난 이야기로, 재판과 십자가 처형을 통해 수난예고의 실현을 보여준다. 이처럼 마가복음의 전반적인 기조는 수난이라 할 수 있다. 마가복음은 제자들과 여인들의 모습을 대조함으로써, 수난을 당하는 메시아의 길을 따르는 자들과 탈락한 자들의 모습을 보여준다. 이를 통해 마가복음은 자신의 복음서를 읽는 독자들에게 수난의 제자도를 강조한다.

다섯 번째 무대는 성전 밖에 있는 예수의 무덤으로 볼 수 있다. 마가복음 15장 42-16장 8절에서 전개되는 사건의 활동무대이다. 부활의 이야기가 전개되는 무대라 할 수 있다. 마가복음의 부활 이야기의 특징은 마태복음이나 누가복음과는 달리, 예수의 부활이 명시적으로 드러나지 않는다. 즉 예수의 빈 무덤을 보고, 두려워하던 여인들은 흰 옷을 입은 청년에게 갈릴리에서 예수를 볼 것이라는 말을 듣는다(막 16:8). 가장 오래된 마가복음의 사본은 마가복음 16장 8절로 끝난다. 현재 우리가 가지고 있는 마가복음은 16장 20절까지 있는데, 이는 2세기 후반에 익명의 그리스도인이 마가복음의 부활 이야기가 명시적이지 못하다고 생각해서 첨가한 것으로 알려져 있다. 여인들이 "몹시 두려워 떨며 아무에게도 아무 말을 하지 못하더라"는 마가복음의 종결 문장은 미흡한 결론이 아니라, 그의 전체적인 이야기 구조 속에서 의도된 문장이라고 볼 수 있다. 즉 그는 자신의 독자들에게 부활의 이야기를 두려워하지 말고, 전하라는 독려의 목소리를 반어법적으로 전개하고 있는 것이다. 일종의 열린 종결(open ending)이라고 하겠다.16 제자들처럼 두려워 도망하지 말고, 고난을 감내하면서 용기 있게 부활의 이야기를 전파하라는 것이다.

마태복음

마가복음의 이야기가 수난의 플롯과 기조 속에서 전개되고 있다면, 마태복음은 예수의 족보와 유년기(마 1:1-2:23), 활동 준비와 시작(마 3:1-4:25)을 소개하고, 예수의 가르침을 중심으로 자신의 이야기를 구획 짓는다.17 마태복음에서 예수에 관한 가장 현저한 이미지는 가르치는 자의 모습이다. 그는 산 위에서 모세의 율법을 능가하는 가르침을 주는 분이다. 마태복음 5장 21-48절에는 분노, 간음, 이혼, 맹세, 보복, 원수에 관한 모세의 가르침을 능가하는 예수의 여섯 개의 가르침이 모세의 가르침과 대립하여 등장한다. 마태복음은 예수의 이러한 모습을 다음과 같이 기록한다. "예수께서 이 말씀을 마치시매 무리들이 그 가르치심에 놀라니, 이는 그가 가르치는 것이 권세 있는 자와 같고 저희 서기관들과 같지 아니함일

러라"(마 7:28-29). 마태복음에서는 부활한 예수가 제자들에게 당부한 것도, "내가 너희에게 분부한 모든 것을 가르쳐 지키게 하라"(마 28:20)는 것이다.

마태복음 안에는 예수 이야기의 구조를 떠받치는 다섯 개의 큰 기둥들이 있다.[18] 이 기둥들은 모두 예수의 가르침들이다. ① 산상설교라 불리는 5-7장, ② 제자들의 파송설교를 담고 있는 10장, ③ 비유 설교들이 있는 13장, ④ 마태공동체를 위한 설교를 담고 있는 18장, ⑤ 종말심판 설교가 있는 23-25장이다. 마태복음은 이러한 다섯 개의 가르침을 중심으로 예수의 행적들을 배치하고 있다. 마태복음은 예수의 가르침이 끝날 때마다. 이에 상응하는 다양한 이야기들(narratives)을 삽입한다. 예를 들면, 산상설교(마 5-7장)와 파송설교(마 10장) 사이에 열 개의 기적 이야기(마 8:1-9:38)를 배치하고, 파송설교(마 10장)와 비유설교(마 13장) 사이에는 세례요한과 유대교 당국자들의 갈등 이야기(마 11:1-12:50)를 삽입한다. 또한 비유설교(마 13장)와 공동체를 위한 설교(마 18장) 사이에는 나사렛에서 거부당한 이야기와 변화산 이야기(마 13:53-17:27)가 끼어 있다. 마태복음 18장과 23-25장의 가르침 사이에는 예루살렘에서의 활동 이야기(마 19:1-22:46)가 제시되고, 마지막으로 수난과 부활 이야기(마 26:1-28:20)로 끝맺는다. 이러한 구조에서 알 수 있듯이 마태복음은 예수의 가르침들을 중심으로 자신의 이야기를 전개한다.

누가복음

누가복음은 예수의 갈릴리 활동, 예루살렘에서의 재판과 처형, 부활 이야기라는 마가복음의 전형적 진행을 따르고 있다는 점에서는 마가복음이나 마태복음과 유사하다. 그러나 두 복음서들과는 달리, 데오빌로라는 익명의 로마 관리에게 보내는 보고서의 형식으로 시작된다(눅 1:1-4).[19]

> 그 모든 일을 근원부터 자세히 미루어 살핀 나도 데오빌로 각하에게 차례대로 써 보내는 것이 좋은 줄 알았노니 이는 각하가 알고 있는 바를 더 확실하게 하려 함이로라(눅 1:3).

누가복음은 역사가와 유사한 태도로, 자신이 전해 받은 기록들을 데오빌로라는 특정 인물에게 전하는 형식으로 예수의 이야기를 기록하고 있다. 마태복음과 마가복음이 불특정 다수의 독자를 상정하고 예수의 이야기를 기록했다면, 누가복음은 데오빌로라는 특정한 개인을 상정하고 저술한다. 그러나 데오빌로가 실제 인물인지, 가상의 인물인지에 대해서는 의견이 분분하다. 특징적인 서언에 이어서 여성과 사회적 약자에 대한 관심이 드러나는 탄생 이야기와 유년기 이야기(눅 1:5-2:52), 활동 준비(눅 3:1-4:13), 갈릴리 활동(눅 4:14-9:50)이 소개된다.

누가복음의 예수 이야기의 중심에는 갈릴리에서 예루살렘으로

행하는 선교 여행 이야기가 중심을 차지하고 있다(눅 9:51-21:38). 누가복음 9장 50절까지 예수는 갈릴리에서 활동하다가, 51절에서 예루살렘으로 갈 것을 결단한다. "예수께서 승천하실 기약이 차가매 예루살렘을 향하여 올라가기로 굳게 결심하시고." 누가복음에는 이러한 여행의 중간 중간에 간략한 저자의 상황 보고가 삽입된다. 예를 들면, 누가복음 13장 22절에는 다음과 같은 짤막한 여행 코멘트가 등장한다. "예수께서 각 성 각 촌으로 다니사 가르치시며 예루살렘으로 여행하시더니." 누가복음 10장 1-12절에는 예수가 70명을 파송하는 이야기가 등장하는데, 70이라는 숫자는 당시 사람들이 생각하는 모든 나라에 해당하는 것이었다. 즉 누가복음은 예수께서 이방 선교를 실행에 옮겼다는 것을 보여준다. 마지막으로 수난 이야기(눅 22:1-23:56)와 부활 이야기(눅 24:1-53)로 마무리된다.

3 장

공관복음의 예수 묘사

　과거의 공관복음 연구들은 주로, 복음서에 등장하는, '하나님의 아들'(son of God), '인자'(son of man), '주'(lord) 등과 같은 기독론적 칭호와 관련하여 복음서의 예수 이야기를 이해하고자 하였다. 그러나 공관복음이 보여주는 예수는, 특징적인 몇 가지 기독론적 칭호들만으로는 설명하기 어려운 다양한 특징들을 보여준다. 각각의 복음서들은 예수를 주변의 인물들이 잘 이해할 수 없는 말을 하기도 하고, 사람들을 놀라게 하는 새로운 행동을 하는 독특한 인물로 묘사한다. 따라서 공관복음의 예수를 이해하기 위해서는 전체적인 이야기의 플롯과 구조 속에서 예수의 이미지를 재고하는 것이 적절한 방법이 될 수 있다.[1] 마가복음의 예수는 암시적인 세 차례의 수난예고를 통해 제자들의 오해와 무지를 증폭시킨다. 한편 마태복음은 유대교와의 연속성 속에서 예수의 메시아적 정체성을 보여주려고 시도한다. 그리고 누가복음은 선교와 여행의 플롯에서 예수의 이미지를 재고시킨다. 이번 장에서는 공관복음이 예수의 탄생으로부터 부활까지 그를 어떻게 묘사하는지 살펴볼 것이다. 각각의 복음서들이 제시하는 특징적인 예수 이야기와 그 안에 내포된 신학적 전망의 배후에는 원시 기독교 공동체들의 다양한 예수 경험이 존재한다.

1. 탄생 이야기

공관복음은 예수에 관한 이야기를 어디에서부터, 어떻게 시작할 것인가에 관하여 서로 다른 견해를 보여주고 있다. 공관복음 모두가 예수의 탄생 이야기로부터 시작되지는 않는다. 각각의 복음서에 따라서 서언에 해당하는 부분과 예수의 탄생에 관한 언급은 구분될 수 있다. 여기에서는 공관복음이 각각 자신들의 이야기를 어떻게 시작하고 있는지를 살펴보자 한다. 첫 문장을 통해 독자들은 복음서들 각각의 신학적 강조점과 앞으로 예수의 이야기를 어떻게 이끌어 나갈 것인가에 대한 단서를 발견하게 될 것이다.

마가복음

공관복음 중에서 가장 짧은 분량의 마가복음은 그 책의 원래 제목이기도한 '하나님의 아들 예수 그리스도의 복음'의 시작을 선포한다(막 1:1). 그리고 이 복음의 선포는 세례 요한의 역할을 설명해주는 이사야의 예언으로부터 시작된다(막 1:2-3). 예수에 관한 직접적인 언급은 예수께서 요한에게 세례 받은 것에서부터 시작된다. 마가복음에는 예수의 탄생은 물론, 그의 성장 과정이나 세례받기 이전에 어떤 삶을 살았는지 전혀 언급되지 않는다. 마가복음의 이야기 전개는 다른 복음들에 비하여 직선적이라고 할 수 있다. 마가복음의 예수는 세례를 받고 광야로 나가 시험을 받으시고, 곧 바로 공적인 사역을 시작한다. 따라서 우리는 마가복음에서 예수의 탄생에 관한 정보나 유년기에 관한 언급을 찾아보기 어렵다. 마가복음이 예수의 탄생을 생략한 이유에 대해서는 의견이 분분하다. 고대 사회에서 유년기는 한 사람의 인생에서 그다지 중요한 부분이 아니었다. 마가복음은 아마도 이러한 고대 사회의 습속에 따라 장성한 예수의 활동만을 기록했을 가능성이 있다. 이후 마가복음을 자료로 삼은 마태복음과 누가복음은 후대에 형성된 예수의 탄생과 어린 시절 이야기를 첨가했을 것이다.

마태복음

마태복음은 마가복음의 90% 내용을 포함하고 있기 때문에, 예수에 대한 묘사가 근본적으로 유사할 것으로 예상될 수 있다. 그러나 이러한 기대와 달리, 그 내용적 유사성에도 불구하고, 마태복음은 자신만의 독특한 예수상을 제시한다. 이러한 독특성 중 하나가 바로 예수의 탄생에 관한 언급이다(마 1:1-17 족보; 1:18-2:23 탄생 및 유아기 이야기). 마태복음은 마가복음의 서두에 나오는 이사야의 예언에 앞서 예수의 탄생에 관한 이야기들을 소개한다(마 1-2장). 더욱 특징적인 것은 예수의 탄생 이야기의 맨 처음에 아브라함에까지 소급되는 예수의 족보를 소개하고 있는 것이다(마 1:1-17). 또한 마태복음은 우리에게 기적적인 수태, 천사의 방문, 이집트로의 도피와 나사렛 귀환 등에 대해서도 전해주고 있다. 마가복음이 세례 이전의 예수의 삶을 평범한 사람의 삶과 동일하게 보았기 때문에, 특별히 주의를 기울이지 않았다고 해석할 수 있다면, 마태복음은 예수가 수태되는 그 순간부터 그의 생애에 하나님이 관여하고 있음을 분명하게 언급하고 있다.

마태복음 1장 1절을, 마가복음 1장 1절과 비교해보면 흥미롭다. 마가복음 1장 1절은, "하나님의 아들, 예수 그리스도의 복음의 시작"(*Archē tou euangeliou Iēsou Christou hyiou theou*)이라고 되어 있는 반면, 마태복음 1장 1절은, "아브라함의 아들, 다윗의 아들, 메시아 예수의 족보에 관한 책"(*Biblos geneseōs Iēsou Christou hyiou David hyiou Abraam*)이라고 되어 있다. 우리는 여기에서 마태복음이 마가복음보다 예수를 유대 역사와 더 밀접하게 연관시키고 있음을 볼 수 있다. 예수는 이스라엘의 왕인 다윗, 이스라엘의 조상인 아브라함과 연결되는 분임이 강조된다.

그런데 마태복음에 소개된 예수의 족보에는 마리아를 제외하고 네 명의 여성이, 그 이름과 함께 등장한다. 네 명의 여성은 다말, 라합, 룻, 밧세바인데, 모두 이방인이거나 이방과 관련되어 있다. 유대적 혈통을 강조한 마태복음의 족보에 이방과 관련된 여성의 이름이 포함되어 있는 이유에 대해서 몇 가지 견해가 있다. 첫째는, 이방인들이 하나님의 백성 안에 들어오는 것을 예시한다는 것이다.[2] 둘째는, 족보에 언급된 네 명의 여성들은 모두 스캔들이나 비정상적인 결혼생활을 했던 인물들이다. 그럼에도 불구하고 하나님은 여인들의 담대한 삶에 개입함으로써 메시아의 혈통에 연결시켰다는 것이다.[3] 셋째는, 마태복음이 요셉에 중점을 두고 있기는 하지만 마리아의 역할을 예시한다는 것이다. 특징적으로 마태복음의 족보는 '요셉이 그리스도를 낳고' 또는 '요셉은 예수의 아버지'라고 언급하지 않고, "야곱은 마리아의 남편 요셉을 낳았다. 마리아에게서 그리스도라고 하는 예수가 태어났다"(마 1:16)고 되어 있다. 이러한 언급은 마리아를 부각시키는 것으로 보인다. 그러나 이어서 나오는 마태 1장 18-25절에서는 요셉을 강조하고 있다. 이러한 서로 모순되는 서술은 가부장적인 계보를 따라 예수의 기원을 아브라함과 다윗에 연결시키고자 한 의도(메시아는 다윗 계보와 연결됨)와 예수는 혈통적으로는 요셉(아버지)과 무관하게 마리아(어머니)에 의해서 성령으로 잉태되었다는 것을 연결시키는 마태복음의 방식으로 보인다. 넷째는 하나님은 인생의 모든 발걸음부터 자신의 목적을 이루시는 일까지 사람들을 사용하신다는, 하나님에 대한 보다 일반적인 시사를 주기 위한 것이라는 것이다.

마태복음은 예수 그리스도의 탄생에 관하여 마리아가 성령으로 잉태하였다는 것으로부터 시작한다(마 1:18). 그리고 이것을 주의 천사가 약혼자인 요셉에게 꿈을 통해서 설득한다(마 1:20-21). 꿈은 마태의 탄생 이야기에서 중요한 모티프를 제공한다. 다섯 개의 꿈을 통해 다섯 개의 구약의 성취를 언급한다. 마태복음 1장 22-23절에서 요셉은 꿈을 통해 마리아의 잉태가 신적인 것임을 계시 받는다. 이 단락은 이사야 7장 14절의 성취를 암시한다. "보라 처녀가 잉태하여 아들을 낳을 것이요 그의 이름을 임마누엘이라 하리라." 마태복음 2장 12절에서도 동방박사의 꿈 이야기가 등장한다. 동방박사의 베들레헴 방문은 미가 5장 2절의 예언과 관련되어 있다. 요셉은 꿈속에서 천사의 현몽을 통해, 이집트로 가족들을 데리고 피신하는데, 이는 호세아 11장 1절의 성취를 암시한다. 마태복음 2장 17-18절에 나타나는 헤롯의 유아학살 명령은 예레미야 31장 15절과 관련이 있으며, 마태복음 2장 23절의 나사렛 거주는 이사야 11장 1절의 성취와 연관되어 있다. 이처럼 마태복음의 탄생 이야기에는 다섯 개의 꿈과 상응하는 구약의 예언들을 병치시킴으로써, 예수의 탄생이 구약에 기록된 예언의 성취라는 것을 강조한다. 이러한 마태복음의 의도 속에서 우리는 예수를 오경(토라)을 새롭게 완성하는 새로운 모세로 묘사하고자 하는 마태복음의 신학적 의도를 엿보게 된다. 마태복음은 이후 5장에서 모세의 가르침을 능가하는 여섯 가지 가르침을 주는 예수의 모습을 소개한다.

한편 예수의 수태에 관한 마태복음의 언급은, 수태 당사자인 마리아보다는 마리아의 약혼자였던 요셉에게 집중되어 있다. 요셉은 마리아가 잉태한 사실을 알고 그와 파혼을 계획하였으며, 주의 천사를 꿈속에서 만나서 그의 생각을 바꾸게 되었고, 결국 마리아와 혼인하였다는 것이다. "마리아가 성령으로 잉태한 사실이 드러났다"(마 1:18)는 것과 "아들을 낳을 때까지, 아내와 잠자리를 같이 하지 않았다. 아들이 태어나니, 요셉은 그 이름을 예수라고 하였다. 헤롯 왕 때에 예수께서 유대 베들레헴에서 나셨다"(마 1:25-2:1)고 한 부분에서도 요셉에 대한 강조가 눈에 띈다. 요셉은 꿈속에서 주의 천사로부터 아이의 이름을 고지 받았고 태어난 아이에게 그 이름을 붙여 준다. 마태복음의 예수 탄생 이야기는 요셉이 예수의 신적 기원을 이해하고 받아들이는 방식에 관한 이야기인 셈이다. 마태복음에 따르면, 예수의 탄생으로부터 그의 어린 시절의 일련의 일들은 모두 요셉의 꿈에 나타난 주의 천사의 인도에 따르고 있으며(마 1:20, 24; 2:9, 12, 13, 19, 22), 이 모든 일들은 구약성서에 예견된 사건이다(마 1:22-23; 2:5-6; 2:15; 2:17-18; 2:23).

마태복음의 구약 성서 인용은 마태적 관점에 의해서 재조명되고 있다. 예를 들면, 이사야 7장 14절의 인용은 히브리 성서의 "젊은 여자"(young woman)보다 그것을 '처녀'(virgin)로 옮긴 70인역(LXX, 그리스어 번역)을 따르고 있다. 이것은 메시아의 독특한 탄생 방식을 제시하려는 의도로 보인다. 미가 5장 2절의 경우도 히브리 성서와 70인역 성서가 모두 베들레헴을 유대 족속들(통치자들) 중에서 '가장 작다'고 말하고 있는데 반하여, 마태복음에는 오히려 '가장 작지 않다'고 말하고 있다. 이것은 마태복음이 원래 의미를 왜곡시켰다기보다는 예수께서 베들레헴에서 나서 이제는 더 이상 가장 작은 것으로 여겨지지 않는다는 것을 의도한 것으로 보인다.

마태복음은 아기 예수가 탄생한 곳이 유대 베들레헴이라고 밝히는(마 2:1) 동시에, 그리스도가 유대 베들레헴에서 나신다는 유대 전승을 소개함으로써(마 2:5; 미 5:2) 태어난 아기 예수가 바로 그 그리스도임을 암시적으로 나타내고 있다. 아기가 태어난 장소에 대하여는 다만 "아기가 있는 곳"(마 2:9), 또는 "그 집"(마 2:11)이라고만 언급하고 있다. 아기를 방문하러 온 사람들은 동방에서 온 박사들(또는 점성가들)이었으며, 이들을 인도하는 '별'에 대한 언급은 마태복음에만 언급되고 있다. 그레코-로만 세계에서는 점성술이 매우 대중적인 것이었고, 일반적으로 특이한 천체(별)의 등장은 지상의 중요한 사건이 일어날 징조로 여겼다(사 14:12-23; 욥 38:23; 삿 5:20).

태어난 아기 예수는 탄생하자마자 헤롯으로부터 생명의 위협을 당하게 된다. 예수의 가족들은 이집트로 피신하였다가 헤롯이 죽은 후에 나사렛에 정착한다. 이러한 일련의 과정은 나사렛 사람이었던 예수가 어떻게 유대 베들레헴에서 나실 그리스도가 될 수 있는가에 대한 마태복음의 답변이라고 할 수 있다. 아기 예수는 주의 천사 덕분에 목숨을 구하였지만, 헤롯은 베들레헴 주변의 두 살 이하의 사내 아이를 죽이라는 명령을 내린다(마 2:16). 이것은 모세의 탄생과 바로(파라오)의 유아학살 명령을 연상시킨다(출 1:16 이하). 모세와의 유사성은 예수가 장성한 후에도 적용된다. 예수는 모세처럼 이집트에서 백성을 구하도록 부름 받을 것이며, 모세가 이스라엘을 이집트의 노예 상태에서 이끌어내서 하나님과의 언약 관계로 인도한 것처럼 믿는 자들을 죄로부터 자유롭게 하고 새로운 계약을 세울 것이다. 이러한 마태복음의 보도들은 다른 복음서에는 없는 독특한 것들이다.

누가복음

누가복음은 예수의 생애에 관한 언급으로 시작하지 않고, 이 책의 저술 목적에 관한 서언이 따로 제시된다(눅 1:1-4). 실제 이 책의 역사적 정확성은 차치하고, 적어도 서문에는 저자의 역사 기술에 관한 관심이 표명되어 있다.[4]

예수의 출생에 관한 누가복음의 특징적인 기술은 우선 그것이 세례 요한의 출생과 밀접하게 관련되어 있다는 것이다. 세례 요한의 수태와 출생 이야기, 예수의 수태와 출생 이야기가 서로 번갈아 제시되고 있다(눅 1:5-25; 1:26-56; 1:57-80; 2:1 이하). 사가랴에게 엘리사벳의 수태(세례 요한)를 알린 천사 가브리엘은 여섯 달 후에 갈릴리 나사렛에 사는 마리아에게 수태(예수)를 알린다. 마리아는 수태 후 엘리사벳과 세 달을 함께 보낸다(눅 1:56). 어머니의 태 안에서부터 세례 요한과 예수는 서로 교류한다(눅 1:40-45). 두 인물은 모두 난 지 여드레 만에 할례를 받고 천사의 고지대로 이름이 주어진다(눅 1:59-66). 다른 어떤 복음서보다 세례 요한에 대한 언급이 두드러지게 나타나는 것을 알 수 있다.

예수의 탄생에서 중요한 또 하나의 모티브는 예수의 탄생과 관련된 일들에 항상 '성령'의 인도가 있다는 것이다. 누가복음 1장 15절에서, 사가랴에게 나타난 '주의 사자'가 세례 요한이 "모태로부터 성령의 충만함을 받을 것"이라고 계시한다. 천사는 마리아에게 '성령'이 임할 것이라고 알려준다(눅 1:35). 마리아를 만난 엘리사벳은 '성령'으로 충만하여 큰 소리로 외친다(눅 1:41-42). 사가랴도 성령의 충만함을 받는다(눅 1:67). 시므온에게 '성령'이 임하여 아기 예수에 대해 예언한다(눅 2:25). 그는 '성령'의 인도로 성전에 들어가 아기 예수를 만난다(눅 2:27).

마태복음이 예수의 나사렛 정착 과정을 유대 베들레헴 탄생 → 이집트 피신 → 나사렛 정착으로 기술하는 한편, 누가복음은 나사렛(마리아, 요셉) → 베들레헴 탄생(인구조사) → 나사렛 귀환으로 설명하고 있다(눅 1:26; 2:1-7; 2:39). 두 복음서는 메시아의 베들레헴 탄생과 예수의 출신지인 나사렛을 다른 방식으로 연결하고 있는 것을 알 수 있다.

누가복음의 탄생 이야기에는 마태복음과는 달리, 사회적 주변인들에게 대한 각별한 관심이 드러난다. 마태복음에서 동방박사들은 황금, 유향, 몰약과 같은 귀중품을 바칠 수 있는 인물로 묘사된다. 그러나 누가의 이야기 속에서는 동방박사 대신 들판의 목자들이 아기 예수를 경배한 인물들로 등장한다(눅 2:8-16). 한밤중까지 추운 들판에서 양을 치던 목자들은 가장 낮은 계층에 속한 인물들이었다. 목자들은 아기 예수께 아무런 예물도 드리지 않는다. 그들은 그 아기에 관하여 들은 바를 전하여 준다(눅 2:17). 누가복음은 이들을 메시아의 첫 목격자로 설정한다. 또한 아기 예수는 누가복음에서만 가축들의 먹이를 담아놓는 '구유'에 누워 있다(눅 2:7, 16). 이러한 묘사는 누가복음이 가지고 있는 소외된 자들에 대한 관심과 관련된다. 예수는 소외된 자들에게 관심을 가졌던 분이었을 뿐 아니라 그 자신이 낮은 자리에 오신 분이라는 것이다.[5] 또한 마리아 찬가(눅 1:52-53)는 메시아 탄생의 의미를 다음과 같이 노래한다. "권세 있는 자를 그 위에서 내리치셨으며 비천한 자를 높이셨고, 주리는 자를 좋은 것으로 배불리셨으며 부자는 빈손으로 보내셨도다."

누가복음의 예수 탄생 이야기 속에는 엘리사벳, 마리아, 안나와 같은 여성들이 두드러진 역할을 수행한다. 이는 마태복음의 탄생 이야기에서 남성들, 즉 요셉, 동방박사, 헤롯 등이 중요한 역할을 하는 것과 대조적이다. 이러한 여성들의 역할에 대한 강조는 누가복음 전체를 통해 드러난다. 누가복음에서는 여성의 역할을 남성의 역할과 자주 병행시켜서 보도한다. 가령, 탄생 이야기에서 천사가 스가랴에게 세례요한의 탄생을 고지(눅 1:5-25)한 것과 병행하여, 마리아에게 예수의 탄생을 알린다(눅 1:26-38). 또한 시므온의 예언(눅 2:25-35)과 더불어 안나의 예언(눅 2:36-38)도 기록하고 있다. 누가복음 13장에서 예수가 안식일에 한 여성을 치유한 이야기(눅 13:10-17)와 더불어 누가복음 14장에는 안식일에 한 남성을 치유한 이야기가 등장한다(눅 14:1-6). 누가복음 15장에는 양 한 마리를 잃어버린 남성의 이야기와 함께 한 드라크마를 잃어버린 여성의 이야기가 곧장 등장한다. 누가복음만이 남성 제자들의 목록(눅 6:12-16)과 함께 여성 추종자들의 목록을 제시한다(눅 8:1-3). 이처럼 누가복음은 예수를 여성친화적인 인물로 묘사한다.

    누가복음에서 독특한 점은, 예수와 그의 가족이 유대 전통에 매우 충실한 모습으로 그려진다는 것이다. 예수의 부모는 아기 예수가 난 지 팔일 후 할례를 받게 하였으며, 정결례 기간이 지나서(40일) 아기를 예루살렘에 데리고 가서 율법에 정해진 대로 희생 제물(산비둘기 한 쌍이나, 어린 집비둘기 두 마리)을 드린다(눅 2:21-24). 아기 예수와 그 부모는 성전에서 의롭고 경건한 예루살렘의 시므온과 예언자 안나를 만나서 아기에 대한 예언을 듣게 된다(눅 2:25-38). 예수와 그의 부모는 매년 유월절을 지키기 위해 예루살렘을 방문한다(눅 2:41). 예수가 열 두 살 되던 해 유월절, 부모와 함께 예루살렘을 방문한 예수는 '성전'에서 선생들에게 듣기도 하고 묻기도 한다(눅 2:41-51). 누가복음은 공관복음 중에서 유일하게 예수의 유년기 이야기를 기록하고 있다. 누가복음 2장 41-51절에서 예수가 12살 되었을 때, 유월절 절기의 관례에 따라 예루살렘 성전을 부모와 함께 방문한다. 그러나 귀향길에 예수는 실종되고, 사흘 후에 성전에 되돌아 온 부모들이 유대교 랍비들과 태연히 토론하고 있는 소년 예수의 모습을 발견하게 된다. 부모들의 꾸중에 아랑곳없이 예수는 "내 아버지 집에 있어야 할 줄을 알지 못하셨나이까"(눅 2:49)라고 반문한다. 이 누가복음의 에피소드는 어린 시절부터 예수가 비범한 종교성을 지녔고, 예루살렘 성전에 대한 애착을 지녔다는 것을 강조한다. 이것은 누가복음의 예루살렘 중심성을 잘 반영해 주는 것으로, 누가복음에서는 부활한 예수가 현현하는 곳도 예루살렘이고, 이곳으로부터 땅 끝까지 선교가 진행될 것이라고 강조한다.

마태복음의 서두를 장식한 예수의 족보는 누가복음의 경우는 예수의 세례 이후 공생애 선포 바로 다음에 위치한다. 따라서 누가복음의 족보는 예수의 탄생보다는 사역과 관련되고 있다. 이것은 그 서두에 예수께서 활동을 시작한 나이가 서른 살쯤이었다고 밝히는 것에도 나타난다(눅 3:23). 누가복음 족보의 특징은, 마태복음과 비교했을 때, 요셉으로부터 시작하고 있다는 것(눅 3:23)과 그 기원이 아브라함과 다윗이 아니라 아담, 하나님에게 소급된다는 것이다(눅 3:38). 이것은 누가공동체가 이방인들을 자신들의 공동체 안에 포함시키고자 한 것과 관련이 있어 보인다. 아브라함과 다윗까지, 그리고 스룹바벨에 대한 언급은 마태복음과 누가복음에서 많은 부분 일치를 보이고 있으나, 그 외에는 상당한 차이를 보이고 있다. 혹자는 마태복음은 요셉 가계를, 누가복음은 마리아의 가계를 제시한 것이라고 한다. 그러나 이 두 복음서의 족보의 차이에 대한 설득력 있는 답변을 찾기는 쉽지 않다.

2. 공생애 활동 이야기

예수의 공적 사역이 시작되는 데서부터 체포 이전까지 공관복음은 예수의 행적을 어떻게 기록하고 있는가? 공관복음은 공통적으로 예수께서 세례를 받고, 사탄의 시험이 있은 후 본격적인 사역을 시작하는 것으로 기술하고 있다. 또한 예수가 제자들을 불러 모았으며, 병자를 치유하고, 귀신을 쫓아내고, 말씀을 선포하고, 유대 당국자들과 논쟁하였다고 보도한다. 그러나 자세히 살펴보면 이러한 보도들은 각각의 복음서 공동체들의 관점에 의해서 변경되고 있음을 알 수 있다. 또 자신들 만의 독특한 내용을 소개하는 경우도 있다. 그러면 이제 각 복음서들이 중점을 두고 있는 예수 사역의 특징들을 검토해 보기로 하자.

마가복음

마가복음은 예수께서 갈릴리 나사렛에서 와서—마가복음은 예수의 고향이 나사렛이라고 명백히 밝히고 있지 않지만 마가복음 1장 9절은 예수가 갈릴리 나사렛 출신임을 암시한다— 요한에게 세례를 받았으며, 성령에 의해서 광야로 내몰려(*ekballō*) 사탄의 시험을 받는다. 마가복음은 이 사탄의 시험 내용이 무엇이었는지는 전하지 않는다.

예수의 공적 활동은 요한이 잡히고 난 후에(*paradidomi*) 시작된다(막 1:14). 마치 예수는 요한의 활동을 계승하는 것 같은 인상을 주고 있다. 이러한 인상은 마가복음 9장 31절, "인자가 사람들의 손에 넘어가고"(*paradidomi*)에서 확인된다. 예수의 첫 선포인 "때가 찼다. 하나님의 나라가 가까이 왔다. 회개하여라. 복음을 믿어라"(막 1:15)가 보여주는 하나님 나라 도래의 긴급성은 마가복음이 예수의 사역을 묵시 사상적 전망에서 바라보고 있음을 드러내 준다. 이러한 관심은 마가복음의 주요 용어 중 하나인 '즉시'(*euthus*)의 빈번한 사용에서도 찾아볼 수 있다(42회 이상). 또한 마가복음 9장 1절의 "여기에 서 있는 사람들 가운데는, 죽기 전에 하나님의 나라가 권능으로 오는 것을 볼 사람들도 있다"는 언급이나, 소묵시록으로 불리는 마가복음 13장의 30절은 "이 세대가 끝나기 전에, 이 모든 일이 다 일어날 것이다"라고 하여 '그날'이 임박해 있음을 보여 준다.[6]

예수 사역의 묵시 사상적 성격은 그의 활동에서도 드러난다. 마가복음은 예수의 공생애 첫 활동으로(제자 선택을 제외하고) 귀신 축출 기사를 소개하는데(막 1:21-28), 이것은 이후에도 예수의 주요 활동으로 제시된다(막 1:34, 39; 3:22-30; 5:1-20; 7:24-30; 8:33; 9:14-29). 이러한 활동은 치유 이상의 의미를 갖는다. 곧 그것은 하나님의 아들인 예수와 사탄의 세력 간의 싸움으로, 예수께서 악의 세력인 사탄을 최종적으로 제압한 것이다. 하나님과 사탄의 대결은 묵시 사상의 핵심 주제 중 하나이다. 예수의 귀신 축출은 구원의 새 시대가 도래하였다는 것을 보여주는 것이다.

예수의 활동은 주로 갈릴리를 중심으로 이루어진다. 예수께서 갈릴리에 와서 복음을 선포하기 시작하였고(막 1:14), 갈릴리 바닷가에서 제자들을 부르시며(막 1:16), 가버나움에서 처음으로 귀신을 쫓아낸다(막 1:21). 예수의 소문이 갈릴리 주위의 온 지역에 두루 퍼졌으며(막 1:28), 예수 자신도 온 갈릴리와 여러 회당에서(막 1:39) 활동한다. 예수는 갈릴리 호수를 중심으로 동서로 왕래하면서 활동하는 것으로 묘사된다(막 1:16; 2:13; 3:7; 4:1, 35; 5:1, 21; 6:1, 48; 7:31; 8:13).

예수의 사역 후반기, 곧 체포되기 전까지 예수는 예루살렘에서 활동한다. 세 차례에 걸쳐 이루어진 예루살렘 입성은 주로 성전을 목표로 하고 있다. 첫 날은 성전을 둘러보고 다시 출발지로 되돌아간다(막 11:1-11). 둘째 날은 성전을 상징하는 무화과나무에 대한 저주(막 11:12-14)와 성전의 실질적인 기능을 정지시킨 성전 무효화 사건(막 11:15-17)이 있었다. 켈버의 설명에 따르면, 마가복음 11장 16절의 성전을 가로질러 "물건"(*skeuos*)을 나르는 것을 금지시켰다는 것은 종교 의식에 사용되는 물건들을 운반하지 못하게 했다는 것이다.7 따라서 이것은 예수께서 성전의 종교적 예배 의식을 중지시킨 것으로, 예수의 반성전 경향을 반영한다. 셋째 날은 저주한 무화과나무가 말라 버린 것을 발견한다(막 11:20-21). 이러한 반성전 경향은 마가복음 13장의 성전 파괴에 대한 예언으로 이어진다. 예수는 체포당하기 직전, 자신의 공생애 마지막 활동을 성전파괴에 대한 예언으로 마무리하고 있는 것이다.

마태복음

마태복음 역시 예수의 사역 이전에 세례 요한의 등장과 예수의 세례, 시험 이야기를 제시한다. 이 부분들은 마가복음보다 확장된 형태로 구성되어 있으며, 마가복음의 서두에 인용되고 있는 말라기 3장 1절과 출애굽기 23장 20절은 보다 후반에(마 11:10) 제시되고 있다. 마태복음은 예수의 사역에 관하여 마음과 같이 전한다. "예수께서 온 갈릴리를 두루 다니시면서, 가르치시며, 하늘 나라의 복음을 선포하며, 백성 가운데 모든 질병과 모든 아픔을 고쳐 주셨다"(마 4:23). 예수의 사역에 관한 마태복음의 관심은 예수의 활동을 소개하는 대목에서 예수의 가르치는 활동이 반복적으로 언급되는 데에도 반영되어 있다. "예수께서는 모든 성읍과 마을을 두루 다니시면서, 유대 사람의 여러 회당에서 가르치며, 하늘 나라의 복음을 선포하며, 모든 질병과 모든 아픔을 고쳐 주셨다"(마 9:35). "예수께서… 그들의 여러 도시에서 가르치시고, 복음을 선포하셨다"(마 11:1).

예수 공생애의 첫 활동은 귀신 축출(마가복음)이 아니라 가르치는 일, 즉 산상 설교가 제시된다(마 5-7장). 이러한 가르침에 대한 강조는 이외에도 선교 담화(마 10장), 하늘 나라 담화(마 13장), 공동체(교회) 규범에 관한 담화(마 18장), 종말에 관한 담화(마 24-25장)를 통해서도 알 수 있다. 특히 주목할 만한 것은 이러한 담화들은 '그가 이러한 말씀들을 마치셨다'(마 7:28; 11:1; 13:53; 19:1; 26:1)로 끝나고 있으며, 이것은 구약의 모세 오경처럼, 예수의 가르침을 다섯 부분으로 구분 짓는다. 베이컨(B. S. Bacon)은 마태복음의 저자는 예수를 하나님의 백성에게 새로운 율법을 가져오는 새로운 모세로 묘사하고 있다고 주장하였다.8 알리슨(D. C. Allison)도 이러한 입장에서 마태복음에 나타난 예수와 모세의 병행점을 제시하였다.9 다섯 편의 담화 중에서 선교 담화나 하늘 나라 담화, 종말에 관한 담화는 마가복음에서도 병행본문을 찾을 수 있으나, 공동체(교회) 규범에 관한 담화는 마태복음에서만 독특하게 발견된다. 마태복음은 복음서들 중에서 그리스어의 *ekklēsia*(교회)라는 단어를 사용하는 유일한 복음서로(마 16:18; 18:17) 예수는 그 교회의 설립자로 제시된다. "… 나는 이 반석 위에다가 내 교회를 세우겠다"(마 16:18).10 마태복음에 따르면, 예수는 자신을 유일한 선생(*didaskalos*), 지도자(*kathēgētēs*, 학교 선생을 의미)로 지칭하기도 한다(마 23:8, 10).

마태복음이 예수의 사역에서 가르침을 강조하고 있다는 것은 배움과 가르침에 대한 관심을 통해서도 드러난다. 마태복음 5장 19-20절은 "누구든지 이 계명 가운데 가장 작은 것 하나라도 폐지하고 사람들을 그렇게 가르치는 사람"들에게 경고한다. 마태복음 11장 29절에서 예수는 "내게 배워라"(*mathete*)고 말씀하시며, 마태복음 28장 19절에서 부활한 예수의 최후 위임은 "모든 민족을 제자로 삼아서(*mathēteusate*) 가르쳐(*didaskontes*) 지키게(*tērein*) 하여라"는 것이었다. 또한 "하늘 나라를 위하여 훈련을 받은 율법학자"(마 13:52)에 대한 언급은, 마태 공동체 안에 기독교적 율법학자(서기관)가 있었음을 암시하기도 한다(마 8:19; 23:34).

마태복음에서 강조하고 있는 예수의 가르침의 특징은 유대교 (모세, 바리새인)의 가르침에 대한 강한 비판을 담고 있다는 것이다.11 마태복음은 공관복음 중에서 가장 유대적인 특징을 보여주는 동시에 유대교에 대한 매우 강도 높은 비판을 가하고 있다. 마태복음 23장 바리새인들에 대한 비판이 그 대표적인 예라고 하겠다. 그 외에도 산상설교 또한 모세의 가르침이나 바리새인의 율법 해석을 넘어서는 예수의 가르침을 제시하고 있다. 대립명제로 알려져 있는 '옛 사람들에게 이르기를 ~ 한다. 그러나 나는 ~ 말한다'는 문구 (마 5:21-22, 31-32, 33-34, 38-39, 43-44)는 이러한 특징을 잘 반영한다. 이러한 대결에서 마태복음의 예수는 자신의 가르침을 율법과 예언서의 본뜻에 연결시키고 있다. "너희는 무엇이든지, 남에게 대접을 받고자 하는 대로, 너희도 남을 대접하여라. 이것이 율법과 예언서의 본 뜻이다"(마 7:12). "네 마음을 다하고… 주 너의 하나님을 사랑하여라…. 네 이웃을 네 몸 같이 사랑하여라…. 이 두 계명에 모든 율법과 예언자들의 본뜻이 달려 있다"(마 22:40). 예수의 가르침은 율법학자들과 달리 권위 있는 것으로 전해진다(마 7:28-29).

이러한 예수의 가르침의 내용을 마태복음은 '의'라는 용어 속에 압축시키고 있다. 마태복음은 의(*dikaiosynē*)에 대한 관심을 현저하게 보여준다(마 3:15; 5:6, 10f, 20; 6:1, 33; 13:43, 49; 27:19). 마태복음의 예수는 "… 너희의 의로운 행실이 율법학자들과 바리새파 사람들의 의로운 행실보다 낫지 않으면, 너희는 하늘 나라에 들어가지 못할 것이다"(마 5:20)라고 경고하고 있다. 예수는 유대교적 의의 실천(자선, 기도, 금식)이 남에게 보이기 위한 위선적 행위로 전락된 것을 비판하고(마 6:1-18), 의의 실천에 있어서 은밀성(마 6:3, 6, 18)과 보상성(마 6:4, 6, 18), 하나님의 나라와 그의 의를 추구할 것을 촉구한다(마 6:33). 마태복음 5장 48절, 23장 2-3절에서는 의를 행함(실천)과 완전함이 강조된다. 마태복음에 나타난 예수의 가르침은 사랑(마 5:43; 22:39-40), 용서(마 6:14-15; 18:23-25), 겸손(마 18:4; 20:26-27; 23:11-12), 결속(마 18:18-20; 23:8) 등 공동체의 윤리적 규범의 성격을 지니고 있다. 이러한 예수의 가르침은 마가복음의 경우와 달리, 예수의 열 두 제자들에게 계승된다.(마 16:18-19; 18:17-18; 28:20)

누가복음

누가복음은 예수의 세례에 대하여 언급하고 있지만, 마가복음이나 마태복음이 예수가 받은 세례를 세례 요한에게 받은 것으로 분명하게 밝히는 것과는 달리, 그것을 명백하게 드러내지 않는다. "백성들이 모두 세례를 받았다. 예수께서도 세례를 받으시고…"(눅 3:21 이하)라고만 언급한다. 누가복음은 유일하게 예수께서 활동을 시작한 시기가 그의 나이 서른 살쯤이라고 제시한다(눅 3:23). 이러한 언급을 공적 사역의 시작으로 간주한다면, 누가복음은 예수의 족보를 예수의 사역 첫 단계에 제시하고 있는 것이다. 이것은 앞에서도 설명하였듯이 예수의 정체를 시사하는 중요한 의미를 지니고 있다. 아브라함과 다윗의 자손으로 예수를 소개한 마태복음과 비교해 볼 때, 예수의 뿌리가 인류의 조상인 아담, 더 나아가 하나님으로 제시되는 것은 예수가 유대(인)에 국한된 인물이 아님을 보여 준다.

예수의 탄생이나 어린 시절에 항상 함께했던 성령의 역사는 그의 사역에도 중요한 역할을 한다. 예수의 세례 시에는 물론이고(눅 3:22), 시험받을 때(눅 4:1)나 그의 사역에서(눅 4:14, 18; 10:21; 11:13; 24:49) 성령이 늘 언급되고 있다. 누가복음만이 갈릴리에서의 복음 선포의 시작을 알리는 단락에서 '성령의 능력'을 언급하고 있다.

마가복음이나 마태복음에서와 마찬가지로 예수 사역의 첫 활동에 대한 누가복음의 언급 또한 주목할 만하다. 갈릴리 사역 시작에 대한 언급이 있고 나서, 마가복음이 귀신 축출 기사를, 마태복음이 산상설교를 배치한 것과 달리, 누가복음은 예수께서 나사렛(예수께서 자라신 곳이라고 소개함)에서 배척받은 이야기를 제시한다. 이것은 예수의 사역을 바라보는 누가복음의 전망을 잘 반영하고 있다. 즉 누가복음 4장 18-19절의 경우, 예수의 복음이 가난한 자, 포로된 자, 눈먼 자, 억눌린 자 등 소외된 자들을 위한 것임을 명시하고 있고, 엘리야와 엘리사에게 치유 받은 '이방인'에 대한 언급은 앞으로 진행될 예수 사역의 성격을 예시하고 있다. 예수께서 그의 사역에서 소외된 자들에게 관심을 기울였다는 것은 누가복음 19장 10절에서 예수께서 자신을 "잃어버린 자를 찾아 나서는 구원자"로 규정하고 있는 데도 드러난다. 여기에서 '잃어버린 자'란 당시의 사회적 기준으로부터 소외된 자, 당시의 종교적 구원에서 소외된 자를 의미한다.

이들은 누가복음에서 가난한 자(눅 1:51-53; 3:11; 4:18; 6:20-21, 24-25; 14:12-14; 16:19-31; 19:8; 낮춤에 대한 강조 14:7-11; 22:24-26 참조), 이방인(눅 3:23 이하; 7:9; 8:42-48; 9:51-56; 10:29-37; 17:15-19), 죄인(눅 1:77; 5:20, 27-32; 7:36-50[12]; 15장; 18:9-14; 19:1-10; 23:42-43; 24:47-48; 회개와 용서의 주제들), 여성(눅 1-2장의 마리아 강조[13]; 2:25-35, 36-38; 7:11-17; 8:2-3, 42-48; 10:3, 42; 13:20-21; 15:8-10; 23:27; 24:1, 10)으로 대표된다. 특히 잃어버린 것에 대한 언급이 직접적으로 집중되고 있는 누가복음 15장의 경우는 이 잃어버린 것들이 바로 '죄인'―당시의 종교적 구원에서 소외되었던 자들―을 뜻한다고 명시하고 있다(눅 15:7, 10, 17-19 암시). 이러한 소외된 자들에 대한 관심은 예수의 탄생에서 살펴본 바와 같이 예수 자신의 소외된 정체성에도 반영되어 있다.

예수의 이러한 관심은 단순히 '소외된 자'들에 대한 연민의 차원이 아니라 그들을 주변으로 밀어낸 사회적, 종교적 기준에 대한 저항, 나아가 그러한 기준의 역전을 모색하는 것, 가치의 전복을 주장하는 것이다(눅 1:51-53; 3:4-6; 4:18-19; 6:20-26; 10:25-37; 참조. 19:11-28 [불의에 저항]; 22:69-80, 23:1-5 [예수의 죽음의 정치적 성격]). 그러나 누가복음에서 이러한 기존 질서에 대한 저항, 가치의 전복은 대결, 갈등, 대립을 목적으로 하고 있지 않다. 그러한 기존 질서의 기준으로 말미암아 소외된 자를 포용하려는 데 그 목적이 있었다. 따라서 누가복음의 예수가 보여주는 소외된 자에 대한 관심은 소외된 자들에게 국한된 관심이 아니라 소외된 자들도 구원(약속)에 포함시키고자 한 것이다. 따라서 누가복음의 '포용성', '포괄성'은 가난한 자와 부유한 자, 이방인과 유대인(눅 2:32), 의인과 죄인, 남성들과 여성들이 균형 있게 공존하는 것을 의미한다.

예수의 활동이 주로 갈릴리에서 이루어졌고 예루살렘은 주로 예수의 죽음과 연결시키고 있는 마가복음과는 달리, 누가복음은 예루살렘(성전)을 예수의 생애와 사역에 긴밀하게 연관시킨다. 예루살렘(성전)은 예수의 탄생과 그의 성장기(눅 1-2장)에 예수와 중요한 연관을 맺고 있으며, 예수의 교훈과 선포(눅 19:47), 기도(눅 19:9-14; 19:46)의 장소이기도 하다. 또한 그의 죽음, 부활 현현, 승천(눅 24:13-53)과도 연관된다. 또한 예루살렘(성전)은 세계 선교를 위한 중요한 기지로 간주된다(눅 19-24장 참조). 예루살렘 성전을 중시한 이유는 누가복음이 그것을 우주의 중심, 유대교와의 연속성 중시, 하나님의 구원 계획의 정점으로 보았기 때문이다. 또한 예수는 바리새인과 율법학자들을 비판하고 있음에도 불구하고 그들과의 교제를 계속 시도하고 있다(눅 7:36; 11:37; 13:31; 14:1).

또한 누가복음의 예수 사역에서 특징적인 것은 선교에 대한 관심이다.[14] 누가복음은 예수께서 조직적이고 포괄적인 선교를 행한 것으로 보도한다. 열둘(누가복음은 이들을 '제자들' 중에서 선택된 '사도'라고 칭하였다. 눅 6:13)을 중심으로 유대인 선교가 행해졌다. 이들은 누가복음 9장 1절 이하에서 귀신을 제어하고 병을 고치는 능력과 권능을 위임받았을 뿐 아니라 누가복음 22장 29-30절에서는 종말론적 지배자요 심판자로 언급된다. 누가복음에만 언급되고 있는 또 하나의 선교는 칠십인 제자에 의해서 이루어진다(눅 10:1-12). 여기에서 '칠십'(혹은 칠십이)은 칠십 국가를 상징하는 것으로 이방 선교를 상징한다(창 10, 민 11). 예수의 선교에 대한 관심은 그의 최후 위임에서도 드러난다. "'… 모든 민족에게 전파될 것이다' 하였다. 너희는 예루살렘으로부터 시작하여 이 일의 증인이다"(눅 24:45-48).

3. 수난과 부활 이야기

예수의 수난 이야기(Passion story)는 공관복음의 이야기들 중에서 매우 중요한 부분이다. 일주일동안 예루살렘에서 겪은 예수의 수난과 처형 이야기가 전체 분량의 거의 1/5을 차지한다. 한 사람의 생애를 보도하는 전기적 이야기에서 마지막 한 주간에 겪은 사건들을 그 정도로 할당한다는 것은, 예수의 생애에서 수난 이야기가 얼마나 중요한 의미를 지니고 있는가를 보여준다.15 켈러(M. Kähler)는 복음서란 수난 이야기가 확장된 것이라고 주장했다.16 다시 말해 예수 사후에 가장 먼저 형성된 이야기가 그의 죽음과 부활에 대한 이야기였고, 이를 중심으로 예수에 관한 다양한 이야기들(탄생, 기적, 비유 이야기 등)이 덧붙여졌다는 것이다. 공관복음 저자들이 예수의 수난 이야기에 집중한 것은, 예수의 죽음에 하나님의 구원의 뜻이 내재되어 있다고 믿었기 때문이다. 유대교의 메시아

전승에 따르면, 예수의 십자가 처형은 언어도단이었다. 왜냐하면 수난 받고 십자가 처형을 당한 자가 메시아일 수 없기 때문이다. 구약성서에 따르면, 메시아는 왕적인 인물이며, 이방 나라의 압제로부터 이스라엘을 해방하는 임무를 수행한다. 또한 쿰란의 문헌에 따르면, 메시아는 왕적인 임무 외에도 제사장적인 임무를 수행하는 인물로 그려진다.17 신명기에서는 나무에 달려 죽은 자는 하나님의 심판을 받은 자로 비난받는다(신 21:22-23). 원시 기독교가 직면한 가장 시급한 문제는, 십자가 위에서 처형당한 예수를 어떻게 구약성서가 예언한 메시아로 변증할 수 있느냐 하는 것이었다. 이들이 택한 방식은 예수의 수난과 십자가를 해명하기 위해서 구약성서의 예언서와 시편에 등장하는 메시아 본문들을 새롭게 해석하는 것이었다. 대표적인 예가 이사야 53장이라고 할 수 있다.

> 그는 실로 우리의 질고를 지고 우리의 슬픔을 당하였거늘 우리는 생각하기를 그는 징벌을 받아 하나님께 맞으며 고난을 당한다 하였노라. 그가 찔림은 우리의 허물 때문이요 그가 상함은 우리의 죄악 때문이다. 그가 징계를 받으므로 우리는 평화를 누리고 그가 채찍에 맞으므로 우리는 나음을 받았도다"(사 53:4-5).

다시 말해 예수의 수난은 구약성서가 예언한 것이고, 그의 십자가 죽음은 하나님의 구원의 섭리를 이룬 것이라고 설명하는 것이다. 그리고 예수의 부활은 하나님의 뜻의 성취를 알리는 계시적 사건으로 이해된다.18 복음서를 형성시킨 원시 기독교인들은 예수의 죽음을 유대교의 속죄양 패러다임을 가지고 해석했다. 예수는 이스라엘뿐만 아니라 모든 인류를 위한 속죄양으로 모든 죄를 대신 짊어진 인물로 이해되었다. 이런 과정을 통해 예수는 유대교의 좁은 울타리를 넘어 이방인을 포용하는 보편적 구세주로 이해되기 시작한다.

공관복음은 예수께서 체포되고 신문을 받고 십자가형에 처해졌다고 기록한다. 그리고 그가 죽음에서 부활했다고 증언한다. 예수의 생애 마지막에 일어난 일들에 대하여 기본적인 동의가 있기는 하지만, 각각의 복음서는 배후 공동체의 관심에 따라 이러한 기본적인 내용을 수정 또는 변경하고 있다. 이제 공관복음의 특징적인 수난 이야기를 구체적으로 살펴보면서, 거기에 깃들어 있는 신학적 차이들을 분석해 볼 것이다.

마가복음

예수의 체포 장면은 마가복음 14장 43절에서야 구체적으로 묘사되고 있지만 마가복음은 초반부터 예수의 운명을 암시하고 있다. 마가복음 3장 6절은 "바리새파 사람들은 바깥으로 나가서, 곧바로 헤롯 당원들과 함께 예수를 없앨 모의를 하였다"고 기록한다. 또한 예수는 제자들에게 세 번에 걸쳐 앞으로 자신에게 있을 일을 예고한다.

예수께서는 인자가 반드시 많은 고난을 받고, 장로들과 대제사장들과 율법학자들에게 배척을 받아 죽임을 당하고, 사흘 뒤에 살아나야 한다는 것을 그들에게 가르치기 시작하셨다(막 8:31).
예수께서 제자들을 가르치시며, 인자가 사람들의 손에 넘어가고, 사람들이 그를 죽이고, 그가 죽임을 당하고 나서, 사흘 뒤에 살아날 것이라고 그들에게 말씀하셨기 때문이다(막 9:31).

인자가 대제사장들과 율법학자들의 손에 넘어갈 것이다. 그들은 인자에게 사형을 선고하고, 이방 사람들에게 넘겨줄 것이다. 그리고 이방 사람들은 인자를 조롱하고 침 뱉고 채찍질하고 죽일 것이다. 그러나 그는 사흘 뒤에 살아날 것이다(막 10:33-34).

이외에도 예수께서 자신의 운명을 암시한 언급들을 발견할 수 있다(막 9:9, 12; 10:45; 11:18; 12:1-12; 14:1-2, 8, 10-11, 41-42). 이처럼 마가복음은 전체 분량의 약 절반(주로 8장 이후)을 예수의 죽음을 암시하거나, 그와 관련된 기사들에 할당하고 있다. 마가복음에 따르면, 예수를 죽이려고 했던 사람들은 바리새파 사람들과 헤롯당원들(막 3:6), 장로들과 대제사장들과 율법학자들(막 8:31; 10:33 이방 사람들; 14:1; 14:43 가룟 유다)이다. 예수를 잡으러 왔던 사람들 역시 대제사장들과 율법학자들과 장로들이 보낸 무리이다(막 14:43). 물론 마가복음은 예수의 열 두 제자 중 하나인 가룟 유다가 대제사장들에게 예수를 넘겨주었다고 말하고 그에 대한 저주를 보도한다(막 14:10-11,

21). 예수를 죽이고자 한 이유는 안식일 논쟁을 비롯하여 예수의 가르침이 하나님을 모독하였기 때문인 것으로 보인다(막 2:7; 14:64). 예수는 우선 대제사장의 신문을 받는데 당시 유대 왕국의 최고 공식 기구인 '온 의회'(산헤드린)가 이 일에 관여한다(막 14:53-64). 마가복음은 산헤드린의 최종 결정에 따라 예수가 빌라도에게 넘겨졌다고 전해준다(막 15:1). 빌라도는 대제사장들에 의해서 선동된 무리(막 15:11)의 뜻대로 바라바를 놓아주고 예수는 채찍질한 뒤에 십자가에 처형당하도록 넘겨주었다(막 15:15). 공관복음은 예수가 조롱당하는 장면에서 예수의 의상에 관하여 다소 상이한 보도를 하고 있다. 마가복음은 예수가 '자색' 옷(*porphyra*)을 입은 것으로 보도하는데(막 15:17), 이것은 당시 로마 황제만이 입을 수 있었던 색깔의 옷이었다. 마가복음은 군인들이 예수를 십자가에 못 박기 위해 끌고 갈 때 이 옷을 벗기고 예수의 옷을 도로 입혔다고 전한다(막 15:20). 이렇게 함으로써 마가복음은 유대인의 왕으로서 예수가 조롱당했음을 분명히 하고 있다.

마가복음이 전하는 예수의 최후는 매우 극적이라고 하겠다. 그는 "나의 하나님, 나의 하나님, 어찌하여 나를 버리셨습니까?"(막 15:34)라고 절규하고 숨진다. 마가복음의 예수는 하나님께로부터 버림받은 자로서 죽어간다. 이러한 처절한 모습은, 마가복음 전체를 통하여 이미 제시된 바 있는, 그의 가족이나 친지, 고향 사람들, 제자들, 십자가의 죄수들 등 모든 이들로부터 버림받은 예수의 모습과 일맥상통한다. 그의 제자들 중 어느 누구도(예수를 따라다니며 섬기던 여자들을 제외하고) 예수의 십자가 처형 장면에 등장하지 않는다. 예수 또한 자신의 운명에 대하여 고통스러워하였다.

> 예수께서는 두려워하며, 괴로워하셨다. 그래서 그들에게 말씀하셨다. '내 마음이 괴로워 죽을 지경이다… 그러고서 조금 나아가서 땅에 엎드려서, 될 수만 있다면 이 시간이 자기에게서 비껴가게 해 달라고 기도하셨다… 아바, 아버지, … 내게서 이 잔을 거두어 주십시오. 그러나 내 뜻대로 하지 마시고, 아버지의 뜻대로 하십시오(막 14: 33-36).

마가복음은 예수께서 운명하시는 순간에 "성전 휘장이 위에서 아래까지 두 폭으로 찢어졌다"(막 15:38)고 함으로써 예수의 죽음이 성전의 기능을 무효화시키고 있음을 보여 준다. 또한 특징적인 것은 마가복음이 이러한 처절한 예수의 죽음을 통해서 예수를 '하나님의 아들'(Son of God)로 선포하고 있다는 것이다. 이것은 '고난'과 '영광'을 함께 병행시키는 마가복음의 '역설'의 신학을 보여준다.[19]

대다수 권위 있는 고대 사본들에서 마가복음은 16장 8절로 끝난다. 16장 9-20절을 가지고 있는 사본들도 있고, 이와 다른 형태의 '끝'을 가진 사본들도 있으나, 오늘날 학계에서는 16장 9-20절이 후에 추가된 것으로 본다. 따라서 마가복음의 예수의 부활 이야기는 젊은 남자가 예수의 부활을 여인들(막달라 마리아, 야고보의 어머니 마리아, 살로메)에게 고지하는 것으로 끝난다. 부활하신 예수가 여자들이나 제자들에게 직접 나타나지 않는다. 예수께서 부활했다는 것, 그가 갈릴리로 가신다는 것이 간접적으로 전해지고 있을 뿐이다. 더욱이 제자들과 베드로에게 이 소식을 전하라는 명을 받은 여자들이 두려워서 아무에게도 아무 말도 못했다(막 16:7-8)는 보도는 부활 소식의 전파조차도 불확실하게 만들고 있다.

마태복음

마태복음의 수난과 부활에 관한 보도는(마 26:1-28:20) 마가복음을 거의 따르고 있으나 몇 가지 새로운 점이 추가되었다. 유다의 배반과 자살이 언급된 것이나, 그것을 예레미야의 예언의 성취로 본 것(마 26:14-15, 20-25, 47-50; 27:3-10; 렘 32:6-13; 슥 11:12-13), 빌라도의 아내가 예수와 관련된 꿈을 꾸고—탄생 이야기에서 언급된 꿈속에서의 경고와 유사하다— 빌라도를 만류한 이야기(마 27:19) 등이 그 예라 하겠다. 또 마태복음은 예수께서 조롱당할 때 입었던 옷을 '주홍색 옷'(*Chlamys kokkinos*, 마 27:28), 즉 로마 군인들이 입었던 빨간 색 망토로 기록하고 있다. 이러한 보도는 마가복음의 왕적 이미지와는 사뭇 다르다고 하겠다. 마가복음이 십자가에서 처절하게 죽어가는 예수를 하나님의 아들로 고백하고 있다면, 마태복음은 이와 다른 관점을 덧붙이고 있다. 즉 마태복음은 하나님의 아들의 죽음을 보다 우주적으로, 또 묵시 사상적 표상을 사용하여 묘사하고 있다. "땅이 흔들리고, 바위가 갈라지고, 무덤이 열리고, 잠자던 많은 성도의 몸이 살아났다"(마 27:51-52). 또한 마가복음이 백부장의 고백만을 언급하고 있는데 반하여, '백부장과 그와 함께 예수를 지키는 사람들이'(마 27:54) 예수를 하나님의 아들로 고백하였다고 보도한다. 그러나 그러한 고백은 십자가의 죽음보다는 그와 함께 일어난 '지진과 여러 가지 일어난 일들을 보고, 몹시 두려워하여' 이루어진 것이다(마 27:54). 마가복음이 역설적으로 예수의 죽음 자체를 하나님의 아들 됨의 표징으로 이해했다면, 마태복음은 예수의 죽음에 동반된 신적 표지를 강조함으로써 그것이 하나님의 아들의 특별한 죽음임을 강조한다.

몇 가지 중요한 차이에도 불구하고, 공관복음은 예수의 매장과 여자들의 빈 무덤 발견에 관한 언급에 있어서 매우 유사성을 보인다. 그런데 마태복음은 여기에 당시 부활에 관한 논란이 있었음을 암시하는 이야기를 덧붙인다(마 28:15). 몇몇 바리새파 사람들이 로마군을 보내 예수의 무덤을 지키게 해달라고 빌라도를 설득했다는 것이다. 마태복음에 따르면, 바리새파 사람들은 예수가 사흘 만에 부활할 것이라고 한 약속을 알고 있었고, 제자들이 예수의 시신을 훔쳐가서 예수가 여전히 살아있다는 거짓말을 만들어내지 못하도록 로마 군인들을 예수의 무덤에 배치시킨다(마 27:62-66). 하지만 무덤을 지키던 로마 군인들은 하늘에서 내려온 천사를 목격하였고 무서워서 죽은 사람처럼 되었다(마 28:2-4). 그들의 보고를 들은 대제사장들은 장로들과 의논하여 군인들을 매수하고, 예수의 시체를 제자들이 훔쳐갔다는 소문을 퍼뜨렸다는 것이다(마 28:15). 마태복음이 부활 단락의 대부분을 이 문제에 할당하고 있는 것은 주목할 만하다. 또한 마태복음의 예수 부활 묘사에서 특징적인 것은 여자들이 부활하신 예수의 발을 붙잡았다(*ekratēsan*)는 것이다(마 28:9). 이것은 마태복음이 예수의 육적 부활을 지지하고 있음을 드러내 준다. 마가복음의 여자들이 두려워서 아무에게도 아무 말도 하지 못한 것과 달리, 마태복음의 여자들은 역시 두려움을 느꼈지만, 다른 한편으로는 큰 기쁨을 느꼈고(마 28:8), 열 한 제자가 갈릴리로 가서, 예수께서 일러주신 산에 이른 것으로(마 28:16) 보아 제자들에게 예수의 부활 소식을 알린 것으로 보인다. 부활하신 예수는 두 번째로 제자들에게 나타나 자신의 사역을 최종적으로 열 한 제자에게 위임한다(마 28:18-20).

누가복음

누가복음 역시 예수의 마지막 날들에 관하여 마가복음을 따르고 있기는 하지만, 세세한 부분에 있어서는 다른 자료를 사용하고 있다고 볼 수 있다. 예수의 죽음에 관하여 말하면서, 누가복음은 예수와 그의 제자들이 로마에 대항하는 선동자들이 아니었음을 강조한다. 누가복음은 예수의 죽음을 유대 당국자들이 야기한 합법적인 살인으로 해석한다. 다른 복음서보다 더욱, 빌라도는 예수를 마지못해서 처벌한 것으로 묘사된다. 빌라도는 예수가 중죄를 범하지 않았노라고 반복해서 선언하고 있는 것이다(눅 23:15, 22). 빌라도는 예루살렘의 군중들의 압력에 못 이겨 예수를 십자가형에 처하는 데 동의한다. 마가복음이 예수의 죽음을 '희생'으로 설명하고 있다면(막 10:42-25), 누가복음은 이것을 단지 '섬김'으로 보고 있다(눅 22:24-27). 이것은 다른 말로 설명하면, 누가복음에서는 예수의 수난과 죽음을 인간의 죄를 위한 희생으로 이해하기 보다는 본받아야 할 타인을 위한 모범, 기독교적 모범의 첫 번째로 이해하였다는 것이다.

산헤드린 신문에 있어서도 마가복음의 사건 순서를 다소 수정한다. 마가복음은 대제사장의 신문, 고난 당함, 베드로의 부인 순서로 이야기를 배열한 반면(막 14:55-57), 누가복음은 베드로의 부인, 고난 당함, 대제사장 신문으로 구성한다(눅 22:63-71). 누가복음에서 산헤드린은 정치적인 죄목을 들어 빌라도에게 예수를 고소한다. 즉 유대 백성들을 선동하고, 세금 납부를 거부하였으며, 정치적인 임무를 지닌 메시아라고 주장한다는 것이다. 빌라도는 예수의 죄를 찾지 못하고 그를 헤롯에게 넘긴다. 이 장면은 누가복음에만 기록된 것으로, 예수의 무죄함을 더욱 강조한다. 빌라도도 헤롯도 예수가 백성을 선동했다는 유대인들의 고소를 입증할 아무런 증거도 찾지 못한 것이다(눅 23:13-15). 동시대 역사가들이 전하는 바, 유대인들의 여론을 경멸하고 무자비하게 굴었던 빌라도가 누가복음에서는 자신의 통치 아래 있는 광적인 유대 백성들에 의해 조종되는 인물로 그려진다.

누가복음 23장 47절에 등장하는 "이 사람은 의로운(또는 죄 없는) 사람이었다"라는 백부장의 고백은 마가복음이나 마태복음에 기록된 것과 다르다. 마가복음과 마태복음의 수난 이야기에 등장하는 백부장은 예수의 처형을 보며 '하나님의 아들'이라고 고백한다. 그러나 누가복음의 백부장은 죄 없는 의로운 사람을 처형했다는, 다시 말하면 예수의 처형이 잘못된 것임을 인정하고 있다. 누가복음의 예수 죽음에 대한 언급은 두 가지 중요한 주제를 극화시키고 있다. 즉 예수는 죄를 위한 '희생물'이라기보다는 모든 사람에게 연민과 용서를 행한 본받아야 할 모범이라는 것과 예수와 그의 제자들은 로마에 어떠한 잘못도 저지르지 않았다는 것이다.

누가복음은 다른 복음서가 보도하지 않는 십자가 위에서 하신 예수의 특별한 말씀을 소개한다. 즉 예수께서 자신을 처형한 사람들의 죄를 용서해 달라고 기도한 것이다. 왜냐하면 그들은 자신들의 행위를 알지 못하기 때문이다(눅 23:34). 이러한 '용서' 주제는 예수의 죽음과 관련된 모든 부분들을 감싸 안고 있다. 이것은 누가복음에만 언급된 십자가상의 한 죄인의 회개와 용서 이야기에도 적용될 수 있다. 이것은 누가복음 전체에서 '회개와 용서'의 주제가 강조되고 있는 것과도 맥락을 같이 한다.

누가복음도 마가복음이나 마태복음이 전하는 예수의 매장, 여자들의 빈 무덤 발견 이야기를 전하고 있다. 다만 마가복음의 여자들이 무서워서 아무 말도 못했던 것과 달리, 누가복음의 여자들은 열 한 제자에게 이 소식을 전했지만 그들이 믿지 않았다고 한다(눅 24:10-11). 누가복음은 마태복음이 전한 초자연적인 일들은 생략한다. 부활하신 예수께서 나타나신 곳은 마가복음과 마태복음이 말한 갈릴리(막 16:7; 마 28:7, 16-20)가 아니다. 누가복음에서 부활한 예수는 예루살렘에서 엠마오로 가는 도상의 제자들에게 먼저 나타난다(눅 24:13-35). 그리고 다음으로 예루살렘에 있는 열 한 제자에게 나타난다(눅 24:36-49). 예수의 최종 위임 또한 "예루살렘으로부터 시작하여"(눅 24:47) 증인이 되는 것이다. 마가복음에서 강력히 주장되었던 친갈릴리/반예루살렘 신학이 누가복음에 의해 수정되고 있음을 알 수 있다.

누가복음은 부활한 예수가 예수의 무덤을 찾아온 여자들에게 나타났다는 마태복음의 보도(마 28:9-10) 대신, 엠마오로 가는 두 제자에게 나타난 이야기를 길게 소개한다. 마태복음에서는 예수의 무덤을 찾아왔던 여자들이 가장 먼저 부활한 주님을 만난 것으로 언급되고 있는 반면에, 누가복음은 다소 애매한 정체의 두 제자가 엠마오로 가는 도중에 부활한 주님을 맨 처음 만나는 것으로 보도한다. 두 제자들 중 하나는 글로바라고 소개되고 있지만, 누가복음은 이 두 제자들이 마태복음이 언급한 무덤을 찾았던 여자들이었는지 분명히 언급하지 않는다(눅 24:13, 22 참조). 다만 그들이 열 한 제자(사도)에 속하지 않았던 것은 분명해 보인다(눅 24:33). 곧이어 등장하는 부활한 주님이 "시몬에게 나타나셨다"(눅 24:34)는 언급—예수의 열 두 사도 중 한 사람인 시몬 베드로를 연상시키는(눅 5:1-11; 6:13-16)— 또한 누가복음에서만 읽을 수 있다. 이 구절은 부활한 주님이 시몬에게 단독으로 나타난 것으로 이해되는데 이러한 언급은 다른 복음서들에는 등장하지 않는다. 그리고 연이어서 그들 모두가 함께 있을 때에 부활한 예수께서 나타나시고 그들 모두에게 최후 위임을 하신다(눅 24:36-49). 이러한 일련의 부활 현현 이야기의 구성은 예수 사후 제자 그룹들 간의 갈등을 조정하려는 인상을 준다.

그들이 "예수께서 빵을 들어 축사하시고 떼어 주실 때에 예수를 알아보았다"(눅 24:30-31, 35)는 언급은 예수의 마지막 만찬의 의미를 강조하는 것으로 볼 수 있다. 누가복음은 마지막 만찬에서 빵을 떼어 나누어준 예수의 행위와 부활한 예수의 현존과 제자들의 깨달음을 연결하여 이 행위에 성례전적 의미를 부여하고 있다. 또한 부활한 예수는 자신의 죽음과 부활을 유대 전통, 특히 히브리 성경에 기록된 예언의 성취로 언급하고 있다. "모세와 모든 예언자로부터 시작하여, 성경 전체에 자기에 관하여 쓴 일을 그들에게 설명해주셨다"(눅 24:27). 그들은 "길에서 그가 우리에게 말씀하시고, 성경을 풀이하여 주실 때에, 우리의 마음이 속에서 뜨거워지지 않았던가?"(눅 24:32) 또 "'… 모세의 율법과 예언자의 글과 시편에 나를 두고 기록한 모든 일이 반드시 이루어져야 한다고 하였다.' 그때에 예수께서는 성경을 깨닫게 하시려고 그들의 마음을 열어주시고…" (눅 24:45-46). 누가복음 24장 37-43절은 다른 어떤 복음서보다도 예수의 육적 부활에 대한 관심을 보여준다. 예수는 영(*pneyma*)이 아니다. 그는 '살과 뼈'를(*sarka kai ostea*) 가지고 있으며(눅 24:39-40), "구운 물고기 한 토막을… 그들 앞에서 잡수셨다"(눅 24:42-43). 이러한 언급을 통하여 누가복음은 인간 예수와 부활하신 그리스도를 확고하게 연결시킨다. 누가복음은 부활하신 예수의 승천을 기록하고 있는데, 이것은 누가복음과 사도행전을 연결하는 고리 역할을 하고 있다. 무엇보다도 누가복음의 예수는, 그의 이름으로 죄를 사함 받게 하는 회개가 모든 민족에게 전파될 것이며, 제자들이 이 일의 증인이라고 말함으로써(눅 24:47-48) 예수의 죽음과 부활이 역사의 끝이 아니라 새로운 시작임을 말해주고 있다.

4 장

공관복음의 하나님 나라

공관복음에서 가장 핵심적인 예수의 가르침은, '하나님의 나라'(*basileia tou theou*)이다. 공관복음에서 예수는 하나님 나라를 암시적인 '비유'로 가르친다. 그 이유를 마가복음은 다음과 같이 말한다. "이는 그들이 보기는 보아도 알지 못하며 듣기는 들어도 깨닫지 못하게 하여 돌이켜 죄 사함을 얻지 못하게 하려 함이라"(막 4:12). 즉 비유는 내부자의 언어라는 것이다. 비유에는 외부자들의 세계관이나 가치관으로는 알 수 없는 하나님 나라의 비밀이 숨겨져 있다는 뜻이다. 비유란, 그리스어의 "파라볼레"(*parabolē*)에서 연유했는데, "… 옆에"라는 뜻을 지닌 전치사 "파라"(*para*)와 "던지다"라는 뜻의 그리스어 동사 "발로"(*ballō*)가 결합된 단어이다. 비유라는 말은 어떤 사물들의 외적 유사성보다는 내적인 유사성들을 비교한다는 의미를 갖고 있다. 다드(C. H. Dodd)는 비유를 자연이나 일상생활에서 이끌어낸 은유(metaphor)나 직유(simile)라고 정의한다. 그의 주장에 따르면, "비유에 등장하는 생생하고도 낯선 이미지를 통해 청중들의 관습적인 상식에 도전한다. 이를 통해 기존 질서에 의혹을 지니게 만듦으로서 비유가 전하는 전복적 이야기의 세계에 참여하게 만든다."1 예를 들면, 마태복음 20장에 등장하는 포도원 주인의 비유와 누가복음 10장에 등장하는 선한 사마리아인의 비유 같은 것이다. 이런 비유들은 모두 당대 유대인들의 상식적인 세계관에 도전한다. 무노동 무임금의 경제 질서를 전복하고, 원수가 이웃으로 등극하는 전복적 세계를 예수는 하나님 나라와 동일시하고 있다. 비유는 예수의 가르침의 방식을 대표한다. 마가복음은 예수가 비유가 아니면 말씀하지 않았다고 기록하고 있다(막 4:34). 그렇다면 왜 공관복음의 예수는 하나님 나라를 비유로 말하고 있는가? 그것은 그의 청중들 대다수가 글자를 읽을 수 없는 갈릴리의 농민들이었기 때문이다. 도시에서 성장하여 도시인들에게 선교한 바울의 언어를 예수의 언어와 비교해보면 이러한 성격이 분명하게 드러난다. 바울의 편지에는 그리스 도시민들을 위한 세련된 개념어들이 등장한다. 스토아 철학에서 볼 수 있는 윤리적 덕목들이 나타나기도 한다. 그러나 예수의 언어는 바울과는 사뭇 다르다. 예수는 '하나님의 의'와 같은 신학적 개념을 사용하기보다는 탕자를 용서하는 아버지의 사랑을 이야기한다. 예수의 비유 이야기에는 어려운 신학적 개념이나, 추상적 언어가 존재하지 않는다. 농촌의 일상적 삶에서 흔히 볼 수 있는 것들에서 하나님 나라의 성격을 유추한다. 가라지, 포도나무, 겨자씨, 물고기 등과 같은 자연물 등을 통해 예수는 청중들에게 하나님 나라를 상상하라고 촉구한다.

1. 마가복음의 하나님 나라 비밀

하나님의 나라(*basileia tou theou*)가 가까이 왔다(막 1:15)

'하나님의 나라'(*basileia tou theou*)에 대한 영어 번역 'the kingdom of God'은 그리스어 바실레이아(*basileia*)의 의미를 제대로 전달하지 못한 것으로 평가된다. 이것은 하나님이 거하시는 곳, 또는 성도들이 사후에 하나님과 함께 거할 어떤 장소를 의미하는 것 같은 인상을 준다. 그러나 바실레이아는 동사 바실레우오(*basileuō*, 통치하다)에서 나온 명사로서 공간적 의미보다는 동사적 실행의 의미를 지니고 있다. 따라서 바실레이아는 '통치하다'는 동사적 의미를 지니는 통치(reign, rule)로 번역되는 것이 더 적합하다고 하겠다. '하나님의 통치'(the reign of God, the rule of God)는 하나님이 통치하심 또는 다스리심을 말한다. 이 개념은 시편 103장 19절과 이사야 52장 7절과 같은 구약성서로부터 온 것으로 보인다. 이 용어는 비록 빈번하지는 않다 해도, 원시 기독교 문헌에 속하는 바울 서신에도 나타난다(롬14:17; 고전 4:20). 마가복음에 따르면, 이러한 하나님의 통치 현상은 시공의 제한을 받지 않는 실제의 현실로 완전히 이 세상 가운데 있다.

예수께서 "때가 찼다. 하나님의 통치가 가까웠다"(막 1:15)고 선언했을 때, 그것은 무엇을 의미하는가? 그것은 하나님의 뜻이 완성될 시간이 최종적으로 도래했다는 것이다. 하나님이 하려고 하는 일이 곧 일어날 것이다. 참으로 그것은 이미 일어나기 시작했다. 이것이 바로 마가복음에 나타난 예수의 가르침의 기본 전제이다. 예수의 치유, 귀신 축출, 이적들은 하나님의 통치가 가까웠다는 것이 무엇을 의미하는지를 드러내 준다. 악마의 세력들을 쫓아내는 귀신 축출은 물론이고, 고대 세계에서 악한 세력에 의해 야기되는 것으로 여겨진 질병의 치유, 재앙으로 경험되는 자연의 위력에 대한 통제는 인간의 생명을 위협하고 파괴하는 악마의 세력들을 물리치는 것이다. 하나님의 통치는 이처럼 악마적 권력 구조 자체를 멸망시킨다. 마가복음은 그의 독자들이 하나님의 통치가 가까웠다는 것을 '복음'(기쁜 소식)으로 받아들이기를 바랐다. 왜냐하면 그들의 삶 속에 하나님의 통치가 이루어진다는 것은 악한 것을 물리치고 좋은 일을 가져올 것이기 때문이다. 또 마가복음은 하나님의 통치가 가까웠을 뿐 아니라, 그것이 예수 안에서 실현되었다고 말한다. 하나님의 뜻을 완성하는 것은 예수 자신이다. 예수는 그의 가르침과 기적들 그리고 더 중요하게는 그의 십자가 죽음으로 이 일을 이룬다.

너희에게는 하나님 나라의 비밀을(to mystērion) 맡겨 주셨다. 그러나 저 바깥 사람들에게는 모든 것이 수수께끼로 들린다(막 4:11)

마가복음에 따르면, 예수는 귀신 축출이나 치유 기적을 행한 후에 자신의 정체와 그가 행한 일들을 드러내지 못하도록 명한다(막 1:25, 34, 43-45; 3:12; 5:43; 7:36; 8:26, 30; 9:9 등). 이러한 독특한 보도에 대하여, 브레데(W. Wrede)는 마가복음 저자가 '메시아 비밀'(messianic secret) 도식을 만들어냈다고 생각하였다. 브레데에 따르면, 마가복음의 기독론은 원시 기독교의 두 극단 사이에 놓여 있다.2 한 편은 초기 전승으로, 예수께서 부활로 말미암아 메시아, 하나님의 아들이 되셨다는 것이다. 이 전승에서는 부활 이전의 예수는 메시아, 하나님의 아들로 고백되지 않는다. 다른 한편은 후기 전승으로, 부활 이후 신학에서 부활 이전의 예수를 조명하여, 부활로 말미암아 메시아, 하나님의 아들이 되신 예수를 팔레스타인에서 살았고 가르친 그 예수로 고백하였다. 브레데에 따르면, 마가복음은 초기 전승에서 후기 전승으로 넘어가는 필연적인 전이과정을 반영한다는 것이다. 비밀 주제는 왜 일부 원시 기독교인들이 예수가 메시아라는 것을 알지 못했는가를 설명해주는 장치이다. 다른 복음서들과 달리, 마가복음이 기록될 당시에는 예수를 알았던 많은 사람들이 아직 생존해 있었을 것이다. 실제 비 메시아적 생애에 관한 기억이 생생했기 때문에 마가복음이 예수에 관해 말하고 싶어 했던 것, 즉 예수가 메시아라는 것은 단지 몇 사람에게만 알려져 있던 비밀이었다고 주장했다는 것이다. 따라서 예수 자신이 메시아임을 비밀로 한 것이 아니라, 마가복음 저자가 부활 후의 메시아 고백을 부활 이전 예수에게 돌리기 위하여 만든 하나의 마가복음의 신학이라는 것이다. 마가복음에 따르면, 예수는 원래 메시아였지만 그 사실은 몇몇 사람들에게만 알려진 '비밀'이었다는 것이다.

마가복음에 등장하는 예수의 침묵 명령을 설명하려는 또 다른 주장은 예수가 주로 기적 수행가로 알려지는 것을 원치 않았던 마가복음 저자가 몇몇 기적에 대하여 예수께서 침묵할 것을 명령했다고 기록했다는 것이다. 로마 세계에는 신으로부터 비범한 능력을 선물로 받거나 마술을 익혀서 놀라운 일을 했던 '신적인 인간'(divine men)에 관한 많은 이야기들이 알려져 있었는데, 마가복음 저자는 예수가 이러한 부류의 인물로 이해되는 것을 원하지 않았다는 것이다. 베드로의 메시아 고백(막 8:27-30)을 예수께서 침묵시킨 것 또한 이러한 맥락에서 잘못된 메시아 이해, 곧 로마로부터 유대를 해방시킬 메시아로 이해되는 것을 마가복음 저자가 피하고자 한 것이라고 하였다. 켈버는 예수가 아직 그에게 운명 지워진 삶을 끝까지 살지 않았기 때문에 자신의 정체를 숨겼다고 말한다.3 예수는 십자가에서 생을 끝마친 후에야 비로소 자신의 정체를 완성시킬 것이다.

비밀 주제에 관한 또 다른 견해는 서중석에 의해 제시되었는데, 그는 마가복음에서 과거의 예수를 비밀스러운 모습으로 그리고 있는 것은 바로 현재 마가공동체의 비밀스러운 성격을 정당화하기 위한 것이라고 한다.4 그는 마가복음에 나타난 '비밀'은 브레데가 말한 것과 같은 예수의 메시아직에 대한 것이 아니라, 유대 종교 당국과 로마 정치 당국의 희생물로 처형당해야 했던 바로 그 예수가 전통적인 메시아 기대를 훨씬 능가하는 모습으로 다시 나타나서, 핍박과 처형의 위험에 직면해 있는 자신들을 변호해 줄 것이라고 생각한 마가공동체의 비공개적 확신과 기대 그 자체였다고 말한다. 고난 받는 하나님의 아들, 메시아로서의 예수는 마가공동체에게만 특권적으로 알려졌던 비밀이었다는 것이다. 따라서 외부인들은 이 진리를 알지 못했다. 이것은 마가복음 4장 11절에 잘 드러난다. 이 구절의 마태복음과 누가복음 병행 본문을 살펴보면, 마가복음의 의도가 보다 뚜렷이 드러난다. 마가복음의 '바깥 사람들'(*eksō*)이라는 용어는 마태복음의 '저들'(*ekeinois*), 누가복음의 '다른 사람들'(*loipois*)에 비하여 특정 그룹에의 소속 여부가 더 강조되고 있다. 마가공동체는 '비밀'을 소유한 자신들과 그것이 수수께끼로 들리는 자신의 공동체 밖의 그룹을 의도적으로 명확하게 구분하고 있는 것이다. 그러나 이러한 비밀은 영원히 감추어진 채 있는 것이 아니라, 언젠가는 반드시 드러날 것이다. 비밀 주제는 예수의 정체가 폭로되는 경우들을 배제하지 않고 있다. "예수의 소문이 곧 갈릴리 주위의 온 지역에 두루 퍼졌다"(막 1:28). "그는 나가서, 모든 일을 널리 알리고, 그 이야기를 퍼뜨렸다"(막 1:45). "… 모든 사람이 보는 앞에서 자리를 거두어 가지고 나갔다"(막 2:12). "숨겨 둔 것은 드러나고 감추어 둔 것은 나타나기 마련이다"(막 4:22). 또한 치유와 논쟁이

공개적으로 진행된 경우들도 있다. 이것은 마가공동체가 자신들의 입장이 인정받을 날을 희망하고 있음을 반영한다.

자라나는 씨의 비유(막 4:26-29), 겨자씨 비유(막 4:30-32)[5]

마가복음에 소개된 여섯 개의 비유들(막 4:3-8; 4:26-29; 4:30-32; 12:1-11; 13:28-29; 13:34-37) 중에서 위에 언급한 두 비유들은 하나님의 통치에 관한 비유이다. 이 두 비유들은 마가복음이 생각하였던 하나님의 통치의 특징을 잘 보여준다. 두 비유 중에서 4장 26-29절의 비유는 오직 마가복음에서만 발견된다. 마태복음과 누가복음은 이 비유를 생략하였다. 이 비유는 4장 26-27절과 28-29절 두 부분으로 나눌 수 있다. 4장 26-27절의 "어떤 사람이 땅에 씨를 뿌려 놓고 밤에 자고 낮에 깨고 하는 동안에 그 씨에서 싹이 나고 자라지만, 그 사람은 어떻게 그렇게 되는지를 알지 못 한다"는 말씀의 초점은, 씨의 비밀스러운 성장에 있다. 씨를 뿌린 사람과 무관하게 씨는 싹이 나고 스스로 성장한다. 이것은 앞에서 언급한 바 있었던 하나님의 통치가 지닌 비밀적 성격을 지시한다. 마가복음에 따르면, 하나님의 통치가 예수로부터 시작되었으나, 이것은 아무도 모르게 성장해가는 씨처럼 사람들에게 감추어져 있다. 하나님의 통치는 사람들에게 드러나지 않은 채 시작되었고 확장되어 간다. 씨 스스로 싹을 내고 자라듯이 하나님의 통치는 사람들과 무관하게 스스로의 힘에 의해서 퍼져 나간다. 4장 28-29절의 "땅은 열매를 저절로(*automatē*) 맺게 하는데, 처음에는 싹을 내고, 그 다음에는… 열매가 익으면, 곧(*euthus*) 낫을 댄다. 추수 때가 왔기 때문이다"는 말씀은 열매를 맺게 하는 땅의 힘을 말하고 있으며, 익은 열매에 대한 즉각적인 추수가 언급되고 있다. 땅(씨)의 자생력에 의해서, 그리고 자연의 원리에 따라서 열매가 맺힐 것이다. 하나님의 통치는 이러한 자생력을 가지고 있으며, 자연의 원리를 거스르지 않는다. 여기에서 우리는 마가복음 비유의 자연친화적 성격을 볼 수 있다. 특히 하나님의 통치 비유들은 이러한 자연의 섭리를 배경으로 하여 언급되고 있다. 이러한 성향은 마가공동체가 도시에 비하여 보다 자연과 가까운 농촌을 토대로 하였기 때문인 것으로 보인다. 다 익은 열매는 추수를 맞는다. 씨의 성장은 추수로 완성된다. 이처럼 하나님의 통치도 마지막 때의 추수로 완성될 것이다. 이 구절은 "너희는 낫을 쓰라 곡식이 익었도다…"(욜 3:13)를 상기시키는 것으로, 이 비유가 종말의 날에 관한 관심으로 끝맺고 있음을 보여준다.

두 번째 겨자씨 비유(막 4:30-32)는 다소 차이점이 있기는 하지만, 공관복음 모두가 소개하고 있다. 하나님의 통치는 최종적으로 매우 큰 결과를 가져오는 어떤 것의 시작일 뿐이라고 말한다. "…겨자씨와 같으니, 그것은 땅에 심을 때에는 세상에 있는 어떤 씨보다도 더 작다(*mikroteron on pantōn tōn spermatōn tōn epi tēs gēs*)"(막 4:31). 겨자씨는 이 땅에 있는 모든 씨들 중에서 '가장 작다'는 것이 강조되고 있다. "그러나 심고 자라서, 모든 수풀 중에서 가장 크게 되고 큰 가지들을 뻗어(*meizon pantōn tōn lachanōn kai poiei kladous megalous*)

공중의 새들이 그 그늘에 깃들 수 있게 된다(*kataskēnoun*)"(막 4:32). 이 '가장 작았던' 겨자씨는 자라서 모든 수풀 중에서 '가장 커진다'. 이 비유의 초점은 '가장 작은' 겨자씨와 '가장 큰' 수풀의 대조에 있다. '새들이 깃들다'는 표현은 구약에서는 창조주로서의 하나님에 대한 찬양(시 104:12), 연한 가지 알레고리(겔 17:22-24), 느브갓네살과 그의 제국에 관한 다니엘의 환상(단 4:10-12, 10-27)에 나타난다. 그 외에도 푸른 나무를 하나님의 은혜로 묘사한 경우나(시 1:3; 92:13-15; 렘 17:7-8), 왕국이나 제국을 나무로 비유하고(삿 9:7-15) 새들이 깃든다는 것은 제국 지배 하의 백성들을 상징한 경우도 있다. 또한 '깃들다'는 것은 종말의 때에 사람들이 모여드는 모습을 상징하기도 한다. 마가복음은 이 두 비유들을 통하여 하나님의 통치를 거의 눈에 보이지 않는 시작과 감추어진 성장, 예상치 못한 놀라운 결과를 가져오는 것으로 특징짓는다. 마가복음은 하나님의 통치의 신비스러운 방식에 대해서는 결코 자세히 설명하지 않는다. 그러나 십자가에 죽은 예수의 죽음은 하나님의 통치를 완성하는데 결정적인 영향을 미친다. 예수가 온 이유는 "많은 사람들 위한 대속물로 그의 생명을 내놓기 위한"(막 10:45) 것으로, 그를 방해하는 것은 사탄의 일이다(막 8:31-33).

"누구든지 어린이와 같이 하나님의 나라를 받아들이지 않는 사람은 (*hos an mē deksētai tēn basileian tou theou hōs paidion*) 거기에 들어가지 못할 것이다"(막 10:15)

하나님의 통치가 이제 가까이 왔기 때문에 사람들이 '거기에 들어가는' 것이 가능하고 긴급해졌다. 사람들은 예수가 선포한 복음을 믿음으로써, 또 이 복음에 대한 그들의 믿음을 보여주는 삶을 살아감으로써 하나님의 통치 안에 들어가게 된다. 하나님의 통치 안에 들어갈 수 있는 사람은 그의 사회적인 지위나 가치와 무관하게 그것을 '영접하는', '받아들이는' 사람이다. 여기에서 영접하는 이의 대표적인 표상으로서 '어린이'가 언급되고 있는 것을 눈여겨볼만하다. 마가복음은 예수의 참 제자로, 예수께서 가시는 길을 이해하고 그것을 따랐던 이들로 열두 제자들을 소개하는 것이 아니라 당시 사회의 약자, 소외된 자, 사회적으로 인정받지 못했던 사람들, 곧 병자들, 여자들, 어린이들을 소개하고 있다(막 8:22-26; 10:46-52; 7:24-30; 12:43-44; 15:40-41; 16:1-8; 9:33-37; 10:13-16). 고대 사회에서 어린 시절은 공포의 시기였다. 유아 사망률이 때로는 30%에 달하였다. 살아서 태어난 경우에도 그 30%가 6살이 되기 전에 사망하였고, 남은 아이 중에서 60% 정도는 16살이 되기 전에 죽었다. 아이들은 항상 기아, 전쟁, 질병의 첫 희생자였다. 어떤 시대 또는 어떤 지역에서는 부모와 함께 어른이 되도록 살아있는 경우가 거의 없을 정도였다. 고아는 약자의 전형이었고, 사회의 가장 약한 멤버였다.

따라서 어린 시절은 공포의 시절이며 성인이 되기까지 생존해 있다는 것은 축하받을 일이었다(성인식으로 축하함). 고대 사회에서 청년을 영화롭게 생각하고 노인을 존경한 것은 당연한 일이었다. 어린이는 공동체나 가족 관계 안에서 거의 지위를 갖지 못하였다. 중요한 존재로 여겨지지 않았던 아이는 성인이 된 뒤에나 가계를 이을 수 있는 자유인으로 여겨졌다.6 마가복음 10장 13-16절에서는 고대 사회에 잘 알려져 있던 아이들의 연약함과 무력함이 드러난다. 여기에 나오는 사람은 자기의 아이가 첫 해를 넘기지 못하고 죽어버린 많은 여자들 중 하나였을 것이다. 그는 두려워하면서 예수께서 그들을 만져주시기를 바란다. 예수께서 아이들에게 손을 얹어 그들을 사악한 눈으로부터 지켜주고 깨끗하게 해 주는 것은 어떻게 하나님의 보호를 향유할 것인가의 모델이 된다.7

2. 마태복음의 하늘 나라 의(義)

마태복음은 마가복음에서 사용되었던 '하나님의 나라'(*basileia tou theou*) 대신에 '하늘의 나라'(*basileia tōn ouranōn*) 또는 '나라'(*basileia*)를 주로 사용한다. '하나님의 나라'가 5회, '하늘 나라'가 32회, '나라'가 13회 정도 언급된다. '하늘'은 '하나님'에 대한 셈어적 완곡어에 해당되는 것으로 마태복음에서는 서로 바꾸어 쓸 수 있는 말이다. 마태복음 19장 23-24절에서는 이 두 용어가 동시에 사용되는 실례를 보여준다. "부자는 하늘 나라에 들어가기 어렵다. … 부자가 하나님의 나라에 들어가는 것보다 낙타가 바늘귀로 들어가는 것이 더 쉽다."

마태복음은 마가복음이나 누가복음과 비교해 볼 때, '의'(義)에 대한 두드러진 관심을 보이고 있다(마 3:15; 5:6, 10f, 20; 6:1, 33; 13:43, 49; 27:19). 마태복음에서 '의'와 관련된 언급들은 공관복음의 다른 복음서들과 병행되지 않으며, 마태복음의 독특성을 형성한다. 마태복음의 하늘 나라 비유들 또한 이러한 맥락에서 '의'(*dikaiosynē*)에 관한 마태복음의 독특한 이해를 반영하고 있다. 이러한 '의'에 대한 관심은 마태복음이 유대적인 유산의 영향을 많이 받고 있다는 것을 보여주는 것이기도 하다.

산상 설교(마 5-7장)[8]

예수의 취임 설교인 산상 설교에서 예수는 '하늘 나라'와 '의'를 연결시키고 있다. 하늘 나라는 의를 위하여 핍박받은 사람의 것이다(마 5:10). 그런데 마태복음에서 하늘 나라에 들어갈 수 있는 의의 수준은 "너희의 의로운 행실이 율법학자들과 바리새파 사람들의 의로운 행실보다 낫지 않으면" 안 된다는 것이다(마 5:20). 여기에서 마태복음의 하늘 나라는 의로운 행실을 요구하는 실천적 성격을 지니고 있으며, 율법학자들과 바리새파 사람들의 의와 비교되는 비교 개념으로 제시되고 있다. 마태복음 5장의 산상 설교는 "옛 사람들에게 이르기를 ~ 한다. 그러나 나는 ~ 말한다"로 언급된 소위 '대립 명제들'이 등장한다. 이것은 예수의 가르침을 모세의 가르침과 대립시켜 제시함으로써 의로운 행실이란 어떤 것인가를 보여주는 마태복음의 방식이다. 마태복음 6장 또한 자선, 기도, 금식으로 대표되는 유대적 의의 실천(경건 행위 양식)에 대한 비판과 대안을 제시한다. 마태복음은 이러한 것들이 불필요하다고 말하지 않는다. "네가 자선을 베풀 때에는…"(마 6:2), "너희는 기도할 때에…"(마 6:5), "너희는 금식할 때에…"(마 6:16) 그것이 남에게 보이기 위한 위선적인 행위로 전락해서는 안 된다는 것이다. 마태복음은 율법학자들이나 바리새인들이 이러한 의의 실천에 있어서 위선적이라고 비판한다. 마태복음은 이러한 의로운 행실들은 은밀히 이루어져야 하며(마 6:3, 6, 18), 그 은밀성에도 불구하고 하나님으로부터 보상을 받게 될 것이라고(마 6:4, 6, 18) 주장한다. 또한 마태복음에서 '하나님의 나라'는 일상의 가장 기본적인 요구들(무엇을 먹을까, 무엇을 마실까, 무엇을 입을까)보다 더 우선적으로 구해야 할 가장 중요한 일이다. 여기에서 주목할 만한 것은 '하나님의 나라'와 함께 그의 '의'를 구하는 일이 나란히 언급되고 있다는 것이다(마 6:33). 마태복음의 '의'에 대한 강조는 이 본문의 누가복음 병행 구절인 누가복음 12장 31절이 '그의 의'를 생략하고 '그의 나라'만을 언급하고 있는 데도 명백히 드러난다. 산상 설교를 통하여 제시된 마태복음의 의는 '완전함'으로 집약될 수 있다. "너희의 하늘 아버지께서 완전하신 것과 같이, 너희도 완전하여라"(마 5:48). 또한 "실행하고 지키는 것"(마 23:2-3)이 중요하다. 이것은 마태복음의 하늘 나라가 지닌 윤리적이며 규범적인 특징을 보여준다.

하늘 나라는 자기 종들과 셈을 가리려 하는 어떤 왕에 비길 수 있다 (마 18:23-35)

공관복음의 다른 복음서에는 없는 독특한 하늘 나라 비유가 마태복음 안에 있다. 그 중에 하나가 바로 마태복음 18장 23-35절에 기록된 것으로, 왕에게 빚을 탕감 받은 한 종이, 자기 자신에게 빚진 다른 사람에게는 빚을 갚으라고 혹독하게 대하자 이를 안 왕이 무자비한 종을 다시 불러 처벌했다는 이야기이다. 이 비유에서 마태복음은 하늘 나라에 관하여 무엇을 말하고자 한 것일까? 여기에서 종이 빚진 만 달란트란 갚기가 거의 불가능한 액수의 돈이다. 물론 이것은 이야기를 다소 과장함으로써 의도한 바를 더욱 분명히 하려는 것이기는 하지만, 1달란트는 6000데나리온인데, 1데나리온은 1세기 당시 하루 품삯의 평균치이다. 이렇게 볼 때 종이 빚진 액수는 일용 노동자의 약 15년 품삯에 해당된다. 이 빚의 액수가 의미하는 바는 마태복음 18장 25절 "그가 빚을 갚을 길이 없으므로, 주인은 그 몸과 아내와 자녀들과 그 밖에 그가 가진 모든 것을 팔아서 갚으라고 명령했다"에도 잘 나타난다. 여기에 대하여 종은 "참아 주십시오. 다 갚겠습니다"(마 18:26)라고 애원한다. 마태복음 18장 25절 '갚을 길이 없었다'는 언급에도 불구하고 종은 주인에게 탕감을 애원하지 않고 갚을 테니 기다려 달라고 부탁하고 있다. 마태복음 18장 25-26절에 나타난 주인과 종의 대화는 원칙대로 셈하는 '의' 개념을 보여준다. 그러나 주인은 "그 종을 가엾게 여겨, 그를 놓아주고, 빚을 삭쳐 주었다"(마 18:27). 주인은 그에게 엄격한 의의 원칙을 적용하지 않고 자비를 베풀고 있다.

그러나 빚을 탕감 받은 종은 자기에게 백 데나리온 빚진 동료에게 엄격한 의의 원칙을 적용하고 있다. 그는 "동료를 감옥에 가두고, 빚진 돈을 갚을 때까지 갇혀 있게 하였다"(마 18:30). 빚을 탕감 받은 종은 그가 주인의 '자비'를 체험했음에도 불구하고, 그가 세상을 바라보는 눈은 전혀 변하지 않았다. 이 깨닫지 못한 종은 주인으로부터 처벌받는다. 주인의 자비를 체험하고도 깨닫지 못하고 변화되지 못한 사람은 주인으로부터 그가 받았던 은혜를 도로 빼앗길 것이다. 여기에서 두 가지를 생각해 볼 수 있는데, 하나는 마태복음이 하나님의 '의'에 관한 잘못된 이해를 바로 잡고 있다는 것이다. '자비'야 말로 '의'이며, 하나님과 인간 사이의 '의' 또는 '올바른 질서'는 자비를 통해서 지속된다. 다른 하나는 하나님의 자비를 체험한다는 것은 그것으로 끝나는 것이 아니라 자신의 삶 속에서도 새로운 눈으로 세상을 바라보아야 한다는 것이다. 변화되지 않는다면 버림받게 될 것이다. 이 이야기는 마태복음 18장 15-22절까지 계속되는 '용서'에 관한 가르침에 뒤이어 바로 주어지고 있으며, "너희가 각각 전심으로 형제나 자매를 용서하여 주지 않으면, 내 하늘 아버지께서도 너희에게 그와 같이 하실 것이다"(마 18:35)라는 결론으로 마무리를 짓고 있다. 마태복음에서 하늘 나라는 이러한 자비, 용서의 나라로 언급되고 있는 것이다.

하늘 나라는 자기 포도원에서 일할 일꾼을 고용하려고 이른 아침에 집을 나선, 어떤 포도원 주인과 같다(마 20:1-16)[9]

이 비유 또한 마태복음에만 등장하는 독특한 하늘 나라 비유이다. 여기에서도 경직된 의 개념에 대한 비판을 읽을 수 있다. 이 비유는 주인과 계약을 맺는 세 그룹의 일꾼이 등장한다. 세 그룹은 모두 일한 시간(분량)이 다르다. 그럼에도 불구하고 주인은 같은 삯을 주었고 이것이 가장 많이 일한 그룹의 불평을 산 것이다. 주인과 정한 약속에도 불구하고, 일한 시간을 기준으로 적게 일한 사람은 적게 삯을 받아야 마땅하다는 이 그룹 생각은 경직된 의 개념에서 온 것이다. 그들의 '의'는 주인과 자신들이 맺었던 계약을 무시한 채 다른 사람들과 자신들을 비교하는 기준으로 작용하고 있다. 또 더 나아가서는 주인의 자유를 침해하고 있는 것이다. 마태복음은 이 문제의 핵심을 다음과 같이 지적한다. "친구여, 나는 그대를 부당하게(혹은 의롭지 않게) 대한 것이 아니오. 그대는 나와 한 데나리온으로 합의하지 않았소? 그대의 품삯이나 받아 가지고 돌아가시오. 그대에게 주는 것과 똑같이 이 마지막 사람에게 주는 것이 내 뜻이오."(마 20:13-14).

이 비유에서 주인의 자유가 지닌 성격은 어떤 것인가? 이것은 포도원 주인이 일꾼을 모은 동기에서 찾아 볼 수 있다. 마태복음

20장 6절 이하 세 번째 그룹을 고용하는 과정은 포도원 주인이 왜 첫 번째, 두 번째 그룹의 일꾼들을 포도원에 고용했었는지 그 이유를 설명해 준다. "오후 다섯 시쯤에 주인이 또 나가 보니, 아직도 빈둥거리고 있는 사람들이 있어서, 그들에게 '왜 당신들은 온종일 이렇게 하는 일 없이 빈둥거리고 있소?' 하고 물었다. 그들은 '아무도 우리에게 일을 시켜 주지 않아서 이러고 있습니다' 하고 대답하였다. 그래서 그는 '당신들도 포도원에 가서 일을 하시오' 하고 말하였다." 주인은 일거리가 없는 사람들에게 일을 주기 위해서, 그들을 돕기 위해서 고용하였음을 알 수 있다. 1세기 지중해 지역의 일용 노동자는 경제적으로 가장 어려운 사람들 중 하나였다. 대개 땅을 잃은 농부들인 경우가 많았고 그들은 일거리를 찾아서 마을들과 도시들을 옮겨 다녔다. 일자리를 얻은 것은 주인의 호의에 의한 것이었다. 더 나아가 얼마 일하지 않은 사람에게 많이 일한 사람과 동일한 삯을 주는 것은 그에 대한 주인의 특별한 자비이다.

그러나 첫 번째 그룹의 일꾼들은 자신들의 의 개념에 기초하여 주인의 자비의 행위를 판단하고 있다. 여기에 대한 주인의 답변은 "*ho ophthalmos sou ponēros estin hoti egō agathos eimi;*"이다(마 20:15b). 직역하면 "내가 선하기 때문에 너의 눈이 악하다는 말이냐?"이다. 악한 눈이란 시기하는 눈을 의미한다. 지중해 사회에서는 이것이 심각한 문제였다. 따라서 사람들은 그러한 눈이 야기할 수 있는 위험에 대해 항시 주의를 기울여야 했다.

이 비유는 다음과 같은 결론을 내린다. "*esontai hoi eschatoi prōtoi*

kai hoi prōtoi eschatoi(꼴찌들이 첫째가 되고, 첫째들이 꼴찌가 될 것이다)"(마 20:16). 사람들 사이를 구분하는 벽을 세우는 가치들은 하나님의 눈앞에서는 역전될 것이다. 하나님의 선하심은 인간들의 생각을 넘어선다. 하늘 나라의 의는 인간들이 서로를 판단하고 구분하는 '의'와는 다른 것, 곧 그의 선하심에 있는 것이다. 하늘 나라는 경직된 의로 사람들을 판단하는 데 있지 않고 하나님의 자비를 받아들이고 함께 기뻐하는 데 있는 것이다. 다른 사람에게 주어진 은총을 기뻐하지 않는 사람은 그들 자신이 받은 은총으로부터 스스로를 단절시키는 것이다.

하늘 나라 비유들(마 13)

마태복음 13장은, 마가복음 4장을 기본으로 하여 그것들의 수정, 재배열, 특수 자료 추가로 이루어진 하늘 나라 비유장이라고 할 만하다. 씨 뿌리는 자의 비유와 겨자씨 비유만이 마가복음에서 온 것이고, 밀과 가라지 비유(마 13:24-30), 누룩 비유(마 13:33), 감추인 보물 비유(마 13:44), 진주 비유(마 13:45-46) 비유, 그물 비유(마 13:46-50) 등은 마태복음에서만 발견할 수 있다.[10]

이 가운데 누룩 비유는 겨자씨 비유와 같이 처음에는 미미한 것, 혹은 숨겨져 있는 것처럼 보이지만 결국에는 충만한 실현을 이루어 드러나는 하늘 나라의 역설적 성격을 말하고 있다. 이러한 하늘 나라의 역설적 성격은 이 비유의 결론에서도 분명히 강조되고 있다.

"… 창세 이래로 숨겨 둔 것을 드러낼 것이다"(마 13:34-35). 이것은 예수께서 제자들에게 자신의 비유에 관하여 따로 설명해 주었다는 마가복음의 결론적 언급과는 그 강조점을 달리 하고 있다.

 밀과 가라지 비유와 그물 비유는, 하늘 나라에는 의인과 악인에 대한 최종 심판이 있을 것임을 강조한다. 두 비유는 유사하면서도 다소 상이한 점을 가지고 있는데, 밀과 가라지 비유의 경우, 가라지는 원래 하늘 나라에 속한 것이 아니라 원수들이 사람들이 잠자는 사이에 뿌리고 간 것이다. "하늘 나라는… 좋은 씨를 뿌리는 사람과 같다." 따라서 가라지는 원수(훼방자)에 의해서 원치 않게 외부에서 내부로 침입한 하늘 나라의 부정적 요소(혹은 사람)이다. 그러나 이것을 제거해 버리자는 종들의 말에 대하여 주인은 "가라지를 뽑다가, 그것과 함께 밀까지 뽑으면, 어떻게 하겠느냐?"고 반문한다. 결국 가라지의 제거는 곡식이 다 익어 거둘 때가 될 때까지 연기된다. 이것은 마태공동체가 외부에서 침입하여 문제를 일으키는 부정적인 요소(사람)들을 성급하게 처리하지 않고 신중히 대처하고 있는 모습을 보여준다. 그것은 외부의 이 요소(사람)들이 공동체 내부에 어떤 영향력을 가지고 있었기 때문인 것으로 보인다. 마태공동체는 자신들이 보다 영글어 이 외부적 요인에 의해 더 이상 영향 받지 않게 되는 마지막 날에 이들을 처리하겠다는 입장을 보이고 있다.

 그물 비유(마 13:46-50)의 경우, 하늘 나라는 바다에 투망되어 모든 종류의 물고기들이 다 걸려든 그물과 같다고 말한다. 여기에는 가라지처럼 외부에서 원치 않게 침입한 요소(사람)들은 없다. 그물은 한꺼번에 모든 것을 다 포괄하고 있다. 마태복음 13장 48절에 의하면, 그 안에는 좋은 것과 나쁜 것이 섞여 있다. 그러나 마태복음은 비록 하늘 나라가 이러한 그물과 같지만 그물을 끌어 올리고 나서는 좋은 것과 나쁜 것을 구별한다고 말한다. "좋은 것들은 그릇에 담고, 나쁜 것들은 내 버린다"(마 13:48) 이러한 구별은 그 다음 마태복음 13장 49-50절에서 다시 한 번 뚜렷하게 강조된다. "세상 끝 날에도 이렇게 할 것이다… 의인들 사이에서 악한 자들을 가려내서, 그들을 불 아궁이 속에 던질 것이니." 하늘 나라는 그물 안에 들어온 것으로 끝나지 않는다. 그 안에서 의인과 악인이 다시 가려진다는 것이다. 이와 유사한 가르침을 우리는 마태복음 22장 1-14절의 혼인 잔치 비유에서도 발견할 수 있다. 혼인 잔치에 온 손님들 중에 예복을 입지 않은 사람에 대한 임금의 태도는 하늘 나라에 관한 마태복음의 견해를 잘 드러낸다. "이 사람의 손발을 묶어서, 바깥 어두운 데로 내던져라. 거기에서 슬피 울며 이를 갈 것이다"(마 22:13). 이러한 처벌은 앞의 비유들에서 버림받았던 악인에 대한 처벌과 같은 수준에서 이루어지고 있다. 혼인 잔치의 초대를 거부하지 않고 참석했다는 것 자체가 끝이 아니다. 마태복음은 예복을 갖추지 않는다면, 부자격자들과 마찬가지로 잔치에 참석하지 못하는 결과를 초래할 것이라고 경고한다. 마태복음은 하늘 나라에는 그에 상응하는 바, 곧 자비와 용서와 사랑과 같은 '보다 나은 의'로 옷 입는 것이 반드시 요구된다고 말하는 것이다. 그물 비유와 혼인 잔치 비유는 외부적 요인에 관한 것이기보다는 오히려 내부에 있다고 생각하는 사람들을 향하여 그들에게 엄격하게 적용되는 하늘 나라의 법을 제시한다. 마태복음은 그물 안에 있다는 것, 혼인 잔치에 참석했다는 것이 결단코 마지막 날의 구원을 보장하지 않는다고 강조한다.

감추인 보물과 진주 비유의 초점은 은닉성, 발견, 기쁨에 있기보다는, 이 물건들의 가치와 사람들이 지불해야 할 대가에 초점이 있다. 발견한 보물과 진주를 위하여 가진 것을 다 파는 것처럼, 완전한 헌신을 요구한다는 것이다. 이러한 하늘 나라에 대한 헌신을 말하는 또 다른 비유로 달란트 비유(마 25:14-30)를 들 수 있다. 다섯 달란트, 두 달란트를 주인에게서 받아서 이윤을 남긴 종들은 '착하고 신실한 종'(마 25:21, 23)으로 평가되고 그들에게는 '많은 일이 맡겨지고 주인과 함께 기쁨을 누리는' 상을 받는다. 그러나 맡겨진 한 달란트를 이윤은 말할 것도 없고, 불성실하게 관리한 종은 '악하고 게으른 종'(마 25:26), '쓸모없는 종'(마 25:30)으로 '바깥 어두운 데로 내쫓겨 거기서 슬피 울며 이를 가는 일이 있게 될 것이다'(마 25:30). 이러한 충성과 헌신은 돌아온 주인에 의해서 최종적으로 결산된다고 말함으로써, 마태복음은 하늘 나라를 마지막 날과 그날에 있을 심판과 연결시킨다.[11] 또한 보물(마 13:44), 진주(마 13:45-46), 달란트 비유(마 25:14-30)들은 모두 하늘 나라의 가치와 헌신을 말하는 것인데 여기에 모두 경제적 이미지가 사용되고 있다는 점은 마태복음의 특징으로 주목할 만하다.

열 처녀 비유(마 25:1-13)

마태복음 24, 25장에는 종말에 대한 관심이 집중적으로 나타난다. 이러한 맥락 속에서 두 가지의 하늘 나라 비유가 소개되고 있다. 하나는 열 처녀 비유이고, 다른 하나는 앞에서 언급한 달란트 비유이다. 달란트 비유가 앞에서 말한 것과 같이 하늘 나라에 대한 충성과 헌신, 마지막 날의 결산(심판)의 빛에서 해석된다면, 열 처녀 비유는 마지막 날에 대한 경계와 준비에 그 초점이 있다고 하겠다. 이 비유에서 마태복음은 '마지막 날의 도래'에 관한 문제를 하늘 나라와 관련하여 다루고 있다. '신랑의 도착이 늦어지는 것'(마 25:5)과 '한밤중에 신랑이 갑자기 도착했다'(마 25:6)는 것은 이러한 마태복음의 의도를 드러낸다. 이 비유에는 신랑을 기다리는 두 그룹의 처녀들이 등장하는데, 한 그룹은 등불과 기름을 준비하여 등불이 꺼지지 않도록 준비한 그룹이고, 다른 한 그룹은 그렇지 못한 그룹이다. 마태복음은 전자를 '지혜로운 자'로, 후자를 '미련한 자'로 언급함으로써 이미 그들에 대한 판단을 제시하고 있다. 비록 미련한 그룹이 신랑을 맞이하기 위하여 '등불'을 마련하고 기다렸다고 하더라도, 신랑의 지체를 대비하여 준비하지 못했기 때문에 결국 신랑을 맞이하는데 실패한다. 문은 닫히고 그들은 "나는 너희를 알지 못한다"고 버림받은 것이다. "그 날과 그 시각을 알지 못하기 때문에"(마 25:13) 그 날을 기다리는 사람들은 항상 준비하고 "깨어 있어야" 하는 것이다(마 25:12). 하늘 나라는 이렇게 마지막 날을 준비하고 기다리는 자의 것이라고 마태복음은 말하고 있다.

3. 누가복음의 하나님 나라 확장

누가복음의 '하나님 나라' 또는 '나라'에 관한 언급은 마가복음이나 마태복음과 병행되는 부분과 누가복음에만 등장하는 경우로 나누어볼 수 있다. 이 두 경우 모두에 있어서 누가복음의 독특한 하나님 나라 이해에 주목하고자 한다. 특별히 첫 번째 경우는 누가복음이 기존의 마가복음이나 마태복음을 수정하거나 변형시키는 가운데 드러난 누가복음의 하나님 나라 이해에 관심을 기울일 것이다.

나는 다른 동네에서도 하나님 나라의 복음을 전해야 한다(눅 4:43)

마가복음과 마태복음 모두가 예수의 사역의 첫 시작을 '하나님의 복음을 선포… 하나님의 나라가…'(막 1:14-15) '하늘 나라의 복음 선포'(마 4:23)라고 하나님 나라와 관련시키고 있는데 반하여, 예수의 첫 갈릴리 사역을 언급하는 누가복음 4장 4-15절은 하나님 나라에 관한 언급을 제시하지 않는다. 누가복음은 예수의 하나님 나라 선포를 누가복음 4장 43절에 보도된, 예수의 전도 여행에 가서야 언급하고 있다. 마가복음이나 마태복음과 비교해볼 때, 누가복음에서 볼 수 있는 특이한 점은 예수의 하나님 나라 선포가 선교 여행의 맥락 속에 위치되고 있는 것이다. 예를 들면, 누가복음 8장 1절에서 "예수께서 성과 마을을 두루 다니시며, 하나님의 나라를 선포하며, 그것을 복음으로 전하셨다"고 한다. 누가복음 9장 1절 이하에서 예수는 "열 둘을 불러 모으시고… 하나님의 나라를 선포"하시며, 누가복음 9장 60절과 62절에서 "하나님의 나라를 전파하여라… 누구든지 손에 쟁기를 잡고 뒤를 돌아다보는 사람은 하나님의 나라에 합당하지 않다"고 말씀한다. 누가복음 10장 1절 이하에서도 예수는 "일흔두 사람을 세우셔서… 하나님의 나라가 너희에게 가까이 왔다 하고 그들에게 말씀"하신다. 누가복음 16장 16절에서는 "하나님의 나라가 기쁜 소식으로 전파"된다고 기록한다. 마가복음이나 마태복음이 '하나님(하늘) 나라' 본문들을 주로 예수의 '가르침'이 주어지는 문맥 속에 위치시킨 반면, 누가복음은 이처럼 복음의 '전파'와 관련되는 문맥 속에 하나님 나라를 선포하는 예수의 모습을 설정하고 있다.

또 다른 특징은 누가복음에서는 하나님 나라의 '긴급성'이 상당히 약화되어 있다는 것이다. 누가복음 4장 43절도 마가복음에서 볼 수 있는 하나님의 나라가 '가까이 왔다'는 언급을 생략하고 있다. 또한 마가복음 9장 1절에 등장하는 "여기에 서 있는 사람들 가운데는, 죽기 전에 하나님의 나라가 권능으로 오는 것을 볼 사람들도 있다"는 말씀은, 누가복음 9장 27절에서 "여기에 서 있는 사람들 가운데는, 죽기 전에 하나님의 나라를 볼 사람들이 있다"고 하여, 그 나라가 '권능으로 온다'는 강력한 개념을 생략하고 있다. 누가복음은 생략하기 곤란한 전승들의 경우는 그 강도를 약화시키는 방법으로 하나님 나라의 긴급성을 수정하고 있는 것이다. 더 나아가 누가복음은 하나님 나라가 곧 임한다는 생각이 잘못된 것임을 간접적으로 시사하고 있다(눅 19:11). 누가복음 19장 11-27절은 '므나 비유'로 불리는데, 이것은 마태복음의 달란트 비유와 병행되는 것으로 잘못 이해되어 왔다. 마태복음 25장 14-30절에 언급된 달란트 비유는 "하늘 나라는 이와 같다"로 시작하는 하늘 나라 비유이다. 그러나 누가복음의 '므나 비유'는 하나님의 나라가 당장 나타나는 것으로 잘못 이해하고 있는 사람들의 생각을 교정해 주기 위해 이 비유를 말한다고 밝힌다. "… 비유를 더하여 말씀하시니… 하나님의 나라가 당장에 나타날 줄로 생각함이더라"(눅 19:11). 이 비유는 달란트 비유와는 달리, 예수가 체포되기 직전 예루살렘 방문을 앞두고 언급되고 있으며, 그 이야기의 핵심은 예수의 죽음의 의미를 예시하는 것이다. 즉 예수는 불의한 왕(눅 19:12, 14, 15)에게 저항한 세 번째 그룹(열 명의 종들 중에서 첫 번째 종과 두 번째 종을 제외한 사람들(눅 19:13, 27 '원수들')을 대표한다. 앞으로 있을 예수의 죽음은 이처럼 불의에 저항한 죽음이라는 것이다. 또한 누가복음은 하나님 나라의 '긴급성'(임박한 미래에 도래한다는 사상)을 하나님 나라의 '현재성' 강조로 수정한다. 누가복음 17장 20절에서 하나님의 나라가 언제 오느냐는 바리새파 사람들의 질문에 대하여, 예수는 "하나님의 나라는 너희 가운데 (또는 안에) 있다(*entos hymōn estin*)"(눅 17:21)고 대답한다. 또 누가복음 11장 20절에서도 예수는 "내가 하나님의 능력으로 귀신을 내쫓는 것이면, 하나님의 나라가 너희에게 왔다(*ephthasen ep'hymas*)"고 말한다.

너희 가난한 사람은 복이 있다. 하나님의 나라가 너희의 것이다
(눅 6:20)

누가복음 6장 20절은 마태복음 5장 3절에서 그 병행을 찾아볼 수 있다. "마음이 가난한 사람은 복이 있다. 하늘 나라가 그들의 것이다"(마 5:3). 누가복음은 마태복음의 "마음이 가난한"에서 "마음이"를 생략하고 "가난한 사람은 복이 있다"로 수정하였다. 마태복음은 '가난'의 의미를 물질적, 경제적 의미가 아니라 정신적, 추상적 의미로 변경시킨다. 이렇게 함으로써 하나님 나라의 소유를 경제적으로 가난한 자를 위한 것으로 국한시키지 않는다. 소위 물질적으로 '부유한' 사람들도 하나님의 나라를 받을 수 있다는 것이다. 마태복음과 비교해 볼 때, 누가복음은 '가난'의 의미를 특별히 규정하지 않는다. 오히려 누가복음은 경제적인 빈곤으로 말미암아 사회적으로 소외된 사람들이 하나님의 나라를 소유하게 될 것이라고 말한다. 이러한 누가복음의 관심은 누가복음 전체에서 보여주는 가난한 이들에 대한 관심에서도 확인될 수 있다(눅 1:53; 3:11; 4:18; 6:24-25; 14:12-14, 21; 16:19-31; 19:8). 경제적으로 가난한 이들에 대한 관심 이외에도 누가복음에는 사회적으로 소외된 자들에 대한 관심이 두드러지게 나타나고 있다.

하나님 나라의 잔치(눅 13:29; 14:15; 22:30)

누가복음의 독특한 하나님 나라 이해는 그 나라를 잔치, 또는 먹고 마시는 것, 즉 식탁 교제와 관련하여 언급한다는 것이다. "사람들이 동과 서에서, 또 남과 북에서 와서, 하나님의 나라에서 잔치 자리에 앉을 것이다"(눅 13:29). "하나님의 나라에서 음식을 먹는 사람은 복이 있다"(눅 14:15). "너희로 하여금 내 나라에 있으면서 내 밥상에서 먹고 마시게 하고"(눅 22:30). 또한 누가복음은 식탁 교제와 관련하여 중요시되었던 행동들에 관하여도 다양하게 언급한다. 손은 씻었는가(눅 11:38), 누가 무엇을 언제 어디에서 먹는가(눅 6:4), 식탁 교제에서 일어난 일이 무엇인가(눅 7:38 이하), 누가 초대를 받았는가(눅 14:12-14), 사람들이 어느 자리에 앉는가(눅 14:7-11), 누구와 함께 먹는가(눅 15:2), 다른 지위의 사람들이 어떤 순서로 식탁에 앉는가(눅 17:7-8) 등의 문제가 거론되고 있다. 고대 사회에서 식탁 교제가 어떤 의미를 가지고 있었는지 말리나(B. J. Malina)와 로보(R. L. Rohrbaugh)가 잘 설명해 주었다.

> 고대 사회에서 '식탁 교제'는 인류학자들이 '의식'(ceremonies)라고 부르는 것에 속한다. 지위의 변화를 확인하고 또 그러한 변화를 가져오는 의례(ritual)와 달리, '의식'은 공동체 안에서의 역할과 지위를 확증하고 정당화하는 일상적이고 예측 가능한 사건이다. 다시 말하면, 식탁 교제의 소우주는 일상의 사회 관계라는 대우주와

병행한다는 것이다. 비록 식탁 교제에 다양한 사회적 지위의 사람들이 포함될 수 있다고 할지라도, 특별한 상황이 아닌 통상적인 경우에는 그러한 일은 일어나지 않았다. 왜냐하면 함께 음식을 먹는다는 것은, 흔히 있는 공통의 사회적인 지위는 물론 공통의 사상이나 가치를 공유하는 것을 함의하기 때문에 '누가 누구와 먹는가?' '누가 어느 자리에 앉는가?' '무엇을 먹는가?' '어디에서 먹는가?' '음식은 어떻게 준비되나?' '어떤 그릇이 사용되는가?' '언제 먹는가?' '어떤 이야기가 어울리는가?' '누가 무엇을 하는가?' 등의 질문은 중요하다. 이러한 질문에 대한 답변은 식탁 교제가 확실히 보여주는 사회적 관계에 관한 많은 것을 우리에게 알려 준다.[12]

구약의 음식 규례는 잘 알려져 있는데, 음식을 먹을 때, 의례적인 정결이 요구되었다. 헬라 시대에 사람들이 종교적인 축일이나 장례 때, 또 다른 어떤 때에 모여서 식사를 함께하는 그룹을 만드는 일은 일반적인 일이었다. 이스라엘의 야웨 종교에서는 바리새 그룹이 그러한 종류의 식탁 교제 그룹을 형성한 경우로 볼 수 있다. 그들은 외부 사람들과는 구분된 자기들의 그룹 구성원들만의 식탁 교제를 고수하였다. 부정(pollution)을 피하기 위해, 문자적으로 '땅의 사람들'(암하아레츠)로부터의 식사 초대는 받아들이지 않았다. 그러한 사람을 집으로 초대하는 경우에는 주인이 손님에게 의식적으로 정결한 옷을 제공하였고, 그것을 걸치도록 하였다. 로마의 자료들도 이와 유사한 정보를 제공한다. 사회적 지위가 다른 손님들은 서로 다른 방에 배정되었고, 그들의 사회적 지위에 따라서 음식이나 와인도 종류가 다른 것이 제공되었다.

배타적인 교제는 배타적인 식탁 교제를 필요로 하고, 포괄적인 교제는 포괄적인 식탁 교제를 필요로 한다. 동서남북에서 사람들이 와서 그 나라의 식탁에 앉는다는 누가복음 13장 29절의 말씀은 누가복음이 포괄적인 사회적 관계를 지향하고 있음을 보여 준다. 또한 잔치에 '가난한 사람들, 지체 장애자들, 눈먼 사람들, 다리 저는 사람들'을 초대하라는 말씀은(눅 14:13, 21), 누가복음의 식탁 교제에 반영되어 있는 그들의 포괄적인 사회적 실천을 보여 준다.13 누가복음은 바리새인들과 율법학자들에 의해서 주도되는 배타적인 식탁 교제에 반대하여, 종교지도자들에 의해서 버림받은 사람들을 그 교제에 참여시켜야 한다고 주장한다. 이러한 잃어버린 자들에 대한 관심은 누가복음에서만 언급된 잃어버린 것을 되찾는 세 가지 비유를 통해서도 강조되고 있다. 세 비유의 결론을 보자. "회개하는 죄인 한 사람을 두고 기뻐할 것이다"(눅 15:7), "회개하는 죄인 한 사람을 두고, 하나님의 천사들이 기뻐할 것이다"(눅 15:10), "내가 잃었다가 되찾았으니, 즐거워하고 기뻐하는 것이 마땅하지 않겠느냐?"(눅 15:32) 누가복음의 포괄적인 멤버쉽은 이와 유사한 잔치 비유를 하늘 나라 비유로 소개하고 있는 마태복음과 비교해보면 보다 두드러지게 나타난다. 마태복음은 거절한 손님들 대신에 종들이 데리고 온 사람들이 '악한 사람'이나 '선한 사람'이라고 말함으로써, 이 손님들의 정체를 선과 악의 기준으로 제시하고 있는데 반하여, 누가복음은 나중에 온 손님들이 사회에서 버림받은 사람들, 정결하지 못한 것으로 분류된 사람들이라고 말한다. 마태공동체는 '예복'을 입지 않은 자를 거부함으로써, 자신들의 공동체의 내적 규범을 분명히 하고 그것에 따를 것을 강조한다. 잔치에 참여하였다고 해서 모두 허용되는 것은 아니다. 반면에 누가공동체는 당시의 사회에서 정결하지 못한 것으로 버림받은 사람들이 잔치에 참여할 자격이 있다고 강조함으로써 누가공동체의 포괄적 선교에 대한 관심을 드러내 주고 있다.

> "그 나라에 들어가실 때에 나를 기억해 주십시오." 예수께서 그에게 말씀하셨다. "너는 오늘 나와 함께 낙원에 있을 것이다"(눅 23:42-43)

이것은 누가복음에만 나오는 독특한 언급이다. 마가복음과 마태복음 모두 예수와 함께 십자가에 못 박혔던 두 사람이 예수를 욕했다고 전한다(막 15:32; 마 27:44). 누가복음만이 두 사람 중 한 사람이 회개하였으며, 하나님의 나라에 받아들여졌다고 전한다(눅 23:42). 그런데 십자가상에서 행해진 죄수와[14] 예수의 대화 중에 하나님 나라에 대한 독특한 언급이 주어지고 있다. 죄인이 '당신의 나라'에 들어갈 때 자신을 기억해 달라는 말에 대하여 예수는 그가 '낙원'(*paradeisō*)에 있을 것이라고 대답한다. 이 대화 속에서 예수의 '나라'는 '낙원'으로 묘사되고 있다. '낙원'은 원래 왕이 마음대로 할 수 있었던 '정원' 또는 '공원'을 뜻한다. 왕의 사유 정원에서 그와 함께 있다는 것은 특별한 지위를 가진다는 것을 뜻한다. 중간기 문학에서는 '낙원'이 의로운 사람이 죽은 후에 가는 곳으로 사용되기도 하였다. 누가복음이 이 용어를 채택한 것은 '(하나님의) 나라'에 대한 그들의 해석을 보여주는 것이다. 또 이것은 22장 29-30절의 약속, "내 아버지께서 내게 왕권을 주신 것과 같이, 나도 너희에게 왕권을 준다… 보좌에 앉아서 이스라엘의 열 두 지파를 심판하게 하겠다"라고 한 것과도 연결된다. 또한 '낙원'에 대한 언급은 창세기 2장 8절의 아담을 상기시키는데, 누가복음에서 예수 족보가 아담에게 소급되고 있는 점과도 관련된다(눅 3:38). 예수는 뉘우치는 자에게 왕과 같이 은혜를 베푸는 모습으로 그려진다. 그레코-로만 사회에서 가장 큰 은혜를 베푸는 자는 황제로 인식되었다. 그 외에도 로마 사회의 상류 계층의 사람들은 '은혜를 베푸는 자'라는 칭호를 받는 것을 즐겨 하였으며 영예로 생각하였다. 모든 영광과 권위가 제거된 것처럼 보이는 십자가 위에서 예수는 왕으로서 자신의 권한으로 회개한 자를 용서하는 궁극적인 구원의 행위를 보여주고 있는 것이다.

5 장

공관복음 배후의 공동체들

키이(H. C. Kee)는 원시 기독교 공동체를 역사적으로 분석하고 재건하는데 필요한 질문들을 일곱 가지의 분야로 나누어서 제시하였다.1 마가공동체를 비롯하여 공관복음 배후의 공동체들을 추적하는데 유용한 관점을 제공하는데 몇 가지만 소개하기로 한다. ① 경계에 대한 질문: 한 그룹의 경계를 규정하는 권위는 무엇인가? 계시가 주어진 공동체는 어떻게 그것을 정의하는가? 멤버쉽의 자격은 어떤 것인가? ② 권위에 대한 질문: 그룹 내에서 권력의 역할은 무엇이고 그것을 획득하는 수단은 무엇인가? 권력의 구조는 어떻게 이루어져 있나? ③ 지위와 역할에 대한 질문: 세대와 성 역할이 규정되었나? 그룹 내에 규정된 계층과 지위가 존재하나? ④ 의식(ritual)에 대한 질문: 그룹의 결성, 축일, 전환기를 포함하여 중요한 그룹 형성 경험은 무엇인가? 누가 이러한 예식을 수행하며, 그것의 목적은 무엇인가? ⑤ 문학적 질문과 사회적 함의들: 구성원들과의 소통에 사용되는 문학 장르는 무엇인가? 그러한 장르의 선택이 갖는 함의는 무엇인가? 그룹 내에서 권위를 지닌 규범서가 있는가? ⑥ 집단의 기능에 대한 질문: 무엇이 그룹 목표를 성취하거나 방해하는가? 그룹의 역동성은 무엇인가? 그룹 내의 긴장은 무엇인가? 위기에 직면해서 공동체에 의해서 채택된 태도와 행동은 무엇인가? ⑦ 상징적 세계와 실재의 사회적 구성에 대한 질문: 그룹의 공통된 가치, 열망, 윤리적 규범은 무엇인가? 우주 안에서 그룹의 위치와 그 그룹을 드러내는 지배적인 상징은 무엇인가? 키이의 이러한 질문들을 고려하면서 공관복음 배후의 공동체들의 특성을 살펴보도록 하겠다.

1. 마가공동체

마가공동체의 성격: 묵시적 공동체

'묵시'(apocalypse)란 미래의 일이나 혹은 보이지 않는 영적인 존재의 세계 안에서 일어나기 때문에 일반적으로는 감추어진 영적 실재나 진리를 드러내는 것을 말한다. 이것은 '벗기다', '드러내다'를 뜻하는 그리스어의 *apokalypsis*에서 나온 말이다. 이것은 전형적으로 인간의 역사에 대한 신의 미래 계획뿐만 아니라 하나님의 천상의 보좌, 천사들의 거주, 지하 세계와 같은 보이지 않는 세계에 관한 비전을 포함한다. '묵시 사상'(apocalypticism)은 선택받은 현자나 예언자에게 주어진 환상을 통해서, 하나님이 지금까지 숨겨온 인간을 향한 자신의 뜻—여기에는 선과 악의 물질적, 영적 세력 간의 최후 결전으로 초래될 인간의 역사에 종말도 포함된다—을 드러내신다고 믿는 사상을 가리킨다. '묵시문학'(apocalyptic literature)은 묵시 사상을 내포하고 있는 문헌들을 가리키는데, 200 BCE-140 CE에 나온 다니엘서와 같은 정경 문서와 에녹 1, 2서, 바룩 2, 3서 같은 비 정경 문헌들이 포함된다.[2] 이러한 환상 문학들은 평범한 눈에는 보이지 않는 영적 실재를 드러내는 것을 목적으로 하는데, 전형적으로 적들에 대한 하나님의 공격을 상징하는 미래의 재앙과 이스라엘의 최후 승리를 예견한다. 바울의 편지들, 공관복음서, 베드로후서, 요한계시록을 포함해서, 하나님의 종말론적 대리자로서의 예수의 역할을 강조하는 많은 원시 기독교 문헌들에서도 이러한 묵시적 주제들이 두드러지게 나타난다.

마가공동체가 묵시 사상을 가지고 있었던 공동체였다는 것은 무엇보다도 그들의 예수 묘사에서 드러난다. 이미 앞에서 예수의 활동이나 하나님 나라 선포에 관한 마가복음의 보도들이 묵시적 전망을 보여주고 있음을 지적하였다. 키이는 마가공동체의 묵시적 성격을 도래하는 새 시대와 관련시켜 이해한다.[3] 예수 운동을 예언 전승의 마지막 단계에 두려는 의도가 마가복음이 인용하고 있는 말라기 3장 1절과 이사야 30장 3절의 단편에 명백하게 드러난다. 거기에서 세례 요한은 주의 길을 예비하는 결정적인 역할을 맡는다. 세례 요한과 이스라엘 예언자들과의 연결은 요한의 복장과 음식에도 명백하게 나타난다(막 1:6). 낙타 옷은 엘리야를 연상시킨다(왕하 1:8). 엘리야와의 연결이 가지는 중요성은, 새 시대를 준비하기 위한 예언자의 도래에 관한 질문에, 예수께서 하신 답변에 분명하게 나타난다(막 9:9-13). 요한이 메뚜기를 먹었다는 것은 "곧 그 중에 메뚜기 종류와 베짱이 종류와 귀뚜라미 종류와 팥중이 종류는 너희가 먹으려니와"(레 11:22)라고 말한 구약의 음식 규례를 기억나게 한다. 유대와 예루살렘에서 요단강으로 사람들을 불러낸 것은 회개와 제의적 정결이라는 상징적 행위와 관련되어 있다. 이것들은 하나님의 백성을 위한 새로운 시작의 표징이다(막 1:4-5). 그러나 세례 요한의 역할은 여기에서는 주로 예비하는 것으로 묘사된다. '더 능력 있는 자'와 회개하는 사람을 새롭게 할 '성령'이 올 것이다(막 1:7-8).

세례는 하나님에 대한 사적이고 공적인 위탁의 표징으로서 또 계약 공동체의 새로운 시작의 증거로서, 이중적 의미를 가진다. 마가공동체를 비롯한 원시 기독교 공동체들은 세례 운동에서 이러한 특징들을 채택하였다. 마가복음 1장 14-15절에 나오는 예수의 첫 언급은 새 시대가 도래하였고 하나님의 통치가 가까웠다고 선언함으로써 요한의 갱신에 대한 요구를 완성한다. 필요한 것은 예수가 가져온 좋은 소식에 응답하여 전적으로 변화되는(회개하는) 것이다. 다른 사람들을 새 공동체에 참여하도록 부르기 위하여, 추종자들은 가족과 생계 수단을 포기하도록 요구받는다. 그렇게 함으로써 물고기가 아니라 사람을 모은다(막 1:16-20). 마가복음의 이야기 속에서 예수를 믿은 사람들의 다양한 사회적, 종교적, 인종적, 도덕적, 경제적 지위는 마가공동체가 이동이 개방적이었고, 계약에의 참여가 엄격하게 제한되었던 전통적 라인에서 벗어난 배경을 지니고 있었음을 보여준다. 마가복음에서 병자를 고쳐주는 예수의 첫 번째 이야기인 귀신들린 자에 대한 치유(막 1:21-27)에 나타난 특징은 다른 마가복음의 기적 이야기들에도 반복된다(막 1:32-34, 39; 3:10-11; 5:1-20; 9:14-29). 이것은 예수의 치유 사역을 우주적 갈등이라는 보다 넓은 맥락에 위치시킨다. 왜냐하면 이 이야기의 초점은 단순히 개인들을 고쳐주는 것이 아니라 악의 세력을 처부수는 것이기 때문이다.

묵시 사상의 주요 주제 중의 하나인 마지막 날에 있을 재앙과 심판에 관한 언급이 마가복음 13장에 집중되어 있는데, 이것 또한 마가공동체의 묵시적 성격을 반영한다.4 하나님이 "다윗의 아들"을 "주"로 세우실 것이고, 그는 자기 백성의 적들을 무찌르실 것이다(막 12:35-37; 시 110:1). 여기에서 묘사되고 있는 것은 자기 백성의 갱신을 위하여 온 하나님의 사자와 기존의 정치적, 종교적 세력들 간의 충돌이다. 성전 파괴 예언(막 13:1-4), 충돌과 핍박(막 13:9-11, 13), 다니엘 9장과 12장에 토대한 성전의 훼손과 재앙이 수반된 우주적 혼란(막 13:14-19), 선택받은 자의 생존에 대한 언약(막 13:20-23), 인자의 등장과 함께 시작되는 마지막 심판, 세상에서 신자들을 모음(막 13:24-27). 이러한 일이 곧 있을 것이지만 인간은 누구도 그것을 자세히 알지 못한다(막 13:30-32). 신자들은 고난의 시기를 통과하고 나면(막 13:24-27) 다가올 신적 구원자를 보게 될 것이다. 또한 그들은 다가오는 사악한 자들과의 대결과 심판의 시기에 하나님이 그들을 보존할 것을 확신한다(막 13:19-20). 이것들은 엄중한 경고이고, 하나님의 목적에 대한 통찰, 그리고 신실하고 선택된 공동체에게 허락된 신적 보호에 대한 언약이다. 그들은 성전이 곧 파괴될 것이고 현 시대는 끝날 것이라고 믿었고, 예수의 죽음과 부활이 그들을 하나님의 백성을 위한 새 시대로 이끌 것이라고 확신했다.

마가공동체의 구성원

마가공동체는 하나님의 계약 백성에 대한 재규정을 시도한다. 예수에게 신앙으로 응답하거나 병을 치유 받은 사람들은 유대공동체의 주변부에 속하거나 매우 낮은 계층의 사람들이었다. 치유 받은 사람들이 치유받기 전에는 제의적으로 부정했다는 것을 염두에 둔다면(막 2:1-12; 5:21-43), 그들은 전통적인 계약 공동체에서 소외되었던 사람들이다. 마가복음은 예수께서 세리 레위(막 2:14)외에도 많은 세리들과 죄인들과 사귀었다고 전한다. 데카폴리스 주민과 만나거나 무덤에 사는 귀신들린 이방인과 접촉하는 것은 제의적, 민족적 정결법을 위반한 것이었다. 이러한 행위들은 악의 세력으로부터 해방되고 새롭게 되기를 원하는 인간의 기본 요구를 충족시키기 위한 것이었다.

제자들이 모두 도망했을 때, 예수를 하나님의 대리자로 인식했던 의외의 증인들이 등장한다. 유대교에서는 억압적인 위치에 있었던 여성들(막 7:24-30; 12:43-44; 15:41; 16:1-8), 어린이들(막 9:33-37; 10:13-16), 벳세다의 시각 장애인(막 8:22-26)과 태어날 때부터 보지 못하는 바디매오(막 10:46-52). 이러한 인물들과 관련되어 사용되는 '아콜루테인'(*akolouthein*, 막 15:41 따르다), '디아코네인'(*diakonein*, 막 10:45, 섬기다)은 마가복음에서 참 제자가 누구인가를 규정하는 데 사용되는 중요한 어휘이다. 두 시각 장애인을 치유한 사건에 대한 보도를 주목해 볼 필요가 있다. 두 인물이 위치하는 8장 22절에서 10장 52절은, 예수의 참 제자상을 다루는 부분이다. 이 두 기사는 이 주제의 처음과 끝을 구성한다고 할 수 있다. 마가복음 8장 22절부터 26절의 경우는 치유 사건 자체에 초점이 있다. 이 이야기에서는 '보다' 동사의 세 가지 종류가 등장하고 있다. 마가복음 8장 24절의 '아나블레포'(*anablepō*)란 단어는 시력을 되찾는 것을 뜻한다. 그러나 사물에 대한 초점이 정확하지 않은 상태를 가리킨다. 마가복음 8장 25절의 '디아블레포'(*diablepō*)는 분명하게 본다는 뜻이다. 같은 구절의 '엠블레포'(*emblepō*)는 사물의 외면적인 것을 볼 뿐 아니라, 통찰하는 단계를 말한다. 이것은 부분적인 깨달음에서 완전한 깨달음에 이르는 제자의 길을 보여준다. 10장 46-52절의 경우는 치유 사건 자체보다는 '바디매오'라는 인물에 초점이 있다. 그는 '다윗의 자손'(막 10:47)이라는 메시아 고백을 제시한다. 지속적인 간구와 믿음(막 10:48-49), 자신의 소유의 전부인 겉옷을 버림(막 10:50), 믿음으로 보게 됨(구원 얻음, 막 10:52), 길에서 예수를 따름(막 10:52)은 '깨달음'에서 '따라감'으로 나아가는 제자의 길을 보여준다.

새로운 공동체에 참여하기 위한, 또 그의 치유와 기적적인 파워들을 경험하기 위한, 인종적, 제의적 전제 조건은 없다. 우리를 반대하지 않는 자는 누구나 우리 편이기 때문에, 그리고 예수의 이름으로 선한 일을 한 사람은 누구나 하나님에 의해서 보상을 받게 될 것이기 때문이다(막 9:38-41). 그러나 마가공동체는 마가복음 4장의 비유에서 외부인과 내부인에 대한 구분을 제시하고 있고, 가족에 대한 새로운 정의를 제시함으로써 자신들의 공동체의 경계를 밝히고 있다(막 3:31 이하). 구성원의 주요 역할은 예수의 행위를 본받는 것이다. 복음을 전파하고, 사탄을 축출하고, 병자를 치유하고, 다른 사람들을 불러 모은다(막 2:14). 하나님 나라에 들어가기 위해서는 죄를 짓지 말아야 하며(막 9:42-48), 다른 사람의 필요를 채워주는 종의 태도를 가져야 한다(막 9:33-37). 또한 공동체 내에서 자신들의 의무를 부지런히 행할 것이 요구된다. 그들은 하나님 나라의 임박한 도래를 기다리는 동시에, 빵과 포도주를 공유함으로써 십자가에서 자기를 주신 예수의 행위를 기념해야한다(막 14:22-25). 예수의 십자가야말로 그들이 지금 참여하는 계약의 토대인 것이다.

마가공동체의 지역적 배경

마가공동체는 자신들의 예수 이야기를 전개하는데 있어서, 지역적 선호를 분명히 드러내고 있다. 이것은 갈릴리 지역에 대한 선호로 나타난다. 갈릴리는 예수의 출신 지역이며("예수께서 갈릴리 나사렛에서 오셔서," 막 1:9), 예수께서 제자들을 선택하신 곳이며("예수께서 갈릴리 바닷가를 지나가시다가… 나를 따라 오너라," 막 1:16), 예수의 주요 활동 지역으로 언급된다. "예수께서 갈릴리에 오셔서"(막 1:14), "그들은 가버나움으로 들어갔다… 예수의 소문이 곧 갈릴리 주위의 온 지역에 두루 퍼졌다"(막 1:28). "예수께서 온 갈릴리와 여러 회당을 두루 찾아가셔서"(막 1:39), "갈릴리에서 많은 사람이 따라왔다"(막 3:7) 예수는 예루살렘을 향해 가기 전까지 주로 갈릴리 호수를 중심으로 활동한다. 갈릴리 호수는 동쪽으로는 갈릴리 지방에 접하여 있고 서쪽으로는 이방 지역, 곧 데카폴리스와 골란 고원을 접하고 있다. 마가복음의 예수는 이스라엘 지역인 갈릴리 호수 동쪽과 이방 지역인 갈릴리 호수 서쪽을 배를 타고 왕래하면서 활동한다.

예수께서 다시 바닷가로 나가셨다(2:13),

예수께서 제자들과 함께 바닷가로 물러가시니(3:7),

예수께서 다시 바닷가에서 가르치기 시작하셨다(4:1).

예수께서 제자들에게 '바다 저쪽으로 건너가자' 하고 말씀하셨다 (4:35).

그들은 바다 건너편 거라사 사람들의 지역으로 갔다(5:1).

배를 타고 맞은편으로 다시 건너가시니… 예수께서는 바닷가에 계셨는데(5:21),

예수께서는 곧 제자들을 재촉하여, 배를 태워, 자기보다 먼저 벳새

다로 가게 하시고(6:45),

그들은 바다를 건너가서 게네사렛 땅에 이르러 닻을 내렸다(6:53).

마가복음의 예수는 이스라엘 지역 중에서 주로 갈릴리 호수를 중심으로 한 북쪽 지역에서(가버나움, 벳새다, 달마누다, 두로, 가이사랴 빌립보, 거라사 등) 그의 공생애 대부분의 시간을 보내고 있다. 그러나 이러한 묘사에도 불구하고 마가복음 저자는 이 북쪽 지리에 대하여 정확히 알고 있지 않은 듯하다. 마가복음 7장 31절은 부정확한 정보를 반영한다. "두로 지역을 떠나, 시돈을 거쳐서, 데가볼리 지역 가운데를 지나, 갈릴리 바다에 오셨다." 북쪽에서부터 열거하자면, 시돈 → 두로 → 갈릴리 호수 → 데가볼리 순서가 지리적으로 정확하다. 따라서 마가공동체 자체가 갈릴리 호수를 중심으로 팔레스타인 북쪽 어느 지점에 자리하고 있었다고 보기는 어려울 것 같다.

기존의 세상적인 가치나 관심들을 버릴 것을 요구한다거나 가족 해체와 같은 극단적인 상황, 한 곳에 머무르기보다는 마을에서 마을로 이동하면서 거주자들에 의해 공급되는 접대에 의지하여 살아가고 있는 예수와 제자들의 모습 등은 마가공동체가 지역에 뿌리내리고 정착한 공동체이기보다는 순회 그룹이었을 가능성을 상정한다.5 마가복음에서 예수의 활동무대로 주로 언급되는 곳은 "언덕 위"(막 3:13; 9:2; 13:3), "바닷가"(막 1:16; 4:1; 5:1, 21), "풀밭"(막 6:39), "광야 혹은 외딴 곳"(막 1:12; 1:35; 1:35; 6:31f.; 8:4) 등이다. 이와 대조적으로 도시는 마가의 예수가 꺼려하는 장소로 나타난다. 가령, 예루살렘 방문에서 예수는 그 도시에 잠시 들어가 활동하시고, 다시 그곳으로부터 물러나 예루살렘 밖의 마을에 머문다(막 11:11, 19). 이러한 특징은 바울의 친 도시적 경향과 분명한 대조를 이룬다. 특히 예루살렘은 성전과 관련하여 심판과 저주의 대상이 되고 있으며(막 11:12 이하; 13장), 예수의 체포, 신문, 죽음의 장소이다(막 10:33). 부활은 갈릴리에서 체험될 것이다. 왜냐하면 부활한 예수는 갈릴리로 가실 것이기 때문이다(막 14:28; 16:7). 이러한 마가복음의 특징들로 미루어 보아 마가공동체는 특정한 어떤 장소와 연관되기 보다는 한 곳에 정착하지 않았던 순회 그룹이었던 것으로 보이며, 도시보다는 농촌 마을을 중심으로 활동하였을 것으로 추정할 수 있다.

2. 마태공동체

킹스베리(J. D. Kingbury)는 마태공동체의 정황과 구성원의 신분 그리고 위치를 마태복음의 내적 증거로부터 도출한다.[6] 즉 마태복음의 이야기 속에 반영되어 있는, 저자가 속한 공동체의 흔적들을 재구성하는 것이다. 마태공동체는 마가공동체와는 달리, 도시에 존재한 상대적으로 부유한 그룹이었다. 마태복음은 도시라는 단어를 마가복음에 비해 훨씬 자주 사용하며, 돈의 단위도 마가복음에 비해 현저하게 크다. 마가복음은 렙톤이라는 작은 동전을 언급하지만, 마태복음은 달란트와 같은 큰 단위의 돈을 언급한다. 누가복음의 예수는 므나 비유(눅 19:11-27)를 말하지만, 마태복음의 예수는 훨씬 단위가 큰 달란트 비유(마 25:14-30)를 가르친다. 마태공동체의 가장 특징적인 것은, 마가복음이나 누가복음에 비해 유대적 성향이 두드러지게 나타난다는 것이다. 마태복음의 그리스어는 셈어적인 분위기가 강하고, 토라에 능통한 모습을 보여준다. 예수의 모습도 유대 친화적이다. 그는 '아브라함의 자손'이며, '이스라엘의 잃어버린 양'(마 15:24)으로 묘사된다. 그러나 마태복음은 마가복음이나 누가복음보다 훨씬 더 강경하게 유대교의 지도자들을 비판한다. 마태복음 23장에 등장하는 서기관과 바리새인들에 대한 예수의 비판은 다른 복음서에서는 찾아 볼 수 없다. 마태복음이 자주 사용하는 '그들의 회당'이라는 표현은 유대교와의 단절을 암시한다. 마태복음은 공동체 내부에 있는 거짓 선지자와 거짓 선생들을 경고한다. 마태공동체는 유대교의 유산을 전면적으로 부인하기보다는, 예수를 유대교의 창조적 계승자로 수렴하고자 시도한다. 마태복음은 예수를 모세와 유비하면서, 새로운 계약 백성으로서의 자신들의 정체성을 규명하려고 한다. 바울이 율법으로부터 자유로운 복음을 선포했다면, 마태공동체는 율법과 조화로운 복음을 선포하려 했던 것으로 보인다.7 이번 장에서는 이러한 마태공동체의 특징들을 살펴보려고 한다.

마태공동체의 성격: 규범 공동체

이미 앞에서 살펴본 마태복음의 예수상이나 하늘 나라에 대한 말씀들은 마태공동체의 성격을 반영한다. 왜냐하면 이러한 독특한 메시지들은 그것을 필요로 했던 공동체의 성격과 밀접하게 관련되어 있기 때문이다. 특별히 예수의 가르침이 모세 율법과 대립하여 제시되는 산상 수훈이나 공동체의 규범에 대한 언급들은, 마태공동체가 유대교 그룹의 율법에 대응하는 나름대로의 내적 규범을 갖추는데 관심을 가지고 있었음을 보여준다. 또한 공관복음 중에서 유일하게 '교회'(*ekklēsia*)라는 용어를 사용하고 있는데(마 16:18; 18:17 [2회]), 이것은 마태공동체가 자신들의 정체성을 유대교 회당과 구분하고 있는 것으로 볼 수 있다. 마태공동체는 랍비적 유대교와 마찬가지로 율법의 해석과 적용에 지대한 관심을 보이고 있다. 마태복음의 예수는 자신과 율법과의 관계를 다음과 같이 말씀한다.

> 내가 율법이나 예언자들의 말을 폐하러 온 줄로 생각하지 말아라, 폐하러 온 것이 아니라 완성하러 왔다. 천지가 없어지기 전에는 율법은 일점일획도 없어지지 않고 다 이루어질 것이다… 누구든지 이 계명을 지키며 가르치는 사람은, 하늘 나라에서 큰 사람이라고 일컬음을 받을 것이다(마 5:17-19).

마태복음은 예수의 가르침을 율법과의 연속선상에서 이해한다.

예수는 율법의 실현자이지, 파괴자가 아니라는 것이다. 마태복음의 예수는 율법을 성취하는 새로운 모세로 이해된다.

> 너희는 무엇이든지, 남에게 대접을 받고자 하는 대로, 너희도 남을 대접하여라. 이것이 율법과 예언서의 본뜻이다(마 7:12).
> 네가 생명에 들어가고자 하거든, 계명들을 지켜라(마 19:17).
> 율법 가운데 어느 계명이 중요합니까? 주 너의 하나님을 사랑하여라. 네 이웃을 네 몸과 같이 사랑하여라. 이 두 계명에 모든 율법과 예언자들의 본 뜻이 달려 있다(마 22:36-40).
> 너희는 박하와 회향과 근채의 십일조는 드리면서, 정의와 자비와 신의와 같은 율법의 더 중요한 요소들은 버렸다(마 23:23).

이러한 구절들은 마태공동체가 유대교의 율법 자체에 대해서 부정하고 있지 않음을 보여주고 있으며, 그 율법의 본 뜻을 강조하고 있음을 알 수 있다. 그러나 다른 한편 마태공동체는 산상 수훈의 대립 명제들을 통하여 모세의 율법과는 다른 예수의 새로운 법을 제시하고 있고, 예수의 사랑, 용서, 겸손, 결속, 행함의 완전성 등을 강조함으로써 유대교 회당의 형식적이고 위선적인 율법 준수를 거부하고 새로운 하늘 나라와 하나님의 의를 주장한다.

키이(H. C. Kee)는 마태공동체를 태동기의 랍비적 유대교와의 논쟁을 통해서 계약 백성으로서의 자신들의 정체성을 확립해가는 공동체로 보았다.[8] 보른캄(G. Bornkamm)은 유대교 회당과의 관계를 중심으로 마태공동체의 정체에 관하여 세 가지 가능성을 제시하였다.9 ① 유대교 회당 내에서 중요한 분리의 징후를 보이지 않았던 기독교적 유대인 그룹. ② 회당에서 분리된 것으로 보기에 충분하지는 않지만 사상적으로 갈등하기 시작한 기독교적 유대인 그룹 ③ 그들이 정착한 도시에서 회당과 분리되었던 유대교적 그리스도인 공동체 등이다. 브룩스(S. H. Brooks)는 마태복음의 특수 말씀 자료(M Sayings) 전승에 반영되어 있는 마태공동체의 역사를 추정하였다.10 그는 마태복음이 기록되기 이전, 주로 회당 내 유대 당국자들과의 두 가지 역사적 사회적 관계들이 최소한 마태공동체의 몇 그룹들에 있어서는 분명하다고 보았다. ① 회당 내에서 비교적 평화롭게 지낸 기독교적 유대인 그룹은 70 C. E. 이전에 형성되었다. 그들은 자신들의 회당 지도자들이 가지고 있는 가르침의 권위를 확신하고 있었고, 다른 한편으로는 다른 회당 구성원들의 경건 행위에 대해서는 비판적이기도 하였다. 이러한 비판은 예수의 말씀에 근거한 것이었다. 그들은 은밀한 중에 행한 경건에 대한 하나님의 보상을 강조하고 다른 유대인들에게 선교자를 파송하였다. 그들은 팔레스타인 지역의 선교가 완성되기 이전에 인자가 곧 오실 것이라고 예측하였다. ② 기독교적 유대인 그룹은 유대 회당과 구별되어 사상적으로 대치하는 유대적 그리스도 공동체가 된다. 그들은 회당으로부터 박해받게 되었고 예수의 권위 아래 독자적인 조직을 형성한다. 더 이상 유대 회당이나 율법과의 긍정적인 관계가 이루어지지 않는다. 예수를 하나님의 종말론적 대변자로 보는 잘 발달된 기독론과 신학이 명백해졌고 더 나아가 부활하신 예수의 현존이 마태공동체를 보호한다. 그는 ①과 ②의 과도기적 기간 동안의 유대교 회당과의 관계는 마태복음 23장 14, 16-22, 24, 33절, 6장 7-8절과 7장 6절에서 찾아볼 수 있다고 보았다. ①의 기독교적 유대인 그룹은 회당 당국자들과 몇 가지 문제에 있어서 긴장 관계에 있었다. 그는 긴장 관계를 유발시킨 문제들로 토라의 최고 해석자로서의 예수의 몇몇 말씀들에 대한 믿음이나, 이방 선교의 발전에 따른 문제들, 성전이나 예루살렘에 대한 상이한 이해 등을 들었다. 그는 성전이나 예루살렘에 대한 긍정적인 언급들은 공동체의 역사에 있어서 가장 초기 단계로 소급될 수 있다고 보았다. ③ 마태복음이 저작되는 시기로, 마태복음 저자는 마가복음이나 Q와 같은 예수에 관한 전승들과 마태공동체의 역사를 의미 있게 연관시켰다. 그는 마태공동체가 이러한 과정 속에서 '하늘 나라'나 '하나님 아버지' 같은 중요한 신학적 개념들을 발전시켰다고 말한다.

마태공동체의 구성원

마태복음의 몇 가지 특징들은 그 복음서를 공유했던 공동체 구성원의 정체를 추정하는데 유용하다. 무엇보다도 마태복음이 공관복음서 가운데 가장 유대적인 색체를 지니고 있다는 것은 그 복음서가 유대인들이나 유대 전통에 익숙했던 사람들에 의해서 공유되었을 가능성을 시사한다. 예수의 족보가 하나님에게 소급되는 누가복음과 비교해서(눅 3:38), 아브라함이나 다윗에게 소급되고 있는 점(마 1:1)이나 예수의 탄생이나 가르침이 모세의 탄생과 가르침에 유비되고 있다는 점(마 1-2장; 마 5-7장), 예수의 선교 명령이 이스라엘 지역에 국한되어 있는 점(마 10:5, 15:24 참조), '의'(義)에 대한 관심에서 비롯된 율법 해석이나 새로운 규범에 대한 언급들 등은 마태공동체의 유대인 멤버들을 의식할 수 있는 대표적인 부분들이다.

바리새인들의 율법 해석에 대한 비판이나 그들의 외식적인 율법 준수에 대한 비판, 예수의 새로운 율법 해석에 대한 언급들은 마태공동체의 일부 멤버들이 이러한 일들에 관여하였을 가능성을 시사하는데, 마태복음의 몇몇 본문을 주목할 만하다. "율법학자 한 사람이 다가와서 예수께 말하기를 '선생님, 나는 선생님이 가시는 곳이면 어디든지 따라 가겠습니다'"고 한 마태복음 8장 19절을, 누가복음 9장 59절의 병행구와 비교해보면, 마태복음의 강조점이 뚜렷이 드러난다. 누가복음 9장 57절은 "어떤 사람이 예수께 말하기를 '나는 선생님이 가시는 곳이면, 어디든지 따라 가겠습니다' 하였다"로 되어 있다. 마태복음은 예수를 따르겠다고 말한 사람이 '율법학자'라고 분명히 밝힌 데 반하여, 누가복음은 '어떤' 사람이라고 모호하게 말한다. 이러한 언급은 마태공동체 멤버 중에 '율법학자'가 있었음을 시사하는 것으로 볼 수 있다. 이러한 추정은 마태복음에만 언급되는 다른 본문에서도 확인할 수 있다. 예를 들어, 마태복음 13장 52절의 "그러므로 하늘 나라를 위하여 훈련받은 율법학자는 누구나 자기 곳간에서 새 것과 낡은 것을 꺼내는 집주인과 같다"는 구절과 마태복음 23장 34절의 "그러므로 내가 예언자들과 지혜 있는 자들과 율법학자들을 너희에게 보낸다"는 구절 등은 마태공동체 멤버 중에 훈련받은 학자가 있다는 사실을 반증한다. 이러한 관점에서 일부학자들은 마태복음의 저자를 구약과 유대교 전통을 잘 알고 있었고 그것을 기독교 신앙과 연결시킨 유대교에서 전향한 기독교적 서기관이었다고 보거나(O. L. Cope),[11] 마태복음 배후에 학문적인 활동을 하였던 '마태학파'가 있었다고 주장하기도 한다(K. Stendahl).[12]

그러나 마태공동체 내부에 유대인 멤버가 있었다는 사실이, 마태복음이 유대인들에게만 읽혔다는 것을 의미하지는 않는다. 마태복음 안에는 이 복음서를 이방인들도 공유하였음을 보여주는 언급들이 존재한다. 우선 예수의 유대 혈통이 강조되는 듯이 보이는 마태의 족보에 이방 여인이 포함되어 있다는 것을 들 수 있다(다말, 라합, 룻). 또한 예수의 주 활동 지역이었던 '갈릴리'를 마태복음만이 "이방(사람들)의 갈릴리"로 규정하고 있는 점도 염두에 둘만하다. 마태복음 28장 19절의 '모든 민족'을 제자 삼으라는 최후의 위임은 유대인뿐만 아니라 이방인 구성원들도 의식하고 있는 것으로 보인다.

마태복음은 공동체(교회: 마태복음서는 이 용어를 사용하고 있다) 안에 선인과 악인이 공존하고 있다고 말한다. 마태복음 13장 30절에서 예수는 "둘 다 추수 때까지 함께 자라게 두어라. 추수 때에 내가 추수꾼들에게 말하기를 가라지는 먼저 거두어 불사르게 단으로 묶고 곡식은 모아 내 곳간에 넣으라 하리라"고 말씀한다. 또한 마태복음 13장 48-49절에서는 "그물이 가득 차면, 해변에 끌어올려 놓고 앉아서, 좋은 것들은 그릇에 담고, 나쁜 것들은 내버린다. 세상 끝 날에도 이렇게 할 것이다. 천사들이 와서, 의인들 사이에서 악한 자들을 가려내서"라고 경고한다. 이들은 마지막 심판의 날에는 그 운명을 달리할 것이라는 말이다. 마태복음 25장 31절 이하는 현재는 공존하고 있지만, 최후의 심판에는 각기 다른 보응을 받게 될 선인과 악인의 운명을 말해주고 있다. 마태복음의 예수는 "모든 민족을 자기 앞으로 불러 모아 목자가 양과 염소를 가르듯이 그들을 갈라서" 심판할 것이다(마 25:32). 그러나 마태공동체가 선인과 악인의 공존으로 인한 문제들을 마지막 심판까지 미루어두고 있지만은 않다. 마태복음 18장 15-17절은 교회 안에서 일어난 문제들을 어떻게 처리해야 하는지 제시하고 있다. "신도가 너에게 죄를 짓거든 그에게 충고하여라… 한두 사람을 더 데리고 가거라… 교회에 말하여라."

마태복음에 나타난 참 제자의 모델은 마태공동체의 구성원을 직접적으로 지시하지는 않을지라도 최소한 마태공동체가 지향했던 멤버쉽의 한 전형을 보여준다. 마태복음은 예수의 가르침을 매우 중요하게 부각시키고 있는데, 이러한 가르침의 권위는 예수의 직계 제자들에게로, 그리고 다음으로는 교회로 계승되고 있다. 마가복음이 예수의 직계 제자들 이외의 다른 인물들을 통해서 참 제자의 길을 보여 주고 있는 것과는 달리, 마태복음은 예수의 직계 제자들을 참 제자의 모범으로 제시한다. 물론 그들은 비현실적으로 이상화되지는 않는다. 그들의 믿음의 부족(마 14:31; 16:8, 22-23; 17:20), 실패(마 8:25; 14:23), 기타 부정적인 묘사들(마 26:8, 56)이 소개되고 있다. 그러나 그럼에도 불구하고 제자들은 예수의 가르침을 믿고(마 14:33), 이해하고(마 7:23; 13:51), 가르침의 역할을 계승한다(마 28:20). 이러한 제자들에 대한 적극적인 평가는 베드로에게 예수께서 권위를 위임하는 장면에서 최고조에 이른다. "너는 베드로다 나는 이 반석 위에다가 내 교회를 세우겠다. 죽음의 세력이 그것을 이기지 못할 것이다. 내가 너에게 하늘 나라의 열쇠를 주겠다. 네가 무엇이든지 땅에서 풀면 하늘에서도 풀릴 것이다"(마 16:18-19). 제자들에 대한 강력한 위임은 '우리가 무엇을 받겠냐'는 물음에 대해, 제자들을 향해 "새 세상에서 인자가 자기의 영광스러운 보좌에 앉고 만물이 새롭게 될 때에 나를 따라온 너희도 열두 보좌에 앉아서, 이스라엘의 열두 지파를 심판할 것이다"(마 19:28)라는 말씀에서도 잘 나타나고 있다. 이러한 권위는 교회에 위임된다. 즉 "무엇이든지, 너희가 땅에서 매면 하늘에서도 매일 것이요, 땅에서 풀면 하늘에서도 풀릴 것이다. … 두세 사람이 내 이름으로 모이는 자리에는, 내가 그들과 함께 있다"(마 18:18-20). 참 제자에게 이러한 권위만이 위임되는 것이 아니다. 박해(마 5:10-12), 의로운 선택(마 7:13-14), 직업의 상실(마 9:9), 소유의 포기(마 19:16-30), 신체의 안전 포기(마 23:34) 등의 불이익을 감수할 것이 요구된다.

마태공동체의 지역적 특징

마태공동체의 지리적 위치에 관하여는 몇 가지 주장이 있다. 전통적으로 시리아의 안디옥설이 제기되었고(B. W. Streeter), 페니키아(가나안) 도시들일 가능성도 제시되었다(G. D. Kilpatrick). 또 얌니아의 랍비 학파와의 논쟁과 대결에 중점을 두어 유대교 회당과의 갈등을 설명하기 유리한 지역이(특정 도시가 거론되지는 않았다 해도) 후보 지역으로 제안되기도 하였다(W. D. Davies - 시리아설, K. Stendahl). 그 외에도 가이샤랴(B. T. Viviano), 시리아와 갈릴리 인접 지역(E. Schweizer)이 거론되기도 한다.[13] 서중석은 이러한 다양한 견해들에 대하여 다음과 같은 결론을 제시한다. "우리가 갖고 있는 자료의 한계를 고려할 때, 마태공동체의 위치 설정을 위해, '시리아의 어떤 한 도시' 정도를 넘어서서 구체적인 하나의 도시 명을 거론하는 작업은 이미 지적한대로 난관에 부딪치게 된다."[14] 서중석은 마태공동체를 도시를 배경으로 활동을 전개한 도시공동체로 규정한다. 마태복음에는 '도시'라는 단어가 27회 등장하는데, 이것은 마가의 8회에 비하여 현저하다고 할 수 있다. 그에 따르면, 마태의 특수 자료에 속하는 마태복음 4장 13절, 예수는 "나사렛을 떠나 스불론과 납달리 지경 해변에 있는 가버나움에 가서 살았다"는 구절은 도시가 예수 활동의 주 무대였음을 보여준다. 역시 마태의 특수 자료인 마태복음 10장 23절도 '도시'에 대한 강조를 보여준다. "이 도시에서 너희를 핍박하거든 다른 곳으로 피하라. 이스라엘의 모든 도시들을 다 다니지 못하여서 인자가 오리라." 마태복음에만 언급되는 마태복음 27장 53절도 '도시'에 대한 특별한 관심을 보여준다. "예수의 부활 후에 저희가 무덤에서 나와서 거룩한 도시에 들어가 많은 사람에게 보였다." 그는 마태복음 저자가 '도시'를 부각시킨 것은 마태공동체가 도시에 기반을 두고 있었기 때문일 것이라고 추정한다.15

3. 누가공동체

키이(H. C. Kee)는 누가복음-사도행전에 관하여 "기독교의 지리적 경계가 갈릴리에서 로마로 확장되는 이야기를 담고 있는 책이며, 또한 생각이 깊은 희랍과 로마의 독자들의 관심을 끌만큼 문학적으로 세련되게 작성된 문서라고 소개하였다."16 이러한 평가는 지금까지 누가복음에 나타난 예수 묘사나 하나님 나라 이해의 특징과 일맥상통한다. 누가복음은 예수의 이야기를 통해서 기독교 복음이 유대 사회의 지역적, 종교적 한계를 극복하고 더 넓은 세계로 확장되어 가는 모습을 제시하고 있다는 것이다. 이러한 세계관을 가지고 있었던 공동체의 특징들을 살펴보기로 하겠다.

누가공동체의 성격: 포괄적 선교 공동체

기독교 복음의 확장에 대한 관심은 바울의 편지들이나 마가복음, 마태복음에서도 찾아볼 수 있다. 그렇다면 누가복음에 나타난 복음의 확장에 대한 관심이 다른 기독교 문서들과 다른 점은 무엇인가? 누가공동체를 특별히 선교 공동체로 특징지을 수 있는 독특성은 무엇에 근거하고 있는 것인가?

우선, 누가공동체가 교회의 역사를 바라보는 시각이 다르다는 것이다. 바울을 비롯한 보다 이른 시기의 공동체들이 공통적으로 임박한 종말에 대한 기대 아래서 그들의 복음 선포의 사명을 수행했던 반면에, 누가공동체는 교회의 삶을 하나님의 전체 구원 계획의 한 부분으로 자리 잡게 하였다. 물론 이것은 현실적으로 파루시아(재림)의 지연을 신학적으로 해명하려는 시도일 수도 있다. 그러나 어쨌든 기독교 복음의 확장은 임박한 종말의 빛이 아닌 하나님의 구원 계획의 한 부분으로 인식되었다는 것이다. 바리새파 사람들과 율법학자들에 대한 비판에서 누가공동체는 '하나님의 계획'이라는 것이 있음을 간접적으로 밝히고 있다. "바리새파 사람과 율법학자들은 요한에게서 세례를 받지 않고, 자기들을 향한 하나님의 계획을 물리쳤다"(눅 7:30). 누가공동체가 역사를 시기별로 구별하고 있음을 누가복음 16장 16절에서 찾아볼 수 있다. "율법과 예언자의 글은 요한의 때까지다. 그 뒤로부터는 하나님의 나라가 기쁜 소식으로 전파되는데…" 세례 요한에 의해서 약속된 구원이 이루어지지 않았던 율법과 예언자의 옛 시대가 마감된다.

하나님의 약속의 성취는 이제 예수 시대에 가서야 구체적으로 이루어진다. 이것은 예수께서 자신의 사역을 시작한 후 행한 첫 번째 선포에 명백하게 언급 되어있다. "예언자 이사야의 두루마리를 건네받아… 주의 영이 내게 내리셨다. … 예수께서 그들에게 말씀하셨다. '이 성경 말씀은 너희가 듣는 가운데 오늘 이루어졌다'"(눅 4:16-21). 누가공동체는 누가복음 전체를 통하여 예수께서 행하신 일들이 예언의 성취임을 보이고자 하였다. "그리고 예수께서는 모세와 모든 예언자로부터 시작하여, 성경 전체에 자기에 관하여 쓴 일을 그들에게 설명해 주셨다"(눅 24:27). "내가 전에 너희와 함께 있을 때에 너희에게 말하기를, 모세의 율법과 예언자의 글과 시편에 나를 두고 기록한 모든 일이 반드시(*dei*) 이루어져야 한다고 하였다"(눅 24:44). *dei*의 빈번한 사용 또한 주목할 만한데, 누가공동체는 예언과 성취의 관계를 설명하면서 그것이 '반드시' 이루어져야 한다는 것을 강조하고 있다.

율법과 예언자의 시대, 예수 시대 이후 누가공동체가 구분한 하나님의 역사의 또 다른 시기는, 예수 그리스도의 승천에서 재림까지의 성령의 시대, 교회의 시대이다. 이 시기는 교회가 이방 세계를 향해서 그리스도의 복음이 확장시키면서 마지막 날을 향해 나아간다. 이것은 사도행전으로 연결되어 보다 구체적으로 보도된다(눅 24:50-53; 행전 1:6-11). 교회의 시대를 이끌어가는 원동력은 성령인데(행전 2장), 이러한 성령의 역사는 세례 요한을 비롯하여 예수 시대로부터 계속되어 온 것이다(눅 1:15; 1:35; 1:41; 1:67; 2:26; 3:22; 4:1, 14, 18; 10:21; 11:13; 24:49). 교회 시대 성령의 역사는 복음 증거와 밀접하게 관련되어 있다. 영을 보내는 목적은 제자들이 능력 있는 증인이 될 수 있게 하기 위한 것이다.

'그의 이름으로 죄를 사함 받게 하는 회개가 모든 민족에게 전파될 것이다' 하였다. 너희는 이 일의 증인이다. 보아라, 내가 내 아버지께서 약속하신 것을 너희에게 보낸다. 그러므로 너희는 위로부터 오는 능력을 입을 때까지, 이 성에 머물러 있어라(눅 24:47-49).

성령이 너희에게 내리시면, 너희는 권능을 받고, 예루살렘과 온 유대와 사마리아에서, 그리고 마침내 땅 끝에까지, 나의 증인이 될 것이다(행전 1:8).

누가공동체에 있어서 복음의 전파는 모든 민족들을 향한 하나님의 구원의 역사를 이루는 일이었으며, 자신들의 시대인 교회 시대에 행해야 할 가장 중요한 임무로 인식하고 있었다는 점에서 선교 공동체로 규정할 수 있다. 이러한 성격은 누가복음의 예수 사역이나 가르침 속에 드러난 복음의 확장에 대한 관심에도 반영되어 있다.

누가공동체의 구성원

누가복음의 예수가 자신을 '잃어버린 자를 찾아 나서는 구원자'(눅 19:10)로 규정한 것과 누가복음에 등장하는 다양한 계층의 사람들, 특히 유대 사회에서 사회적, 종교적으로 소외되었던 사람들, 더 좁혀서 말한다면, 그 당시에 '죄인'으로 간주되었던 사람들에게 관심을 가졌다는 것은 누가공동체의 구성원들에 대한 다소간의 단서를 제시해 준다. 당시 유대 사회가 가지고 있었던 계약 백성의 제한된 범위를 확대시켰다는 점에서 누가공동체는 포괄적인 성격을 지닌 공동체라고 말할 수 있을 것이다.

유대인과 이방인이 혼합된 누가공동체의 인종적 구성에 관하여 에슬러(P. F. Esler)는 세 가지 가능성이 있다고 하였다.17 첫째, 유대인들이 없거나 아주 소수이고 이방인이 대다수를 차지한 공동체. 둘째, 유대인 그룹과 이방인 그룹 모두가 중요한 역할을 하였던 공동체. 셋째, 이방인들이 없거나 아주 소수이고 유대인들이 대다수를 차지한 공동체. 이 가운데 대부분의 학자들이 동의하는 유형은 첫 번째의 경우, 즉 이방인이 대다수를 차지하는 공동체이다. 에슬러는 자신의 견해가 두 번째의 경우에 해당한다고 밝히면서, 이것이 가장 사실에 가까울 것이라고 제안하였다. 특별히 그는 이방인으로서 유대교를 신봉하고 유대 회당에 참석하고 유대 관습을 따랐던 하나님 경외자들(God-fearers)을 공동체 맴버로 제시한다.

목스네스(Halvor Moxnes)의 누가복음 연구는 누가공동체 구성원들의 사회경제적 지위에 관한 일견을 제시하고 있다.18 그는 바리새인들이 돈을 좋아했다는 누가복음의 언급(눅 16:14)을 비롯한 경제적인 문제를 다루고 있는 본문들에 주목하여 누가복음에 나타난 사회적 갈등과 경제 관계를 분석하였다. 그에 따르면, '부자'라는 것은 단순히 '재물'을 많이 소유한 사람을 가리키는 것이 아니라 도시 엘리트에 속한 사람들인데, 그들은 일반 농촌 거주자들이나 그들이 필요로 하는 것들과는 거리가 먼 사람들이었다고 말한다. 그는 누가복음에 언급된 '부유한 사람'은 권력이나 영향력을 행사하는 사람을 가리킨다고 말한다. 돈보다 지위가 더 중요하다는 것이다. 그는 '부'와 '가난'은 누가공동체를 묘사하는 부정확한 범주라고 말하면서, 1세기의 지중해 세계를 분석하기에 더 적절한 범주는 '엘리트'(elite)와 '비엘리트'(nonelite)라고 주장한다. 그에 따르면, 당시 사회는 다수의 비엘리트와 소수의 엘리트로 이루어져 있었다고 한다. 비엘리트 계층은 대부분 농민이었고, 여기에 지위가 낮은 도시 거주자가 포함되었다. 그는 누가공동체가 부유한 엘리트 계층의 사람들과 가난한 도시민에 속한 사람들 간의 커다란 불균형을 안고 있었던 공동체로 상상해서는 안 된다고 지적하면서, 누가공동체의 대부분의 멤버들은 같은 비엘리트 계층에 속해 있었다고 보는 것이 더 개연성이 있다고 주장한다. 그의 견해에 따르면, 누가복음에 나타난 부자와 가난한 자의 갈등은 비엘리트 계층 안에서 부의 소유 정도에 따른 갈등으로 볼 수 있을 것이다. 왜냐하면 누가공동체가 '부' 자체를 전면적으로 부정한 것으로 보이지는 않기 때문이다. 누가복음 12장 21절의 "자기를 위해서는 재물을 쌓아두면서도, 하나님께 대하여 인색한 사람은 바로 이와 같이 될 것이다." 누가복음 12장 33절의 "하늘에다 없어지지 않는 재물을 쌓아 두어라. 거기에는 도둑이나 좀의 피해가 없다. 너희의 재물이 있는 곳에 너희의 마음도 있을 것이다"와 같은 구절들은 공동체 내부의 재물을 소유할 수 있었던 사람들에 대한 권고로 볼 수 있다. 이러한 관점에서 누가복음 18장 29-30절과 마가복음과 마태복음의 병행구를 비교해 보는 것은 흥미로울 것이다. 누가복음의 "하나님의 나라를 위하여 집이나 아내나 형제나 부모나 자식을 버린 사람은"이라는 구절은 마가복음에서는 "나를 위하여, 또 복음을 위하여, 집이나 형제나 자매나 어머니나 아버지나 자녀나 논밭을 버린 사람"(막 10:29)으로 되어 있고, 마태복음에는 "내 이름을 위하여 집이나 형제나 자매나 부모나 자녀나 논밭을 버린 사람"(마 19:29)으로 적혀있다. 이 세 본문에서 버려야 할 항목을 비교해 보면, 누가복음에만 버려야할 항목에 '논밭'이 생략되어 있다. 논밭은 고대 사회 경제 활동의 기본을 이루는 것이었다. 누가공동체만이 예수의 참 제자의 길을 말하는 이 부분에서 유독 논밭을 생략하고 있는 것은 두 가지로 생각해 볼 수 있다. 첫째는 버릴 논밭을 가지고 있는 사람들이 전혀 없어서 그 항목이 누가공동체에게 전혀 의미가 없는 것이었거나, 둘째, 논밭을 버려야 한다는 것을 의도적으로 회피한 것일 가능성이다. 앞에서 언급한 다른 재물에 대한 구절들을 고려한다면 후자가 더 개연성이 있어 보인다.

누가공동체의 지역적 특성

누가공동체의 지역적 특성에 접근하기 위하여 우리는 몇 가지

사항에 주목할 수 있다. 우선 누가복음이 기록된 장소와 관련하여 이 문제를 다룰 수 있을 것이다. 다음은 누가복음에 나타난 지역적 특성에 주의를 기울이는 것이다. 캐드버리(H. J. Cadbury)는 누가복음이 도시적 배경에서 쓰였다고 주장한다.[19] 캐드버리가 그 이유로 제시한 것은, 장소의 이름에 '도시'라는 단어가 편집적으로 추가되고 있는 점이다, 예수의 가르침이나 초기 교회의 선교 활동이 거의 배타적으로 '도시'에 집중된 것으로 묘사되는 점, 도시에 대한 잦은 언급, 데오필로에 대한 헌사나 세련된 문학적 표현의 그리스어 구사에서 보이는 헬라문화에 대한 심취 등으로 이러한 특징들은 도시적 배경을 추정할 수 있도록 한다는 것이다. 에슬러(P. Esler) 또한 누가복음의 저작 장소에 관해 추론할 수 있는 가장 개연성 있는 결론은 그것이 도시였다는 것이라고 한다.[20] 그는 누가복음이 헬라문화가 강력했거나 또는 지배적이었던 로마 제국의 한 도시에서 기록되었다는 것은 누가공동체가 처한 사회적, 정치적 세계에 대한 이해를 통해서 지원받을 수 있다고 보았다. 포월(M. A. Powell)은 누가복음의 저작 장소에 관하여, 학자들은 그것이 팔레스타인 밖에서 기록되었을 것이라는 추정 이외에는 어떤 단서도 가지고 있지 않다고 말하였다.[21] 누가복음이 팔레스타인 밖에서 기록되었을 것이라는 추정은 누가복음 17장 11절과 같은 부정확한 지역 묘사 때문이다. 따라서 그는 누가복음의 저자가 팔레스타인 지역에 대해서 잘 알지 못하는 사람이었을 가능성이 높다고 보았다. 그는 누가복음이 특정한 지역의 개별 공동체를 위해서 쓰인 것으로 보이지 않기 때문에, 누가복음의 출처는 다른 복음서들에 비해서 덜 중요한 것으로 여겨진다고 보았다. 그에 따르면, 더 개연성이 있는 것은, 데오빌로에 대한 헌사에 나타난 바와 같이, 어느 곳에 있는 사람이든지 모든 사람들을 위해서 쓰였다고 주장한다. 이러한 그의 주장은 누가복음 저작 장소에 대한 증거들이 불충분하다는 것을 지적한 것과는 별도로, 이 문서 배후의 개별 공동체의 존재 자체를 부정하는 시도로 평가할 수 있다.

누가복음에 나타나는 지역적 묘사의 특징은 예루살렘에 특별한 관심이 주어지고 있다는 것이다. 누가복음에 묘사된 예수의 사역 과정은 세 시기로 나눌 수 있는데, 각 시기는 서로 다른 지역을 배경으로 하고 있다. 첫 번째 시기는, 예수께서 나사렛에서 처음으로 복음을 선포하기 시작한 시기이다. 이 시기의 예수의 활동은 갈릴리와 유대 두 지역 모두에서 이루어진다(눅 4:14-9:50). 이 시기의 예수의 활동에 대한 보도는 대개 마가복음의 내용이나 순서를 따르고 있다. 누가의 특수 자료에 해당하는 누가복음 1-2장의 탄생 이야기에는 어린 시절 예수께서 예루살렘을 방문하는 두 이야기를 소개되고 있다(눅 2:22-40; 2:41-51). 예루살렘은 예수의 탄생을 '이스라엘이 받을 위로'(눅 2:25)와 '예루살렘의 속량'(눅 2:38)과 밀접하게 관련시키고 있다. 아기 예수의 탄생은 '이방 사람들에게는 계시하시는 빛이요 주의 백성 이스라엘에게는 영광'(눅 2:32)이었던 것이다. 누가복음에 따르면, 소년 예수는 유월절을 지키기 위해 예루살렘을 연례적으로 방문한 것으로 전해진다(눅 2:41). 소년 예수는 성전을

'내 아버지의 집'으로 인식하고 있다(눅 2:46, 49).

두 번째 시기는 갈릴리를 떠나 예루살렘으로 향해 가는 여행으로 묘사된 활동기이다(눅 9:51-19:44). 마가복음이 이 여행의 마지막 부분에 해당하는 예루살렘에서의 활동에 집중하고 있는 데 반하여, 누가복음은 예루살렘에 이르는 과정을 누가의 특수 자료와 Q에 의해서 보다 길게 구성하고 있다. 그리고 이 여행에서 예루살렘이 최종 목적지라는 것이 반복해서 언급되고 있다(눅 9:51, 53; 13:22. 33; 17:11; 18:31; 19:11, 28, 41). 이와 함께 예루살렘으로의 여행, 예루살렘 여행의 최종 목적은 예수의 죽음과 관련되어 있다고 분명히 언급하고 있다(눅 9:31. 51; 13:33; 19:11 이하). 예수께서 예루살렘에 도착하였을 때, 그는 이 도시에 대한 사랑과 이 도시가 자신을 거부한 것에 대한 좌절감으로 눈물을 흘린다(눅 13:34-35; 19:41-44).

세 번째 시기는 예루살렘에 도착한 이후의 활동기이다. 그러나 이 시기는 예루살렘 활동기라기보다는 성전에서 활동한 시기로 묘사되고 있다(눅 19:45-21:38). 예루살렘 도시에 대한 언급은 성전에 대한 언급으로 전환된다. 예수께서 체포되기 전까지 예수의 가르침과 선포는 성전이나 감람산에서 행해진다(눅 19:45, 47; 20:1; 21:37, 38). 예수께서는 낮에는 성전에서 활동하고 밤이 되면 감람산에서 지낸다(눅 21:37). 이 부분에서는 마가의 자료들(특히 마가 13장 같은)과 누가의 특수 자료들이 채택된다. 특별히 누가복음의 예루살렘 멸망에 대한 언급(눅 19:41-44; 21:20-24)은 공관복음의 다른 복음서들과 비교했을 때, 유대-로마 전쟁으로 인한 예루살렘 파괴의 현실을 보다 정확히 전달하고 있는 것으로 평가된다.

가장 의미심장한 것은, 누가복음은 예수의 부활 현현의 장소를 모두 예루살렘과 그 주변으로 소개한다는 것이다(눅 24:1-43; 비교 마 28:16-20). 더욱이 예수는 그의 제자들에게 위로부터 오는 능력을 입을 때까지 이 도시를 떠나지 말라고 말한다(눅 24:49). 이러한 누가복음의 진술은 부활하신 예수를 만나는 곳이 갈릴리라고 밝힌 마가복음의 진술과 뚜렷하게 대조된다(막 14:28; 16:7). 누가복음이 예루살렘이라는 지역을 강조하고 있다는 것이 예수의 죽음과 관련된 예루살렘에 대한 부정적 인식을 부인하고 있다는 것을 뜻하는 것은 아니다. 그러한 언급들에도 불구하고 예루살렘이 보다 적극적인 의미를 부여받고 있다는 것이다. 물론 이러한 예루살렘에 대한 평가를 누가공동체의 지리적 위치를 추정하는데 사용하는 데에는 많은 어려움이 따른다. 예루살렘에 대한 적극적인 의미 부여가 반드시 누가공동체가 예루살렘이나 팔레스타인에 자리 잡고 있었음을 의미하는 것은 아니기 때문이다. 다만 누가공동체가 복음의 확장을 중요한 자신들의 과제로 생각했던 선교 공동체였음을 고려할 때, 예루살렘이나 팔레스타인에 모공동체를 두고 선교 지역에 지역공동체를 가지고 있었을 가능성을 고려해볼 수 있을 것이다. 누가복음의 예루살렘에 대한 강조는 지금까지는 주로 구약 예언의 시대로부터 교회 시대에 이르기까지 하나님의 구원의 역사를 하나의 축으로 설명하려는 누가의 역사관과 관련된 것으로 이해되어 왔다.

부록

1. 포도원 주인의 두 가지 길
— 마태복음 20장 1-16절에 대한 사회학적 해석

2. 여성과 일
— 누가복음 10장 38-42절을 중심으로

3. 큰 잔치 비유 다시 읽기
— 누가복음 14장 12-24절

부록 1

포도원 주인의 두 가지 길
— 마태복음 20장 1-16절에 대한 사회학적 해석*

1

율리허(Adolf Jülicher)에 의해서 비유에 대한 알레고리적 해석 방식이 거부된 이후, 예수의 비유는 보다 다양한 방식으로 해석되어 그 의미의 장을 확대해나가고 있다. 신약성서의 사회학적 연구는 이러한 흐름의 한 축으로 예수 및 신약 시대의 사회적 요인들에 대한 새로운 정보들을 통하여 그 이전에는 주목하지 못했던 새로운 비유 읽기의 가능성을 열고 있다.[1] "하늘 나라는… 포도원 주인과 같다"로 시작하는 이 비유(마 20:1-16)[2]는 포도원 주인을 하나님으로, 포도원 주인의 자비로움이 하늘 나라의 성격을 드러낸 것으로 이해되어왔다.[3] 그러나 이러한 해석에는 포도원 주인의 자비가 왜

---

* 이 글은 「신약논단」 제13집(4)(2006): 785-810에 실린 논문을 부분적으로 수정한 것이다.

첫 번째 그룹에게는 베풀어지지 않았는지, 불만을 제기한 첫 번째 그룹에 대한 주인의 권위적인 답변은 그의 자비와 어떻게 조화를 이룰 수 있는지, 일면 타당성이 있어 보이는 첫 번째 그룹의 불만이 '악한 눈'으로 비판받는 것이 정당한지 등등 여전히 의문점들이 남아 있다. 카터(Warren Carter)는 이 비유에서 포도원 주인은 과장되고 아이러니한 특징을 지닌 만화 주인공처럼 묘사 되었다고 평가하기도 한다.[4] 헤르조그(William R. Herzog II)는 1세기 당시 갈릴리와 유대 지역 농촌의 경제적 여건들, 예를 들면 포도원 소유주나 일용 노동자들의 사회적 위치와 역할을 분석하면서, 포도원 주인은 자비롭지도 않고 하나님으로 해석될 수도 없다는 전통적인 해석을 뒤엎는 새로운 전망을 내놓기도 하였다.[5] 이 논문에서는 마태복음 20:1-16에 대한 최근의 이러한 사회학적 연구 성과를 토대로, 이 비유에 언급된 포도원 주인에 대해서 재평가함으로써 이 비유에 대한 새로운 해석 가능성을 제시하고자 한다.

2

이 비유의 도입부에 명시되는 "하늘 나라는…집주인과 같다"는 구절은 하늘 나라와 *oikodespotēs*(집주인, 가장, 1절)를 연관시키도록 유도하였고, 따라서 집주인에 대한 이해가 이 비유 해석의 핵심 사안인 것으로 여겨졌다. 이러한 관심 속에서 이 비유에 소개되는 '집주인'의 속성 중에서 그가 한 시간밖에 일하지 않는 일꾼들에게 지불했던 하루 임금이 그의 자비로움을 나타내는 것으로 이해되었고, 이 비유의 집주인은 하늘 나라의 자비나 은총, 사랑을 드러낸 것으로 해석되었다. 그러나 헤르조그는 집주인에 대한 이러한 해석에 이의를 제기하였다. 그에 따르면, 이 비유의 집주인은 농민들의 경제 상황을 악화시켰던 로마 제국의 대지주와 같이, 토지를 소유한 도시 엘리트로서, 실업 상태의 일꾼들을 압박했던 파트론(patron)이다. 헤르조그는 이 비유가 집주인의 자비를 말함으로써 '하늘 나라'를 말하는 것이 아니라, 당시의 부당한 현실을 고발함으로써 "다가올 하늘의 통치와 땅의 억압 체제 간의 부조화를 체계화해서 보여준다"고 주장한다.6 그에 따르면, 이 비유는 억압에 희생당하는 사람들에 대한 비난(Blaming the Victims of Oppression)으로,7 포도원의 '일꾼들'에 대한 이야기이다. 그가 이전까지의 해석들을 뒤엎는 신선한 전망을 제공한 점은 흥미롭다.

그러나 두 가지 정도의 문제점을 여기에서 제기할 수 있다. 첫째는 1a절, 즉 "하늘 나라는… 집주인과 같다"는 언급을 어떻게 이해할 것인가의 문제이다. 헤르조그의 견해대로 집주인이 일꾼들을 압박하는 파트론이라고 가정할 때, 이 구절은 어떻게 해석될 수 있을 것인가. 헤르조그는 1a절에 대해서 "도입부는 역설적으로 또는 풍자적으로 이해할 수 있다"8고 주장하고 있지만, 문맥상 이 도입부를 어떤 식으로 역설적이고 풍자적으로 해석할 수 있는지 설득력 있게 설명하지 못한다. 그는 자신의 새로운 해석에 가장 걸림돌이 되고 있는 '1a절'의 이해에 보다 적극적인 해석을 제시했어야 했다.

1절의 중요성은 '집 주인'이 이 비유에서 차지하는 비중에서도 나타난다. 이 비유의 등장인물은 '집주인'과 '일꾼들'인데, 대부분의 내용이 집주인의 행동을 설명하는 데 할애되고 있다. 일꾼들은 수동적으로 집주인의 행동의 대상으로 언급되고 있다. 다만 첫 번째 그룹의 대표가 불만을 제기하는 부분인 12절만이 일꾼들의 적극적인 행동을 반영한다. 따라서 이 비유에서 집주인을 주목해야 하는 것은 타당성을 지닌다.

둘째, 이 비유의 집주인은 헤르조그의 주장대로 '일꾼들을 압박하는' 1세기 로마 제국의 농장주, 즉 파트론으로 이해될 수 있는가 하는 것이다.9 이 비유가 제공하고 있는 '집주인'에 대한 정보들을 정리해 보면서, 헤르조그가 집주인의 정체성을 규정하고 있는 근거들을 검토해 보도록 하겠다. 하늘 나라에 비유된 이 사람은 *oikodespotēs*(집주인, 가장, 1절)와 *ho kyrios tou ampelōnos*(포도원의 주인, 8절)라는 두 종류의 단어로 소개된다. 여기에 그에게 *epitropōs*(관리인, 8절)가 있었다는 것이 추가되는데, 이 세 단어를 통해서 그의 사회적 신분을 추정해볼 수 있다. 그는 집안의 가장이요 주인이며, 포도농장을 소유하고 있고, 그의 농장은 관리인에 의해서 (또는 관리인과 함께) 운영되고 있다. 그는 자신의 포도원을 위해서 일꾼들을 고용할 수 있는 경제적 능력을 가지고 있었으며, "내 것으로 하고자 하는 일을 할 수 없다는 말인가?"(15절)라는 주인의 반문에서 볼 수 있듯이 자신의 것을 마음대로 처분할 수 있는 권한을 가지고 있다. 불만을 토로하는 맨 처음 고용된 일꾼들 중 한 사람을 향해서 사용된 'hetaire'(친구여, 13절)라는 칭호는10 당시 사람들에게 익숙했던 '클라이언트'(client, 수혜자)에 대한 칭호로, 포도원 주인이 당시 사회의 파트론의 지위에 있었다는 것을 나타내 준다.11 이 비유가 소개하는 집주인에 대한 내용들은 그가 당시 사회에서 사회적 재원을 가지고 있었던 사람으로서 파트론의 역할을 했을 가능성이 높아 보인다.

헤르조그는 여기에서 한걸음 더 나아가 당시 사회의 농장 소유주라는 사회적 위치가 어떤 사회적 의미를 지니고 있었는지 설명하면서, 파트론으로서 농장 소유주의 정체성을 보다 자세히 해명한다.12 그는 *oidespotēs*는 아마도 소유지의 상당한 부분이 포도원으로 사용되었을 것으로 보이는 넓은 토지를 소유한 도시 엘리트 중에 하나였을 것이 분명하다고 주장한다. 당시의 농장주들은 삶의 터전을 도시에 두고서, 농촌에 있는 농장들을 대리인을 통해서 관리하고 있었다. 그들이 농장에 대해서 관심을 가지고 있었던 것은 농장으로부터 나오는 소산(이익)이었다. 그는 1세기 당시 갈릴리 지방은 대지주들이 형성되면서 실업 상태가 가중되는 상황에 놓여 있었다고 소개하면서, 이 비유에서 포도원 주인이 임금을 결정하지 않은 채 일꾼들을 포도원에 일하러 보낼 수 있었던 것은 이러한 실업의 상황을 반영하는 것이라고 한다. 헤르조그는 포도원 주인이 "나에게 속한 것으로 내가 원하는 일을 할 수 없다는 말인가?"(15절)라고 말한 것은 야웨의 특권을 침해하고 있는 그들 계층의 이데올로기를 압축한 것이라고 평가한다. 다시 말해서 이 15절은 사적 토지 소유권에 대한 로마 제국의 정의와 토라와 율법의 정의가 충돌한다는 점에서 신성모독적이라는 것이다. 그는 벨로(Fernando Belo)를 상기시키면서13 이것은 폭력이라고 말한다.14 헤르조그에게 있어서 포도원 주인은 자비롭기는커녕 실업을 가중시키고, 야웨에게 속한 것을 자신의 것으로 공포하는 로마 제국의 폭력적인 구조를 강화시키는 파트론이다.

이 비유에 등장하는 또 다른 인물인 일용 노동자들은 포도원 주인의 사회적 위치와는 대조적으로 매우 열악한 여건에 있었다. 쇼트로프(L. Schottroff)는 그들이 노예보다도 못한 취급을 당했다고 전한다. 왜냐하면 노예는 재산 품목으로 간주되었기 때문이다. 일용 노동자는 하루 이상을 고용하지 말라는 지침이 있었을 정도로, 보호받지 못한 채 일회용품과 같이 사용되었다. 카토(234-149 B. C. E.)나 콜루멜라(1-49 C. E.) 같은 로마의 농장주들은 일용 노동자들의 상황을 불리하게 만들고 임금을 낮추기 위한 전략들을 사용하였다.15 이 비유의 포도원 주인이 로마 제국에서 파트론의 역할을 했을 가능성이 있다는 것, 로마 제국에서 파트론들이 당시 사회의 지배층으로서 사회의 억압 체제를 강화시켰으리라는 것은 개연성이 있다. 그러나 이러한 당시 사회의 정보들을 이 비유 해석에 어떻게 적용할 것인지는 또 다른 문제이다. 헤르조그는 1세기 당시 긴장 관계 속에 있었던 두 사회적 계층, 즉 토지를 소유한 농장 주인과 하루 고용되어 일하는 일꾼들 간의 관계를 사회적인 지배층과 그들로부터 억압받는 피지배층 간의 갈등 관계로 이해했고, 이것을 이 비유에 적용하였다. 그러나 1세기 당시의 농장주와 일용 일꾼들의 사회적 위치에 대한 지식을 바탕으로 해서 이 비유가 다른 방식으로 이해될 수 있을지 재점검할 필요가 있다. 당시의 청중들이 익숙하게 알고 있던 농장주와 일용 노동자의 사회적 위치와 역할, 그들 간의 관계를 바탕으로 이 비유는 그와 일치하지 않는 농장주와 일용 노동자를 창출해냄으로써 청중들에게 익숙하지 않은, 그러나 그들에게 또 다른 세계의 가능성을 보여주는 새로운 모델들을 제시할 수 있기 때문이다.

3

이 비유에서 논란이 되고 있는 것은 포도원 주인이 일꾼들에게 보여준 상이한 태도이다. 우선 포도원 주인이 첫 번째 그룹에게 행한 바를 살펴보고, 첫 번째 그룹에 대한 주인의 태도가 어떤 특성을 지니고 있는지 살펴보도록 하겠다. 첫 번째 그룹과 주인의 관계를 알려 주는 구절로 15절 "*ho ophthalmos sou ponēros estin hoti egō agathos eimi*"(네가 선하므로 너의 눈이 악하냐)가 주목받았다. 이 언급 때문에 주인은 첫 번째 그룹을 '악'으로 규정하고 거부한 것으로 이해되어 왔다. 이 구절이 첫 번째 그룹을 부정적으로 평가하고 있다는 점은 부인할 여지가 없다. 그러나 주인이 거부하고 있는 것이 무엇인지에 대해서는 좀 더 세심한 주의가 요구된다.16 포도원 주인에게 첫 번째 그룹에 속한 한 일꾼이 문제 제기를 하기 이전까지 주인과 첫 번째 그룹의 일꾼들 간의 관계를 간단히 요약하면 다음과 같다; 포도원 주인은 포도원에서 일할 일꾼들이 필요했고, 일꾼들은 하루 벌이를 위해서 자신의 하루 품삯을 한 데나리온에 합의하고 포도원으로 일하러 간다; 일꾼들은 일을 마친 후, 이른 아침에 합의한 대로 일한 대가를 받는다.

이 비유는 첫 번째 일꾼들을 고용한 동기에 대해서 '그의 포도원을 위해서'(*eis ton ampelōna autou*, 1절)라고 소개한다. 주인이 이 일꾼들을 고용하게 된 다른 어떤 이유도 이 비유에서는 찾아볼 수 없다. 맨 처음 고용된 이들은 그 이후에 고용되는 다른 그룹들과 같이 '시장에서 빈둥거리며 서 있다'(*hestōtas en tē agora argous*, 3절)고 소개 되지 않는다. 왜냐하면 그들은 이른 아침에 고용되었기 때문이다. 그들은 일손을 필요로 하는 포도원 주인과 자신의 노동력으로 살아가야만 하는 일용노동자의 관계로, 시장에서 그들이 필요로 하는 것을 서로 거래하였다.

이 거래가 정당한 것이었는지 질문할 수 있다. 다시 말하면, 그들의 합의, 즉 '하루 품삯으로서의 한 데나리온'(*dēnariou tēn hēmeran*, 2절)이 정당한 것이었는가에 대한 질문이다. 이 질문에 대해서 주인은 거래가 정당했다고 말한다. "나는 당신을 부당하게 대하지 않았소"(*ouk adiakō se*, 13절).[17] 그러나 일꾼들이 이 거래를 어떻게 평가하고 있는지는 언급되지 않는다. 그들은 이 거래의 문제점에 대해서 이의를 제기한 적이 없으며, 주인의 주장에 대해서도 반박하지 않는다. 몇몇 학자들이 이 일꾼들을 대신해서 한 데나리온의 가치를 조사함으로써 이 거래의 정당성을 추적했다. 이와 관련하여 스 캇(B. B. Scott)은 다음과 같이 말한다.

> 확고한 증거의 부족, 지역 상황의 변화, 인플레이션 때문에 한 데나리온의 정확한 가치를 결정할 수 없다. 증거들로 알 수 있는 것은, 일당 한 데나리온은 일꾼과 그의 가족들이 소작농으로서 겨우 생계를 유지할 수 있을 정도였을 것이라는 것이다. 그것은 결코 충분한 것이었다고 할 수 없다. 임금 그 자체로는 자비롭다고 할 수 없다.[18]

헤르조그도 '한 데나리온'의 가치에 대해서 정확하게 그것의 가치를 재구성해낼 수는 없지만, 그것이 관대한 임금이 아니었다는 것은 매우 개연성이 높다고 말한다. 농장주들은 임금을 깎으려고 했는데, 비유에서와 같이 실업률이 높을 때는 그러한 경향이 더 심했다고 하면서, 한 데나리온의 품삯은 후한 품삯이 아니라고 평가한다.[19] 당시의 사회적 상황에서 볼 때, 일꾼들은 낮은 사회적 위치에서 최소한의 임금으로 거래에 응했다는 것을 알 수 있다. 따라서 이 거래가 주인의 '후함' 또는 '자비로움'을 드러내지 않는다는 것이 분명해졌다. 그러나 이 비유가 이 거래를 '부당한' 것이었다고 평가하는지는 판단하기 어렵다. 왜냐하면, 앞에서 언급했듯이 이 거래의 '부당성'에 대해서 일꾼들은 함구하고 있기 때문이다. 오히려 그들이 항의한 것은 자신들과 주인의 거래가 지닌 사회적 문제점이 아니라 다른 문제, 즉 주인과 다른 그룹들 간의 거래였다. 사회적 불평등에 대한 오늘날의 비판 의식에 근거해서 사회적 부조리로부터 일꾼들을 구해주려는 헤르조그式의 노력은 이 비유의 관심과는 다소 방향이 다르다고 평가할 수 있다.

포도원 주인과 첫 번째 그룹의 일꾼들 간의 관계는 이렇게 마무리 된다: "당신의 것을 가지고 돌아가시오"(*aron to son kai hypage*, 14절). 14절이 주인의 거부를 뜻한다고 보는 것은 분명하지 않다. 이 구절이 '거부의 의사 표현'이었다면, 이것은 매우 완곡한 표현으로 들린다. '내 것을 가지고 내 뜻대로 하겠다'는 주인의 권력을 고려해 볼 때, 그들에 대한 거부의 의사가 있었다면 보다 강력한 조치가 취해지지 않았을까. 그는 그들의 몫을 빼앗거나 삭감할 수도 있지 않았을까.[20] 그러나 그러한 조치는 없었다. 주인은 합의한 내용을 존중했고, 오히려 그것을 잊은 것처럼 보이는 일꾼들에게 합의한 바를 상기시켰으며, 그들의 거래를 정한대로 이행하였다. 주인은 첫 번째 그룹에 대해서 합의한 대로 지키는 일관성 있는 태도를 취하고 있다는 것을 알 수 있다.

4

포도원 주인이 첫 번째 그룹 이외의 다른 그룹들에게 행한 행동에 대해서 살펴보도록 하겠다. 그들에 대한 주인의 태도는 자비로움을 드러낸 것으로 이해되어 왔으나, 다른 한편에서는 그러한 이해에 대한 반박도 제시되고 있다. 주인의 행동에 대해서 좀 더 자세히 살펴보면서, 기존의 논쟁점들을 재검토해보도록 하겠다.

3절 이하에서 두 번째 그룹을 고용하게 되는 동기가 제시된다. 이것은 첫 번째 그룹에 대한 언급에는 포함되어 있지 않다. 포도원 주인이 직접 일꾼들을 데려오기 위해서 나섰다는 것은 농장에 살지 않고 도시에 살면서 관리인으로 하여금 농장을 돌보도록 했던 당시의 농장주들의 행태와는 다소 다르다. 또한 주인이 농장의 소산과 관계된 것(필요한 인력)이 아니라 일꾼들의 '빈둥거리고 서 있음'에 관심을 갖고 있다는 것도 이례적이다. 이 비유에서는 당시 농장주가 알 바 아니었던 '빈둥거리고 서 있음'(*bestōtas··· argous* 3절, *bestēkate··· argoi* 6절)이 포도원 주인이 자신의 포도원에서 일할 일꾼들을 고용한 동기라고 말한다. 더 주목할 것은 이 비유가 '빈둥거리고 서 있는' 원인을 "아무도 우리를 고용해주지 않아서"(8절)라고 제시하는 것이다. 이 비유의 농장주는 당시의 농장주들과는 꽤 다른 관심을 가지고 일꾼들을 고용하고 있음을 알 수 있다. 이런 점에서 스캇이 이 비유에서 주인의 자비는 그가 준 임금이 아니라 그가 일꾼들을 고용했다는 것이라고 지적한 것은 매우 의미 있는 지적이다.[21]

포도원 주인의 특별한 관심은 여기에서 그치지 않는다. 주인은 두 번째 그룹 이후의 일꾼들에게는 합의된 임금도 없이 오로지 *ho ean ē dikaion*(정당한 것, 4절)이 주어질 것이라는 일방적인 제시만 한다. 그는 맨 마지막으로 고용되어 "한 시간밖에"(12절) 일하지 않은 일꾼들에게 "온 종일"(12절) 일한 일꾼들과 동일한 임금을 지불하게 함으로써 그가 '정당하다'고 말한 것이 무엇인지 드러내었다. 포도원 주인은 이러한 자신의 정당함을 '선하다'(15절)고 스스로 평하였다. 한 데나리온이 하루 품삯으로 결코 후한 임금이 아니었다고 해도, 주인이 한 시간 일한 일꾼들에게 종일 일한 대가를 지불했다는 것은 상대적으로 후한 대가임에는 틀림없으며, 이것을 주인의 관대함, 자비로움으로 표현할 수 있다. 온종일 일하지 않고 온종일 일한 대가를 받은 모든 일꾼들은 주인의 호의를 받은 셈이다. 일꾼들이 고용된 시간의 차이를 고려한다면, 가장 마지막에 온 일꾼들이 가장 큰 호의를 받은 것으로 볼 수 있지만, 이 비유에서는 이 차이를 문제 삼지는 않는다.

이와 달리 헤르조그는 포도원 주인이 결코 자비롭지 않다고 주장한다. 그에 따르면, 주인의 자비는 자신의 이익을 위한 것이었다. 주인은 품삯을 가능한 적게 주려고 늦은 시간에 일꾼들을 고용하였으나, 기대와 달리 하루 임금을 모두 줌으로써 로마 제국의 파트론으로서의 관대함을 보여주었다. 그러나 이 호의는 정치적으로 계산된 것으로서, 진정한 의미에서의 자비로움이나 관대함으로 볼 수 없다는 것이다.[22] 로마 제국의 파트론들이 보여주었던 관대함이 정치적 성격을 지니고 있었다는 것에는 이의가 없다. 그러나 이 비유에서 이러한 해석을 지지하기 위해서는 포도원 주인의 호의가 어떤 정치적 계산을 내포하고 있는지 제시하거나, 아니면 이 호의가 마태공동체에 의해서 지지되는 다른 호의와 어떻게 구분될 수 있는지 보여줌으로써 이 포도원 주인의 호의가 지닌 정치적 성격 또는 문제점을 드러내야 할 것이다.

쉴링톤(V. George Shillington)은 헤르조그에 반대하여 포도원 주인의 호의에 대한 다른 평가를 주장한다. 그는 헤르조그가 제대로 일자리를 구한 사람들의 권리를 주장했지만, 약속의 땅에서 일자리가 없어 궁핍한 사람들에 대해서 말하는 데는 실패했다고 평가하면서, 이러한 실업 상태의 사람들은 안식일조차도 지킬 수 없는 사람들이었으며, 이 비유는 이 문제를 다루는 것이라고 주장한다. 그는 안식일 규정이 함의하고 있는 평등의 원리가 모두에게 한 데나리온을 준 이 비유 안에도 반영되어 있으며, 따라서 이 비유는 유대 팔레스타인 땅에서의 안식일 준수에 관한 암묵적인 비판을 보여준다고 주장한다.[23] 안식일의 준수와 실업이 가난한 자들에게 문제가 되었다는 것은 이미 잘 알려져 있는 당시의 상황이지만, 이 비유의 어디에서도 안식일 문제를 언급하고 있지 않다. 실업의 상황을 반영한다고 해서 그것을 바로 '안식일' 문제와 관련시키는 것은 지나친 주제의 확장으로 보인다. 도일(B. Rod Doyle)은 19장 1절에서 20장 34절의 문맥, 즉 소외된 사람들에 대한 관심, 모든 사람들에 대한 개방성, 세상적 지식에 대한 역전 등에서 볼 때, 이 비유는 전통적인 기대를 뒤집고 포도원을 모든 사람에게 개방하는 포도원의 선한 주인의 행동들 보여준다고 주장한다. 포도원 주인의 선한 행동이 모든 사람들에게 일자리를 주고, 평등하게 대했다는 것이다.[24]

그러나 과연 포도원 주인의 자비가 모든 사람에게 제공된 것인가? 우리는 이미 앞에서 첫 번째 그룹의 일꾼들은 그 이후의 일꾼들이 주인에게 받은 것과 같은 호의를 받지 않았다는 것을 살펴보았다. 스캇은 "만일 한 데나리온이 소작농의 하루 평균 임금이라면,

주인은 첫 번째 그룹과 비교해서는 마지막 그룹에게 자비로울지 몰라도 엄밀한 의미에서는 마지막 그룹에게 조차도 자비로운 것이 아니다. 자비라는 주제가 일관되게 적용된다면, 청중은 종일 일한 사람들이 더 받으리라고 생각할 것이다"[25]라고 주인의 자비에 대해서 평하였다. 스캇의 이러한 평가는 주인이 첫 번째 그룹과 마지막 그룹에게 모두 자비로운 것은 아니라고 지적한 점에서는 옳았다. 그러나 그렇기 때문에 주인은 마지막 그룹에게 조차도 자비로운 것이 아니라고 평가한 것은 논점을 다시 되돌린 것이며, 이 비유의 포도원 주인에 대한 관심을 일관성 있는 하나의 속성으로 설명하려는 빗나간 시도이다. 첫 번째 그룹과 주인의 관계는, 나머지 그룹들과 주인의 관계와 다르다. 포도원에 고용된 동기나, 임금에 대한 합의, 임금 계산의 방식이 모두 다르다. 첫 번째 그룹의 일꾼들은 그들이 포도원에 '고용되었다'는 것을 제외하고는 다른 그룹들이 주인에게 받은 어떠한 호의도 받지 않았다. 주인은 공평한(*dikaion* 4절, *ouk adikō* 13절) 임금을 지불했음에도 불구하고 그는 공평하게 호의를 베푼 것은 아니다. 주인은 오직 첫 번째 그룹을 제외한 나머지 그룹들에 대해서만 자비롭다.

5

앞에서 포도원 주인이 첫 번째 그룹과 맺은 관계 그리고 다른 그룹들과 맺은 관계는 각기 다른 성격을 가지고 있고, 그 각각의 관계들은 나름대로의 일관성을 가지고 있었음을 살펴보았다. 이제 이 비유에서 논란이 되는 것이 무엇이었는지 살펴볼 차례이다. 이 논란은 첫 번째 그룹의 한 일꾼이 주인에게 불만을 말함으로써 표면화되었다. 주인과 첫 번째 그룹 간의 관계에서 부당한 것이 없다면, 첫 번째 그룹의 주인에 대한 '불만'과 첫 번째 그룹을26 '악한 눈을 가진 것'으로 규정한 주인의 평가는 무엇 때문인가? 정당했던 이 둘의 관계에 무엇이 서로에 대한 이러한 부정적인 평가를 가져오고 있는가? 이러한 갈등이 갖는 의미는 무엇인가?

스캇은 "주인의 자비가 종일 일한 사람에게 준 임금과 비교했을 때만 의미가 있듯이, 그의 부정의도 단지 한 시간 일한 사람들에게 지급한 임금과 비교한 데에서 나온다"27고 이 문제에 대해서 잘 지적하고 있다. 첫 번째 일꾼들이 제기한 불만은 "좀 더 많이 받을 것이다"(*preion lēmpsontai*, 10절)라는 기대로부터 시작된다. 그들은 이미 주인과 합의한 품삯이 있었음에도 불구하고 주인에게 더 받을 수 있으리라고 기대했다는 것인데, 이러한 기대가 가능했던 것은 주인이 한 시간 일한 일꾼들에게조차 온종일 일한 일꾼이 받아야 할 품삯을 지불했기 때문이다. 주인이 다른 그룹들에게 제공했던 '호의'가 첫 번째 그룹이 그들의 정해진 품삯에도 불구하고 그 이상을 기대할 수 있었던 근거가 되었던 것이다. 그러나 첫 번째 그룹의 이러한 기대는 깨어지고 만다. 그들에게는 처음에 정한 품삯만이 제공된다. 주인의 호의는 없었다. 이런 맥락에서 볼 때, 온종일 일한 자신들과 한 시간만 일한 사람들을 "똑같이 대한다"(*isous... epoiēsas*,

12절)는 첫 번째 그룹의 불만 내용은, 다른 그룹들이 자신들보다 더 적게 받는 것이 마땅하다는 주장이라기보다는 왜 자신들에게는 호의를 베풀지 않았는지를 묻는 것이다.

이 불만에 대한 주인의 답변은 두 가지로 제시된다. 하나는 앞에서 살펴보았듯이 첫 번째 그룹에 대한 자신의 태도가 부당하지 않았다는 것을 확인한 것이고, 다른 하나는 첫 번째 그룹과 다른 그룹들을 똑같이 대하는 것이 자신의 '뜻'임을(*thelō*, 14, 15절) 강조한 것이다. 이 두 가지 답변은 아마도 첫 번째 그룹에게 만족할 만한 답변이 아니었을 것이다. 왜냐하면 주인과 첫 번째 그룹과의 거래가 정당했다는 것이 곧 그들에게 호의를 베풀지 않아도 되는 이유는 아니기 때문이다. 두 번째 답변 또한 왜 주인이 다른 그룹들에게만 호의의 '뜻'을 지녔는지 알려주지 않기 때문이다. '똑같이 행한다'는 첫 번째 그룹의 불평(12절)에 대해 '똑같이 행하는 것'이 자신의 뜻이라는 주인의 답변(14절)은 첫 번째 그룹의 불평을 정면으로 거부하는 것이다. 주인은 왜 첫 번째 그룹에게 호의를 베풀지 않았을까? 이 문제에 대한 답변을 찾기 위해서 '주인의 호의'가 지닌 성격을 살펴보는 것이 도움이 된다. 앞에서 나는 주인의 호의의 성격을 두 가지로 설명했었다. 하나는 일꾼들을 고용한 주인의 동기이고(일할 곳이 없어서 빈둥거리고 있는 사람들에게 일자리를 제공함), 다른 하나는 그가 후한 품삯(하루 품삯)을 주었다는 것이다. 주인의 이 호의가 첫 번째 그룹에게 주어질 수 있었는지 생각해보자. 첫 번째 그룹은 이른 아침에 고용되었기 때문에 일할 곳이 없어서 빈둥거릴

수 없었다. 그들은 주인과 합의된 계약 아래서 품삯을 결정했다. 주인의 호의의 성격을 고려해볼 때, 첫 번째 그룹에게는 다른 그룹들에게 베풀어졌던 것과 같은 주인의 호의가 필요하지 않다! 그러나 첫 번째 그룹은 주인의 호의가 지닌 성격을 이해하지 않은 채, 그의 후한 품삯에만 주목했다. 그렇기 때문에 첫 번째 그룹에게는 자신들에게도 '더 많이 줄 수 있는 것'을 주인이 주지 않은 것으로, 자신들에게만 호의를 베풀지 않은 것으로 이해했던 것이다. 첫 번째 그룹이 지니고 있었던 '주인의 호의'에 대한 인식은 왜 그들에게만 호의가 베풀어지지 않았는지 이해할 수 없게 만든다.

이러한 첫 번째 그룹의 문제 제기, 즉 왜 자신들에게는 호의를 베풀지 않았느냐는 불만을 주인은 '악한 눈'이라고 평하였다. 이 부정적 평가가 첫 번째 그룹을 향한 것이라는 것은 명백하다. 그러나 이 거부가 무엇에 대한 거부인지를 분명히 할 필요가 있다. 주인의 이 평가는 첫 번째 그룹이 포도원의 일꾼으로 고용되어 행한 수고나 그 수고에 대한 대가로 지불받은 임금과 관련되어 있지 않다. 그들은 자신의 몫을 받아 가지고 돌아갈 자격이 있다. 이 거부는 첫 번째 그룹이 주인에게 제기한 불만과 관련되어 있다. 다시 말하면, 첫 번째 그룹에 대한 무조건적인 거부가 아니라 첫 번째 그룹의 특정 사안에 대한 거부라는 것이다. 헤르조그가 주인의 태도는 "희생자에 대한 비난"이라고 평가한 것은 첫 번째 그룹에 대한 주인의 평가를 단순화한 것이며, 첫 번째 그룹을 '희생자'로 규정한 것 또한 그가 이 비유를 '억압의 체제화'로 본 것에 근거하고 있다.[28] 엄밀하게 이것은 다른 사람에게 보였던 호의를 왜 자신들에게는 보이지 않았느냐는 불만에 대한 주인의 반응이다. '악한 눈'이 1세기 당시 다른 사람을 시기하는 눈을 뜻하였다는 것은29 주인이 첫 번째 그룹에 대한 거부의 이유를 잘 설명해준다. 주인이 거부하고 있는 것은 바로 첫 번째 그룹의 '악한 눈'이다. 주인이 자신의 호의를 '선한'(*agathos*, 15절) 것으로, 자신들에게는 그 호의가 베풀어지지 않았다는데 항의하는 첫 번째 그룹의 불만은 '악한'(*ponēros*, 15절) 것으로 규정했다는 것은 첫 번째 그룹의 인식에 대한 주인의 강력한 거부로 볼 수 있다. 주인은 첫 번째 그룹과의 관계가 부당하지 않은 관계였다고 주장함으로써(*adikō*) 그들의 불만을 정당한 것으로 받아들이지 않았으며, 따라서 그것에 대한 적절한 해명도 제공하지 않는다. 마태복음 저자가 16절을 추가하고 있는 것은 이 거부를 더욱 강화시키는 마태적 도식의 추가로 볼 수 있다. 첫째/꼴찌, 선/악의 대조를 통해서 마태복음서의 저자는 그들 공동체가 수용해야 할 것과 거부해야 할 것이 무엇인지 분명히 하고 있다.

    스캇은 마태의 문학적, 편집적 의도를 분석해보면, 이 비유는 첫째가 꼴찌 될 것이라는 주제, 선과 악의 도덕적 대조의 한 예라고 평가한다.30 그러나 16절이 이 비유 전체를 지배하는 것은 아니다. 이것은 포도원 주인이 비판하고 있는바, '악한 눈'에 대한 경고이다. 패터슨(Stephen J. Patterson)은 "이야기는 꼴찌/첫째, 첫째/꼴찌의 역전에 관한 것이 아니라, 꼴찌와 첫째가 동일하게 취급된다는 것이다"31 라고 말하는데, 이것은 16절에 담긴 첫째에 대한 강력한 경고의 메시지, '악한 눈'에 대한 강한 거부를 약화시킨다. 이 '역전' 주제는 하나님의 은혜로운 행동이 경제적으로, 사회적으로 박탈당한 자들을 위해서 특별히 이루어지는 것으로 이해되거나,32 억압받는 사람들을 위한 희망, 현재 밑바닥에 있는 사람들의 종말론적 치유에 대한 약속의 맥락에서 이해되어야 한다고 주장되었다.33 그러나 이 경고가 '악한 눈'에 대한 것이라고 할 때, 이것은 억압하는 자와 억압받는 자 사이의 역전을 말하지 않는다. 악한 눈은 동일하게 사회적으로 억압받는 자의 위치에 있었던 일꾼들을 나눈다. 그것을 동일하게 취급하려는 주인의 노력에도 불구하고, 스스로 분리함으로써 일꾼들 모두가 함께 누릴 수 있는 '한 데나리온'이라는 최소한의 기쁨을 훼손시킨다. 이 역전의 주제는 '억압'에 대한 거부가 아니라, '분리'에 대한 거부이다. 이 분리는 주인의 두 가지 길을 인정하지 않는 것, 둘 중 하나만을 주장하려는 것을 뜻한다. 이 비유에서 첫 번째 그룹은 자신들과 주인이 맺었던 관계의 방식만을 주장하지만, 16절은 다른 그룹들과 주인이 맺은 관계를 수용하라고 강력히 경고한다.

앞에서 살폈듯이 이 비유에서 포도원 주인은 포도원에서 일꾼들을 고용하면서 서로 다른 원칙을 적용하여 일꾼들을 고용한다. 첫 번째 그룹과의 관계는 하루 노동과 하루 품삯의 교환이라는 계약 관계이다. 이것은 서로에게 주어진 조건을 만족시킴으로써 이루어진다. 이 비유에서 이 조건적 계약 관계는 정당하게 준수된다. 이들의 관계에서 '부당한' 것이 고발되지는 않는다. 모든 일은 약속한 대로 이루어진다. 일꾼들은 자신의 몫을 가지고 돌아간다. 두 번째 관계는 첫 번째 그룹을 제외한 다른 그룹과의 관계인데, 주인의 일방적인 호의가 주도하는 은혜의 관계, 무조건적 계약 관계이다. 노동과 품삯이 교환되지만, 어떤 조건에 규제받지 않고, 호의에 의해서 이루어진다. 이 두 가지 종류의 계약 관계가 주인에 의해서 병존된다. 주인에게 있어서 이 두 가지 관계의 원칙은 서로 충돌하지 않는다. 이 두 가지 원칙은 모든 일꾼들에게 동일한 결과를 초래하였다. 이것을 문제 삼은 것은 그 일꾼들 중 일부였는데, 그들은 주인이 왜 상이한 원칙을 적용했는지 이해하지 못했고, 주인이 왜 동일한 결과를 가져오도록 했는지도 이해하지 못한 채, 자신들에게 적용되었던 원칙만을 고수한다. 그들은 이 일로 주인으로부터 거부당하지는 않았지만, 다시 말해 자신들의 몫을 빼앗기거나 삭감당하지 않았지만 그들의 편협한 사고는 준엄한 경고 앞에 서게 되었다.

　이 비유는 기존의 전통적인 가치와 규범을 인정하면서도 그것을 새롭게 해석해내려고 했던 초기 기독교 공동체의 한 특징을 반영한다. 다시 말하면, 유대 신앙을 예수를 통해서 새롭게 고백해내는 마태공동체의 고민과 결단을 반영한다는 것이다. 이 비유의 포도원 주인은 "자기 곳간에서 새 것과 낡은 것을 꺼내는 집주인"(마 13: 52)과 같다. 포도원 주인의 두 가지 길은 서로 다른 원칙에 근거하여 만들어진 것이며, 그 각각은 각자의 원리에 따라서 움직여나간다. 주인에게 있어서 두 길은 각각 독립적이면서 병존한다.[34] 이

것이 포도원 주인의 뜻/의지이다. 그러나 이 비유는 공존을 위한 주장이 어떤 갈등을 가져오고 있는지도 보여준다. 주인의 두 길을 독립적으로, 병존하는 것으로 바라볼 수 없는 시선이 등장함으로써, 주인의 의지는 도전받는다. 이 도전에 단호히 응답함으로써 마태공동체는 두 길의 병존에 이의를 제기하는 주장에 대하여 자신들의 입장을 분명하게 제시하였다. 첫 번째 관계만을 인정하려는 그룹에 대한 주인의 강력한 거부는 이 두 관계의 병존에 대한 주인의 강력한 지지를 뜻하기도 한다.

6

이 비유에 등장하는 포도원, 주인, 일꾼들, 보상과 같은 소재들은 초기 유대 비유에서 즐겨 사용되던 것들로, 당시의 역사적인 현실을 반영한다. 이 이야기에 등장하는 인물들은 아마도 그 당시 청중들에게는 매우 익숙한 것이었으리라고 추측할 수 있다. 그러나 이러한 역사적 현실은 어떤 전망에서 이해하느냐에 따라서 상이한 비유 해석 결과를 가져왔다. 이 비유와 유사한 유대 비유들과 비교하면서, 이 비유의 의미를 이해하고자 했던 영(Brad H. Young)은 이 비유가 하나님의 은총이 어떤 성격의 것인지를 질문했던 다른 유대 비유들처럼, 모두에게 같은 임금을 줌으로써 하나님의 특성과 그의 무제한적인 호의를 나타내기 위한 것이었다고 말한다.[35] 그러나 로마 제국에서 포도원을 소유한 농장주로서의 주인과 그곳에 고용된 일용노동자로서의 일꾼들 간의 불평등하고 더 나아가 부당한 사회적 관계에 주목하여 이 비유를 읽었던 헤르조그는 이 비유를 억압하는 자와 억압받는 자 간의 갈등을 고발하는 것으로 이해했다. 지금까지 나는 이러한 접근들이 이 비유가 제공하는 정보에 충실하지 않음을 지적했다.

이 비유는 하나님의 무제한적인 자비를 말하고 있지 않으며, 당시의 불의한 농장주와 열악한 노동자의 현실 상황에 대한 고발도 아니다. 이 비유는 유대적 토양에서 형성되고 있는 초기 기독교 공동체로서의 마태공동체의 정황을 반영한다. 학자들 간의 의견 차이에도 불구하고, 마태복음이 유대적 성격을 지니고 있으면서, 이방인에게 자신들의 공동체를 개방했던 예수 추종 그룹의 문서라고 보는 데는 대략 의견의 일치가 이루어지고 있다.36 그들의 과제는 옛 유대 전통을 고수함으로써 전통적인 유대 그룹들이 주장하는 정통성을 공유하는 동시에, 그들이 새로이 수용한 예수의 전승을 유대적 배경과 이방적 배경을 가진 각각의 사람들에게 설득력 있는 것이 되도록 재해석함으로써 기존의 유대 그룹들과는 차별된 새로운 신앙 공동체를 형성하는 것이었다.37 마태복음 20장 1-16절은 주인의 두 가지 길을 통해서 새 것에 대한 거부를 견제하고 옛 것과 새 것을 함께 추구해나가려는 공동체의 강력한 의지를 하늘 나라 비유 속에 담고 있다.

부 록 2

여성과 일
— 누가복음 10장 38-42절을 중심으로*

1

누가복음 10장 38-42절의 마르다, 마리아, 예수에 관한 보도는 중세로부터 오늘날까지 성서연구자들과 교회공동체들로부터 그 의미에 대한 끊임없는 도전을 받고 있다.[1] 누가복음의 마르다와 마리아는 중세에는 그들의 행동 양태에 따라서 각기 다른 성격의 기독교의 모습을 상징하는 것으로 간주되기도 하였고,[2] 그들이 '여성'이라는데 각별한 주의를 두었던 페미니즘적 성서해석자들에 의해서는 원시 기독교 공동체 안에서의 여성의 역할을 반영하거나, 또는 오늘날 교회공동체 안에서 여성들의 역할에 대한 메시지를 담고 있는 것으로 이해되었다. 또 다른 부류에서는 그러한 성편향적

---

* 이 글은 「신학논단」 제30집(2002): 93-111에 실린 논문을 부분적으로 수정하였다.

(gender-oriented) 해석에 반대하여 누가복음 전체의 신학적 입장에서 이 단락의 의미를 제시하려는 시도들이 개진되기도 하였다.3

독자들은 아마도 가장 고전적이고 잘 알려져 있는 이 본문에 대한 다음과 같은 해석을 들어보았을 것이다. "마르다는 예수를 접대하기 위하여 분주하였고, 마리아는 예수의 말씀을 듣고 있었다. 분주한 마르다가 마리아의 도움을 예수께 요청한다. 그러나 예수는 마르다를 꾸짖고, 마리아의 입장을 변호하였다. 그러므로 접대하는 일보다 말씀을 듣는 일이 더 중요하다."

본 논문은 이러한 고전적인 해석을 거부하고 새로운 가능성을 보여주었던 최근의 논의들을 비판적으로 검토하고, 이 단락이 지닌 의의를 재조명하고자 한다.

2

우선, 이 단락을 여성의 역할과 관련하여 다루는 것이 정당한가 하는 질문으로부터 시작해야겠다. 누가복음 10장 38-42절에는 예수를 제외하고 두 사람의 등장인물이 더 제시된다. 그 두 사람에 관하여 본문은 다음과 같이 소개한다. "마르다라는 이름을 가진 여자(*gynē de tis onomati Martha*)"(눅 10:38) 그리고 "마리아라고 불리는 여자 형제(*adelphē kaloumenē Mariam*)"(눅 10:39). 페미니즘적 성서 해석 전통은 누가복음이 다른 복음서들에 비하여 많은 '여성'들을 등장시키고 있다는 특징에 주목하면서 이 단락의 해석에 있어서도 이 두 인물의 성 정체성이 특별한 의미를 지니고 있을 것으로 생각하였다. 이러한 관점은 마르다, 마리아의 성 정체성과 이 단락에 언급되는 두 가지 일, 디아코니아와 말씀을 듣는 일을 서로 연관시키는 시도로 발전되고, 결론적으로 이 텍스트가 여성의 역할에 대한 누가의 입장을 반영하는 것으로, 혹은 원시 기독교 공동체 안에서 여성의 활동 역사를 반영하는 것으로 해석되었다.4 그러나 다른 한편에서는 이 단락의 메시지가 '여성들'에게 있는 것이 아니라 그들이 하고 있는 활동, 예를 들면 디아코니아나 말씀을 듣는 일을 통해서 실현되는 제자도와 같은 신학적 주제들의 빛에서 이해되어야 한다고 주장한다. 스테반 데이비스(Stevan Davies)는 누가복음의 예수가 여성들에게 특별한 관심을 두고 있는 것은 아니라고 주장하면서,5 마리아가 예수의 말씀을 들었다는 것에 관하여, 누가의 예수가 "듣는 것"을 좋게 여긴 것인지 아니면 특별하게 "여성들이 듣는 것"을 좋게 여긴 것인지 판단할 필요가 있다고 의문을 제기한다.6 그는 여성이 남성으로부터 듣는 일은 결코 특이한 일이 아니었다고 주장한다.7 그러나 만일 이 단락이 남성이 예수의 말씀을 듣는 것으로 설정되었다면, 결코 그 말씀을 듣는 사람의 성별이 주목받지는 않았을 것이다. 또한 여성이 남성에게 듣는 일이 특이한 일이 아니었다는 데이비스의 주장은 여성과 남성의 사회적 지위나 관계에 따라서 그들의 관계가 다를 수 있다는 것을 간과하고 있다. 그는 자신이 말하고자 하는 의도와는 다르게 지나치게 성별의 차이에만 집중한 셈이 되었다. 아마도 여성이 아버지나 남편의 말을 듣는 일은, 데이

비스의 주장대로 일반적인 일이었을 것이다. 그러나 선생의 말을 듣는 것은 일반적이라고 할 수 없다. 1세기 당시, 유대 사회와 그레코로만 사회에서의 여성의 사회적 활동 범위는 차이가 있었던 것으로 조사되었지만,[8] 남성과 비교해서 여성이 선생의 말을 듣는 것, 선생으로부터 배우는 것은 여성들의 삶 속에서 결코 일반적인 일이라 할 수 없었다. 따라서 마리아의 행동은 적어도 그의 성 정체성과 관련되어서 다루어질 수 있는 여지를 충분히 가지고 있다.

이 이야기를 마리아의 이야기가 아니라 마르다의 이야기로 읽을 것을 제안한 러브데이 알렉산더(Loveday Alexander) 또한 이 이야기를 읽을 때 마음에 두어야 하는, 마르다에 관한 중요한 사항이 그 여자의 성별인가, 또 성별이 중요한 이슈가 되는 것은 여성 등장인물과 관련되어서만 그러한가 질문한다. 그리고 이 문제에 대해서 다음과 같이 주장한다.

> 사실상 누가는 '어떤 한 남자'(8:27), 또는 〔~라고 불리는〕 한 남자…' (5:12, 18; 8:41; 9:38; 19:2; 23:50)라는 형식으로 자신의 등장인물들을 소개하는 습관이 있다. … 이 에피소드에서 성별(gender)이 중요하다면, 누가가 성별을 언급하는 모든 이야기들에서 똑같이 중요하게 취급되어야 한다. 이 이야기에서만 특별하게 중요한 것으로 간주되어서는 안 된다. … 마르다의 이야기는 여성들에 관한 것이나 또는 주로 한 여성으로서의 마르다에 관한 것이 아니다. 그 성별은 단지 대화에 전제된 상황을 설명하기 위해 나레이터가 제공해

야 하는 최소한의 배경 정보의 일부이다.9

이 이야기에서 우리가 발견해낸 주제들 중 어느 것도 특별히 '여성들의 일'이 아니다. … 이것을 "여성들에 관한" 이야기라고 주장하는 것은 그것을 게토 안에 가두는 위험을 초래한다. '여성들의 이야기'는 나쁘게는 남성들에게는 아무것도 가르치는 것이 없는 것처럼 느껴진다.10

알렉산더의 주장대로 성별의 명시가 그것 자체를 이슈로 하려는 의도로 제시된 것이 아닐 수도 있다. 그러나 그렇다고 할지라도, "제자도라는 공통의 경험과 관련된 주제들을 두 여자들의 이야기로 구성한 것은 제자도가 남성들만의 일이라고 주장하지 못하게 한다"는 알렉산더 자신의 평가에서도 보이듯이 이 이야기에는 여성들을 위한, 혹은 남성들을 향한 여성들의 이야기로 읽을 수 있는 충분한 가능성이 잠재되어 있다. 이 본문이 '여성'의 역할을 말할 의도로 고안된 것이든지 그렇지 않든지, 주요 등장인물 두 사람이 여성으로 명백하게 제시되고 있다는 것과 여기에서 다루어지고 있는 일들, 즉 접대하는 일(*diakoneō*)과 말씀을 듣는 일(*alcouō ton logon*)이 1세기 지중해 지역 여성들의 삶 속에서 특별한 의미를 지니고 있었다는 것은,11 이 본문을 여성과 그들의 일들과 관련해서 읽을 수 있는 가능성을 보여준다.

3

　누가복음 10장 38-40절은 마르다에 대한 세 가지 정보를 제공하는데, 첫째, 그가 '자기 집'을 소유하고 있다는 것이다. 브루스 말리나(Bruce J. Malina)와 리처드 로보(Richard L. Rohrbaugh)는 요한복음서에서 나사로가 그들의 가족이었던 것을 알고 있는데, 남자가 있었다면, 이 구절에서 '그 여자의 집'이라는 표현은 어색한 것이며, 일부 사본들이 이 구절을 생략하고 있는 것은 이러한 어색함을 피하기 위한 것이었을 지도 모른다고 추정한다.12 그러나 이 단락에서 남성 가장이 등장하고 있지 않으며, 나사로는 누가복음에서는 이들의 가족으로서가 아니라 전혀 다른 맥락에서 등장하고 있는 점은13 당시의 가부장적 위계질서에서 마르다의 '집 소유'에 난색을 표명할 이유가 전혀 없음을 보여준다. 더욱이 누가복음은 여성이 재산을 소유하고 있는 다른 경우들을 제시하고 있는 것으로 보아 (누가 8:1-3), 마르다도 그러한 부류의 여성이었던 것으로 생각할 수 있다. 제임스 아란슨(James Malcolm Arlandson)은 누가-행전에 등장하는 여성들의 사회적 계층을 분석하면서, 누가복음 10장 38-42절의 마르다를 토지 소유자(landowner)로 본다.14 그가 다른 복음서들에 언급되고 있는 마르다/마리아 본문으로부터 그들의 재산 소유를 추론하고 있는 방법론상의 문제점이나, 궁극적으로 이들의 사회적 계층을 확증할 수 있는 결정적인 증거가 없다고 결론짓는 한계는 차치하고, 그가 누가복음에서 일률적으로 다루어져 왔던 여성들을 각기 다른 사회적 계층으로 분류하고, 각 계층의 여성들이 하나님 나라 안에서 남성들과 비교해서 어떤 위치를 차지하게 되었는가 분석을 시도한 점은 초기 기독교 공동체 안에서의 여성의 역할을 연구하는데 진일보한 시도로 평가될 수 있다.

두 번째 정보는 마르다가 직접 손님을 맞이하고(*hypedeksato*) 있다는 것이다. 이러한 일은 일반적으로 그 집에서 가장 나이가 많은 남성(대개 가부장)이 맡았던 일로,15 마르다는 여기에서 자기 집의 대표인 가장으로서 행동하고 있다. 아마도 마르다를 적극적인 여성의 표상으로 간주한 전통적인 견해들은16 마르다가 집안의 대표자이며 관리자로 행동하고 있는 데서 비롯된 것으로 보인다.

세 번째 정보는 마르다가 접대의 일을(*diakonian*)하였다는 것이다. 여기에서 디아코니아(*diakonia*, 동사형은 *diakoneō*)는 기본적으로 식탁에서 시중드는 것을 의미한다. 이 의미에서부터 '생계를 돌보다', '섬기다'로 의미가 확대되었다.17 헤르만 베이어(Heimann W. Beyer)는 이 단어가 다른 사람에게 행하는 아주 개인적인 봉사를 가리키는데, 사랑의 봉사 개념에 아주 가깝다고 정의하였다.18 식탁에서 시중들다, 생계를 돌본다는 의미에서의 디아코니아는 주로 여성들의 일로 여겨졌다. 왜냐하면 고대 지중해 사회들에서 남성과 여성은 장소, 역할, 기대되는 바에 있어서 그 영역이 확연히 구분되었는데, 사적인 세계, 집안일은 여성의 영역으로 간주되었기 때문이다. 아이를 양육하고, 옷을 짓고, 음식을 준비하고, 집안에 필요한 것을 마련하는 일들은 여성들의 몫이었다.19 그러나 존 콜린스(John N. Collins)는 *diakon*에 대한 언어학적 연구에서 이 단어는 주로 식탁에서 시중드는 하찮은 일을 가리키는 것이 아니라, 둘 사이를 매개시키는 일에 대해서 폭넓게 사용되었고, 집안일도 그러한 종류의 일들 중 하나에 불과하다고 지적하였다.[20]

그렇다면 과연 디아코니아는 누가복음 안에서 어떤 의미를 지니고 있는지 살펴보기로 하겠다. 누가복음 4장 39절은 예수께 치유를 받은 시몬의 장모가 "일어나서 그들을 시중들었다(*diakoneō*)"고 하는데, 여기에서 디아코니아는 전통적으로 기대되었던 바와 같이 여성과 관련되어 언급되고 있다. 누가복음 8장 1-3절에서도 디아코니아와 여성들을 연결시키고 있다. 그 여자들은 예수가 복음을 전할 때 함께 있었는데, 그들의 재산으로 예수(의 일행들)에게 시중들었다(*diakoneō*)는 것이다. 여기에서 *diakoneō* 동사가 무엇을 가리키는가에 대해서는 논란이 있어 왔다. 그것이 단순히 생계 수단을 책임지는 임무를 가리킨다는 견해와 거기에서 더 나아가 예수에게 배우고 함께 여행하는 제자직도 포함한다는 견해가 그것이다.[21] 이 본문에서 여자들의 활동이 생계를 책임지는 것 이상이었는지는 분명하지 않다. 다만, 주목할 만한 것은, 예수의 복음 선포와 열두 제자들의 동행을 언급하는 곳에서 여자들의 디아코니아가 함께 소개되고 있다는 것이다. 누가공동체는 복음 선포와 디아코니아를 나란히 병행시키고 있는 것이다. 이러한 병행은 누가복음 10장 8-9절에도 등장한다. 예수는 일흔(두) 사람을 파송하면서 다음과 같이 말한다. "어떤 마을에 들어가서 그들이 너희를 영접하면 언제든지 너희에게 차려진 것들을 먹어라 그리고 거기에 병든 자를 고쳐주고 그들에게 '하나님의 통치가 너희에게 가까이 이르렀다'고 말하여라." 조셉 피츠마이어(Joseph A. Fitzmyer)는 *"esthiete ta paratithemena"*(차려진 것들을 먹다)는 그 마을 사람들의 환대를 있는 그대로 받아들이라는 것이라고 설명한다.22 피츠마이어가 말한 '환대'란 이 구절에서는 구체적으로 음식을 마련하여 대접하는 일, 곧 디아코니아로 묘사되어 있다. 아델레 라인하르츠(Adele Reinhartz)는 누가복음 10장 38-42절이 10장 전체와의 관계 속에서 이해되지 못했음을 지적하면서, 10장 8절에 주목하였다. "이것은 제자들을 받아들이는 사람들은 그들의 신체적 필요도 제공해줌으로써 그들을 섬길 것임을 말한다. … 예수를 섬기고 그의 발아래 앉았던 10장 38-42절의 여자들은 참 신앙을 대표한다."23 라인하르츠가 10장 38-42절과 10장 8절의 연관 속에서 디아코니아와 말씀 경청을 병행시키고 있는 점은, 이 둘의 전통적인 대립을 극복하는 듯하다. 그러나 그는 "예수의 꾸중의 의미는 무엇인가? 아마도 신체적인 필요를 돌보는 섬김과 말씀을 듣는 것 모두 제자가 되는데 필요한 일이지만 전자가 후자의 중요성을 가려서는 안 된다는 것을 가리킬 것이다. … 다른 사람에게 음식을 제공하는 것은 이타적인 행위이지만, 다른 한편 누가의 예수가 경고한 신체적인 필요에 대한 근심과 같은 범주에 놓여야 한다"24고 주장한다. 여기에서 그는 예수가 무엇을 꾸중하는 것인지 분명히 구분해내는데 성공하지 못함으로써25 결국 디아코니아와 말씀 사이에서 방황하고 있는 것처럼 보인다. 그는 자신의 분석에서 중요하다고 제시한 22장 26-27절의 해석에서는 디아코니아(섬김)와 말씀을 서로 연결시키려고 시도한다. "예수는 어떤 종류의 식사를 제공하는가? 대답은 이렇다. 영적인 식사이다. … 예수는 말씀과 영생을 줌으로써 그들을 섬긴다… 마르다와 마리아 묘사 방식은, 이 자매들처럼 참 제자들은 그들의 행동의 중심을 그리스도에 둘 것이며, 참 섬김은 신체적인 필요를 돌보는 것으로 이루어지는 것이 아니라 복음의 메시지를 먹고 소화하는데 있다."26 이러한 주장은 기존의 디아코니아와 말씀 경청의 대결을 마르다의 디아코니아(신체적 필요를 제공하는 것)와 예수의 디아코니아(영적인 필요, 말씀을 제공하는 것) 간의 대결로 대치시킴으로써 다시 말해서 예수의 말씀 선포를 디아코니아 행위로 규정함으로써 말씀 선포와 디아코니아 사이의 긴장을 해소시키고자 한 것으로 보인다. 그러나 우선, 누가복음에서 이러한 주장을 뒷받침할 수 있는 근거가 전혀 제시되고 있지 않다는 점을 지적해 두어야 할 것 같다. 그리고 둘째, '참 섬김이 복음의 메시지를 먹고 소화하는데 있다'는 언급은 말씀의 '경청'(선포가 아니라)을 디아코니아 행위로 규정하고 있는데, 여기에서 예수의 말씀 선포와 마리아의 말씀 경청이 구분 없이 제시되고 있다. 셋째, 이 둘의 관계를 설명하지 않고 있는 것은 차치하고라도, 누가복음 10장 38-42절에서 예수의 말씀 선포나 마리아의 말씀 경청을 디아코니아로 규정할 수 있는 근거는 매우 희박하다. 왜냐하면 마르다의 행위만을 디아코니아로 제시하고 있기 때문이다. 넷째, "비록 마르다는 주를 섬기도록 부름 받았지만, 예수에게 섬길 기회를 준 것은 마리아다"27라는 언급은 마리아의 행위가 다만 예수의 디아코니아를 유발하는데 불과한 것처럼 들린다. 그가 말씀의 선포와 경청 모두를 디아코니아로 규정하려고 의도했는지조차 의문스러운 대목이다. 이러한 의문점들은 예수가 마르다의 디아코니아를 거부하고 새로운 개념의 디아코니아를 주장함으로써 말씀과 디아코니아의 양립을 이루었다는 그의 도식이 그다지 성공적이지 않음을 보여준다.

누가복음 12장 37절은 주인이 올 때까지 깨어 있는 종들에게 "그 주인이 허리를 동이고 시중들 것이다(*diakonēsei*)"라고 하였다. 누가복음 17장 7-8절에서 예수는 *diakonei*를 식탁 시중을 드는 문맥에서 사용하고 있다. 예수는 "허리를 동이고 시중드는" 것이 종이 할 일임을 명시하면서 이러한 종이 되라고 권고한다. 보다 결정적인 것은 누가복음 22장 27절인데, 여기에서 예수는 자신을 "시중드는 사람"(*ho diakonōn*)으로 규정하고 있다는 것이다. *diakoneō*와 관련된 이러한 누가의 용례는 이 단어가 누가복음 안에서 '접대하다, 섬기다, 시중들다'의 의미로 사용되고 있음을 보여준다.28 이 행위는 당시 사회에서는 사회적으로 지위가 낮은 사람(여성이거나 혹은 종)이 행하던 일이었다. 그러나 누가복음에서는 이러한 가치를 그대로 수용하고 있지 않고 오히려 본받아야 할 행위로 제시하고 있는 것이다(눅 18:14 하반절 참고). 누가복음 10장 38-42절의 맥락에서도 예수는 마르다의 접대하는 일 자체를 금하고 있지 않다. 아마도 이 일 자체가 거부되어야 할 일이었다면, 10장 40절 이후에 바로 예수는 마르다의 무의미한 일을 금지시켰어야 했을 것이며, 그랬다면 마리아가 이 본문에 등장할 필요도 없었을 것이다.

4

누가복음 10장 39절만이 마리아에 대한 정보를 제시하고 있는데, 이것은 마르다에 대한 정보와 비교해서 상대적으로 빈약하다. 마리아는 마르다의 여자 형제(*adelphē*)라고 소개된다. 알렉산더는 마르다와 마리아의 관계를 누가복음에 언급된 다른 형제자매 간의 경쟁 관계들과(눅 12:13; 15:25-32) 비교한다.29 워런 카터(Warren Carter)는 '자매'라는 용어는 마르다와의 친족 관계를 넘어서 그들이 예수의 제자 공동체 안에 함께 참여하고 있음을 함축하는 것이라고 말한다.30 이러한 언급들은 이 두 여성의 관계—그것이 갈등이든지 아니면 협력이든지—를 통해서 다루어지고 있는 현안들이 누가공동체 내부에서 논의되었던 문제를 반영하고 있는 것으로 볼 수 있다.

39절 하반절은 마리아가 예수의 발아래 앉아서 말씀을 들었다고 기록한다. 이러한 마리아의 행위에 대한 몇 가지 유형의 해석을 살펴보기로 하겠다. 가장 고전적인 형태는, 특정한 삶의 유형이나, 기독교(신앙)의 유형을 상징하는 것으로 해석하는 것이다. 조용하고 내성적이고 사색적인 삶의 유형을, 또는 관조적이고 사변적인 기독교 신앙의 유형을 상징한다는 것이다.31 중세로부터 종교개혁 시대에 이르기까지, 심지어는 오늘날에도 이와 같은 마리아 유형의 삶 또는 마리아 유형의 기독교는 적극적이고 활동적이고 행동하는 마르다 유형의 삶이나 기독교보다 더 중시되었다.

두 번째 유형은 마리아의 말씀 경청을 누가의 제자도의 빛에서 이해하려는 시도이다. 벤 위더링턴(Ben Witherington Ⅲ)은 '~의 발 아래 앉아 있다'는 것은 '~의 제자가 되다'를 의미하는 기술적인 문구였음을 상기하면서,32 동시대의 유대교에서 여성들이 배움의 기회를 가질 수는 있었지만, 랍비가 여성의 집을 방문해서 가르치는 것은 매우 이례적인 일이라고 주장한다. 그는 마리아의 행동은 여성이 남성과 마찬가지로 제자가 될 수 있다는 것을 예수께서 분명히 한 것으로, 이것은 새로운 언약 속에서 여성이 새롭고 평등한 지위를 얻은 것이라고 평가한다.33 그러나 엘리자베스 쉬슬러 피오렌자(Elisabeth Schussler Fiorenza)는 이와는 전혀 다른 평가를 내렸다. 피오렌자에 따르면, 마리아의 행동은 오히려 수동적이고 복종적인 여성상을 구현하고 있다는 것이다. 마리아 묘사는 여성을 해방시키기는커녕, 남성의 권위에 복종하도록 요구하는 남성중심적 사고를 강화시키고 있다는 것이다. 마리아는 남성인 선생에게 의존하고 있는 순종적인 학생의 이미지를 보여주고 있다는 것이다. 피오렌자에 의하면, 이것은 예수 당시의 여성들의 실제 지위를 언급한 것이 아니라 여성의 역할은 어떠해야 한다는 누가복음 저자의 남성중심적 관념을 반영하는 것이다.34 남성 선생과 여성 제자의 관계를 설명하기는 보다 복잡한 것 같다. 선생과 제자는 동성의 경우에도 수평적 관계로 보기 어렵다. 따라서 이 관계 자체는 성별의 차이를 말하기 이전에 선생과 제자 관계의 종속적 성격을 고려하지 않을 수 없다. 누가복음 저자가 이 관계에 남녀 성의 배분을 남성이 우월한 위치에 있도록 구성한 점에 있어서는 피오렌자의 도전을 피하기 어려운 듯하다. 그러나 동등한 사회적 관계에서의 성적 차별과는 구분되어야 할 것이다. 알렉산더는 또 다른 관점에서 마리아의 행동을 평가하고 있는데, 마리아는 자신의 해방을 '여성의 일'이라는 가부장적인 경멸에 도전함으로써 얻은 것이 아니라 그것을 받아들임으로써, 남성들과 연합함으로써만 얻을 수 있었다는 것이다.35 알렉산더의 지적은 마리아의 행위가 해방적이었음을 인정한다는 것, 마리아가 벗어나게 된 '여성의 일'이라는 것이 가부장적 경멸의 대상이었다고 규정하는 점에 있어서는 이 단락을 여성 '해방'의 관점에서 보는 견해와 일치한다. 그러나 마리아가 예수의 말씀을 들었다는 것을 남성들의 세계에 참여하는 것이며, 남성들과의 동일시를 통해서 여성해방을 이룬다는 점에 대해서 비판적이었다는 점에 있어서는 이 단락이 진정한 여성 해방을 제시하고 있는지 의문을 제시하였다.

로버트 월(Robert W. Wall)은 10장 38-42절을 신명기 모티브와 관련하여 다루었다. 그는 이 단락을 이전의 두 단락과 연결하여, 신명기적 율법을 하나님의 구원의 새 시대에 적용한 것으로 본다. 이제 하나님의 말씀은 메시아(예수)의 입에 있고, 그 말씀을 듣는 것이 곧 하나님을 사랑하는 것이다.36 이러한 관점에서 볼 때, 마르다는 '빵으로만 살려는' 위험에 처해 있고, 반면에 마리아는 '하나님의 입에서 나오는 말씀으로 산다.' 그러므로 마리아가 하나님의 약속을 상속받게 될 것이다.37 월에 따르면, 누가복음 저자의 신학적 입장이 마리아의 행위를 지지하고 있다는 것이다. 그러나 그는 선한 사마리아인에 대한 단락을 신명기적 율법에서의 이웃 사랑과 관련시키고 있으면서도, 디아코니아가 지닌 섬김과 봉사의 실천적 성격에 관하여는 언급하고 있지 않고, 그것을 먹고 마시는 일로 처리하는 한계를 보이고 있다.

5

마르다와 마리아에 대한 평가는 누가복음 10장 41-42절 마르다의 요청에 대한 예수의 답변을 토대로 하고 있다. 예수의 답변은 서로 다른 관점에서 이해되었다. 하나는 마르다와 마리아를 갈등 혹은 경쟁관계로 설정하여, 예수가 마리아의 편을 들었다고 보는 것이다. 따라서 마르다의 디아코니아는 마리아의 말씀 경청보다 열등한 것으로 평가된다. 데이비스는 마리아의 경청에 반대한 것은 또 다른 여성이었다는 것이 주의 깊게 다루어지지 않고 있다고 지적한 바 있다.38

마르다와 마리아를 갈등 혹은 경쟁 관계로 설정하는데 있어서 문제가 되는 것은 그러한 갈등이나 경쟁의 뚜렷한 이슈가 결여되어 있다는 것이다. 마르다의 요청이 마리아의 말씀 경청을 중단시키는 결과를 초래할 수 있었다고 할지라도, 그 일 자체가 마르다의 목표는 아니었다. 마르다는 마리아의 말씀 경청을 반대한 것이 아니라, 자신의 분주한 상황이 마리아의 도움으로 개선되기를 원한 것이다. 마르다 자신의 상황이 개선되지 않는다면, 마리아의 말씀 경청의 중단은 마르다에게 아무런 의미를 갖지 않았을 것이다. 따라서 마르다와 마리아가 말씀 경청의 여부를 두고 갈등 또는 경쟁했다고 보기는 어렵다. 다른 가능성은 마르다의 디아코니아와 마리아의 말씀 경청이 갈등 또는 경쟁 관계에 있다는 것이다. 둘 중에 어느 것이 더 중요한 일인가, 마르다의 디아코니아를 돕기 위해 마리아의 말씀 경청이 포기될 수 있는 것인가 하는 질문에 잠재된 갈등 또는 경쟁이다. 이러한 주장의 정당성 여부는 마르다의 질문에 대한 예수의 답변 속에서 평가될 수 있을 것이다. 이 문제에 대하여서는 앞으로 다룰 것이다. 이와 다른 관점은 마르다와 마리아를 협력 관계로 설정하는 것이다. 카터는 마르다와 마리아가 선교 활동을 함께 하는 신약성서의 몇몇 "여성 파트너" 그룹 중 하나라는 메리 로즈 단젤로(Mary Rose D'Angelo)의 주장에 토대하여[39] 이 단락에서 두 여성 제자는 파트너쉽의 관계에 있다고 주장한다. 그는 이 단락은 사역(디아코니아)과 리더쉽(말씀 경청)에 있어서 파트너쉽이 중요하다는 것을 강조하는 것으로, 마르다에게 있어서는 말씀 경청이, 마리아에게 있어서는 디아코니아가 결여되어 있다. 마르다의 요청은 마리아에게 결여된 디아코니아 부분의 협력을 요청한 것이며, 이 요청에 대한 예수의 답변은 마르다에게 결여된 말씀 경청 부분을 지적한 것이다.[40] 카터의 제안은 둘의 관계를 새로운 전망에서 보다 긍정적이고 협력적인 관계로 제시하려고 했다. 그러나 이 단락에서 예수의 답변이 마르다의 문제점만을 지적하고 있을 뿐, 마리아의 문제점에 대해서는 아무런 언급이 없으며, "마르다에게 필요한 좋은 몫은 부엌에서 음식을 준비하는 것이 아니라 분주함을 극복하고 마음이 하나로 모아지는 방법으로 예수의 가르침을 듣는 마리아와 함께 하는 것이다."41라는 카터의 지침은 사역과 리더십의 파트너십이 어떤 형태로 이루어질 수 있는 것인지 매우 모호하게 만든다. 마르다와 마리아의 역할이 역전되는 것을 말할 것이 아니라면, 둘의 역할 속에서 결여되고 있는 부분들이 현재의 역할과 어떻게 협력되어야 하는지 제시했어야 했다.

그렇다면, 이제 마르다와 마리아에 대한 평가의 기준이 되고 있는 예수의 답변, 즉 마르다의 요청을 거부한 예수의 의도와 예수가 지지하고자 한 것이 무엇이었는가 살펴보기로 하겠다. 누가복음 10장 40절은 마르다가 "많은 디아코니아로(*peri pollēn diakonian*) 정신이 없었다"고 말하고 있으며, 마르다의 불평은 "내 자매가 나를 혼자서 접대하도록 둔다"(*hē adelphē mou monēn me kateleipen diakonein*)는 것이었다. 예수가 지적하고 있는 마르다의 문제점은 10장 41절에 언급되었다. "많은 일들(디아코니아를 받음, *peri polla*)을 걱정하고(*merimnas*) 근심한다(*thorybazē*)"는 것이다. 여기에서 마르다의 문제점으로 지적되고 있는 걱정과 근심은 누가복음의 다른 구절들에서도 누가의 예수에 의해서 거부되고 있다. 누가복음 8장 14절은 이러한 걱정과 근심에 대해서 가시덤불에 떨어지는 씨앗과 같다고 말한다. 그들은 말씀을 들었지만, 살아가는 동안 "걱정"(*merimnon*)과 재물과 인생의 즐거움으로 말미암아 자라지 못해서 열매를 맺지 못하는 사람들이다. 누가복음 12장 22절은 생명을 위해서 무엇을 먹을까, 몸을 위하여 무엇을 입을까 "걱정하지 말라"(*merimnate*) 또 누가복음 12장 29절은 무엇을 먹을까 무엇을 마실까 "구하지(*zeteite*) 말라", "근심하지(*meteorizesthe*) 말라"고 선언한다. 이러한 선언은 마르다의 디아코니아 자체를 거부하는 근거로도 제시된다. 그러나 이러한 주장은 누가복음 안에서의 디아코니아에 대한 평가를 전혀 고려하지 않은 것이다. 오히려 누가복음 12장 22-31절에서 거부되고 있는 것은 디아코니아 자체가 아니라 근심과 걱정이며, 이러한 근심과 걱정 대신에 필요한 것이 무엇인지 제시하고자 하는 것이다. 누가복음 12장 31절에 제시된 필요한 한 가지 일은 "그의 나라를 구하는 것"이었다. 누가의 예수는 18장 22절에서 영생을 구하는 부자 관원에게 한 가지(*hen*) 부족한 것을 지적한다. 누가복음 10장 42절 전반부에서 예수는 마르다의 걱정과 근심에 대해서도 필요한 것은 '하나'(*henos*)라고 답변하였다.

예수의 이 답변은 마치 마리아의 행위가 유일하게 필요한 일인 것처럼 이해되어 왔다. 그러나 필요한 것이 하나뿐이라는 지적은 많은 디아코니아로 인한 마르다의 걱정이 무의미하다는 것을 뜻한다. 그렇다면 필요한 한 가지 일은 무엇인가. 10장 42절의 마리아의 행위에 대한 예수의 평가는 마르다와 마리아에 대한 평가 기준으로 주목받았다. 즉 '마리아가 좋은 몫을(*ten agathen merida*) 택하였다'는 예수의 선언은 상대적으로 마르다의 일을 나쁜 몫으로 규정하도록 하였고, 더 나아가 예수가 마르다에게 제시했던 필요한 한 가지 일이 바로 마리아가 선택한 바로 그 일이라는 주장을 가능하게 한 것이다. 그러나 앞에서 살펴보았듯이 누가복음에서 디아코니아는 결코 거부되어야 할 일로 평가받지 않는다. 마르다의 디아코니아는 누가복음에서 '나쁜 몫'으로 평가받을 아무런 근거도 가지고 있지 않다. 오히려 디아코니아는 예수 자신의 일로(눅 22:27) 제시되고 있으므로 '좋은 몫'으로서의 가치를 지니고 있다고 할 수 있다. 예수의 답변에서, 마르다의 디아코니아와 마리아의 말씀을 듣는 일이 비교 평가되고 있다고 볼 수 있는 근거를 찾기 어렵다. 다만, 마르다의 선택이 지녔던 문제점이 지적되고 있는 것은 인정된다. 마르다의 선택은 지나친 염려와 걱정, 불평으로 말미암아 좋은 몫으로서의 의미를 상실하고 있는 것이다. 마르다는 예수의 디아코니아가 가지고 있는 참 의미를 발견하고 소유하는데 실패하고 있는 것이다. 필요한 일은, 많은 걱정과 근심이 아닌 다른 사람이 빼앗을 수 없는 좋은 몫—디아코니아든 말씀을 듣는 일이든—을 선택하는 것이다.

6

누가복음 10장 38-42절은 누가공동체 안에서 마르다와 디아코니아 그리고 마리아와 말씀을 듣는 일이 새로운 가치를 획득하고 있음을 보여준다. 디아코니아가 식탁 시중를 넘어서 폭넓은 의미로 사용되었다는 것을 감안하더라도, 누가복음은 여성의 영역으로 간주되었던 사적인 영역의 일이었던 접대, 음식 마련, 식탁 시중의 의미로 이 용어를 사용하고 있다. 그러나 이러한 의미의 장에도 불구하고 누가공동체는 이 디아코니아를 공적인 영역, 즉 자신들의 공동체의 매우 중요한 정신이요 실천으로 다루고 있다. 이것은 당시 주변 사회와는 다른 시각에서 디아코니아의 가치를 평가하고 있는 것이며, 그것을 담당했던 여성들의 일에 새로운 가치를 부여하고 있는 것이다. 또한, 여성들에게 배움의 기회가 차단되어 있었던 것은 아니라고 하더라도 여성들이 스승을 따라 그의 가르침을 받는 일이, 여성들에게 있어서 일반적인 일이 아니었고, 그러한 일들이 '여성의 일'로 간주되지 않았던 것을 고려해 볼 때, 누가공동체는 예수의 말씀을 듣는 마리아를 통해서 이 일이 자신들의 공동체 안에서는 여성의 일이 될 수 있다는 것을 보여준다.

비록 이것이 여성들의 역할에 대한 누가의 '모호한'[42] 입장의 일부라고 할지라도, 적어도 이 단락의 마르다와 마리아는 당시 사회가 지녔던 여성과 그들의 일에 대해 새로운 가치를 부여함으로써 주변 사회의 가치들을 재평가하고 독자적으로 새 시대를 향해 나아갔던 누가공동체의 사회적 세계의 한 단면을 반영하고 있는 것이다.

부록 3

큰 잔치 비유 다시 읽기
— 누가복음 14장 12-24절[*]

1

이 글의 목적은 적극적이고 공격적인 선교를 뒷받침해 주는 구절로 이해되고 있는 누가복음 14장의 '큰 잔치 비유' 해석의 문제점을 지적하고, 이 비유에 대한 새로운 해석을 제시하려는 것이다. 누가복음 14장 15-24절에 언급된 '큰 잔치'가 하나님이 다스리시는 세계, 하나님이 주권을 가지고 통치하는 세계에 대해서 말하는 하나님 나라 잔치'로 해석되면서, 14장 23절의 "사람들을 억지로라도 데려다가 내 집을 채워라"는 주인의 명령은 하나님 나라 잔치를 위한 주님의 명령으로 이해되었다. 이 글에서는 '큰 잔치'가 과연 하나님 나라의 잔치인지, 이 명령을 주님의 명령으로 받는 것이 정당

---

[*] 이 글은 「문화와 신학」 제12집(2008, vol.3): 93-117에 실린 논문을 부분적으로 수정한 것이다.

한지 함께 검토해 보려고 한다. '큰 잔치 비유 다시 읽기'를 위해서 다음과 같이 세 단계의 과정으로 논의를 진행하고자 한다. 첫째, 큰 잔치를 하나님 나라 잔치로 이해하는 것이 무엇이 문제인지 살펴볼 것이다. 구체적으로 이 비유에 대한 전형적인 해석들과 최근 해석들이 지닌 한계를 검토하면, 이러한 문제점들이 드러난다. 둘째, 큰 잔치 비유를 새롭게 읽기 위한 단서로서 큰 잔치 비유 바로 앞에 나오는 14장 12-14절을 주목하려고 한다. 여기에는 잔치에 초청해야 할 사람과 초청하지 말아야 할 사람에 대한 예수의 지침이 나오는데, 바로 이 지침이 큰 잔치를 평가하는 데 중요한 기준이 된다. 셋째, 예수의 초청 대상자 지침에 근거하여, 14장 12-14절의 세 가지 초청의 특징을 살펴보고 평가하려고 한다. 이러한 시도들이 큰 잔치 비유에 대한 새로운 전망을 열어주기를 기대한다.

2

누가복음의 잔치 이야기

누가복음은 먹고 마시는 일, 사람들을 초대하여 함께 음식을 나누는 식탁 교제, 또 그러한 식탁 교제에서 일어날 수 있는 다양한 행동들에 대해서 자주 언급한다. 카리스(Robert Karris)는 누가복음에 언급된 음식, 식사, 식탁 교제에 대한 구절들을 제시하며 이 주제들에 관한 누가의 특별한 관심을 확인해 준다. 카리스는 먹는 행위, 식사, 식탁 친교, 빵을 나눔, 음식, 식사 예절, 환대 등의 주제로 나누어 제시하였다.1 구체적으로 누가복음에서는 누가 무엇을, 언제, 어디에서 먹는가(눅 6:4), 식탁 교제에서 일어난 일이 무엇인가(눅 7:38 이하), 손은 씻었는가(눅 11:38), 사람들이 어느 자리에 앉는가(눅 14:7-11), 누가 초대를 받았는가(눅 14:12-14), 누구와 함께 먹는가(눅 15:2), 다른 지위의 사람들이 어떤 순서로 식탁에 앉는가(눅 17:7-8) 등의 문제가 거론된다. 누가복음의 식사 장면을 청중 입장에서 분석한 헤일(John Paul Heil)은 완전한 이야기 단위(narrative unit)를 갖춘 식사 장면으로 12가지 장면을 제시하였는데,2 누가복음 저자가 다양한 상황에서 식사 이야기를 사용하고 있는 것을 알 수 있다.

또한 누가복음은 이러한 먹고 마시는 것, 식탁 교제, 잔치 이야기를 하나님의 통치와 관련하여 언급하기도 한다. "사람들이 동과 서에서, 또 남과 북에서 와서, 하나님의 나라에서 잔치 자리에 앉을 것이다"(눅 13:29). "하나님의 나라에서 음식을 먹는 사람은 복이 있습니다…"(눅 14:15). "너희로 하여금 내 나라에 있으면서 내 밥상에서 먹고 마시게 하고…"(눅 22:30). 이러한 누가의 언급들은 구약성서에 언급된 종말에 있을 메시아적 잔치를 연상시키기도 한다. 구약성서는 하나님이 약속하시는 구원과 축복으로 배불리 먹고 마시는 것에 대해서 언급한다. 특히 종말에는 풍부하고 질 좋은 음식이 제공되는 거룩한 식사(만찬)가 제공될 것이라고 말한다.3 이러한 구약적 맥락에서 볼 때, 먹고 마시는 것에 대한 예수의 가르침은 종말 때에 베푸시는 하나님의 풍요에 대한 약속을 상기시킬 수 있다.4 다른 한편, 동서남북에서 사람들이 와서 그 나라의 식탁에 앉는다든가, 식탁 교제에서 배제되었던 사람들을 초청하라는 예수의 권고는 하나님이 다스리는 세계, 하나님의 나라는 포괄적인 식탁 교제 안에 실현된다는 것을 말한다. 이러한 포괄적 식탁 교제를 하나님의 나라로 인식하는 누가의 관심에는 이러한 교제를 가로막는 사회적 장벽에 대한 인식이 있었고, 그것을 넘어서서 새로운 세계로 나아가려는 누가공동체의 비전과 실천이 있었다. 누가의 포괄적 식탁 교제에 참여하게 될 사람들이 누구인가에 대한 논의는 바로 이러한 전망을 반영하는 것이다.

말리나(Bruce Malina)와 로보(Richard Rohrbaugh)는 이러한 먹고 마시는 행위와 관련된 일들이 사회적 의미를 지니고 있다는 것을 지적하였다.

> 고대 사회에서 '식탁 교제'는 인류학자들이 '의식'(ceremonies) 이라고 부르는 것에 속한다. 이 '의식'은 공동체 안에서의 역할과 지위를 확증하고 정당화하는 일상적이고 예측 가능한 사건이다. …함께 음식을 먹는다는 것은, 흔히 있는 공통의 사회적인 지위는 물론 공통의 사상이나 가치를 공유하는 것을 함의하기 때문에 '누가 누구와 먹는가?', '누가 어느 자리에 앉는가?', '무엇을 먹는가?', '어디에서 먹는가?', '음식은 어떻게 준비되나?', '어떤 그릇이 사용되는가?', '언제 먹는가?', '어떤 이야기가 어울리는가?', '누가 무엇을 하

는가?' 등의 질문은 중요하다. 이러한 질문에 대한 답변은 식탁 교제가 확실히 보여주는 사회적 관계에 대해 많은 것을 우리에게 알려준다.5

더글라스(Mary Douglas) 또한 음식이라는 코드에 담겨진 메시지는 상이한 계층, 포괄성과 배타성, 경계와 경계를 넘나드는 거래…에 관한 것이라고 잘 지적하고 있다. 식사는 우리에게 사회적 관계의 유형, 사회적 지위, 그룹 유대, 경제적 거래에 관하여 알려준다.6 네이레이(Jerome Neyrey)는 식사가 다양한 사회적 코드를 지니고 있다는 것을 의식(ceremony)7으로서의 식사, 정결 체제와의 관계, 몸의 상징, 상호성과의 관계, 파트론-클라이언트 관계와의 연관성을 통해서 보여준다. 의식으로서의 식사는 그 그룹의 기본적인 사회 체제, 가치, 계보, 계층, 상징적 세계를 되풀이한다. 따라서 이것은 기존의 사회적 경계를 넘어서는 것이 아니라 그것을 확인하고 강화하는 기능을 한다.8 또한 그레코-로만 사회에서 잔치, 특히 공적 만찬이란 파트론이 자신의 재산을 다른 사람들을 위해서 사용하여 음식과 장소, 여흥을 제공하는, 호의를 베푸는 일에 속하였다.9 먹고 마시는 잔치, 식탁 교제가 사회적 함의를 지니고 있는 행위임을 감안할 때, 잔치 비유에 함축된 누가공동체의 하나님의 통치에 대한 비전은 사회적인 의미를 지니고 있다고 볼 수 있다.

큰 잔치 비유에 대한 해석들이 지닌 문제점

14장 15절의 "하나님의 나라에서 음식을 먹는 사람은 복이 있습니다"라고 말한 사람에게 예수는 큰 잔치 비유를 들려준다. 이 도입부는 '하나님의 나라에서 음식을 먹는 것'과 '큰 잔치'를 연결시키도록 한다. 그러나 이 둘의 연결이 어떤 방식으로 이루어지고 있는지에 대해서는 주의 깊은 분석이 필요하다. 그러면 이 비유에 대한 전형적인 해석들이 가지는 몇 가지 특징들을 살펴보고[10], 문제점들을 제시하도록 하겠다.[11] 첫 번째 특징은 큰 잔치 비유와 하나님 나라 잔치를 종말론적 관점에서 연결시키는 것이다. 이 해석에서 큰 잔치는 하나님의 주권이 행사되는 하나님의 통치를 드러내 보여주는 잔치로서, 특별히 구약성서에 언급된 종말에 하나님이 베푸시는 메시아적 잔치로 이해된다. 그러나 '잔치'라는 주제가 종말론적 함의를 가지고 있다는 것을 인정한다고 할지라도, 누가복음 14장의 큰 잔치가 마지막 날에 있을 메시아적 잔치인지는 논의의 여지가 있다. 본문에서 종말이나 마지막 만찬의 특징들에 관한 언급으로 해석될 수 있는 단서를 발견하기 어렵다. 또한 큰 잔치를 메시아적 만찬으로 보는 알레고리적 해석을 인정한다고 할지라도, 초대를 거절당해서 화가 난 주인과 초청 거부로 인해서 생긴 빈 자리를 채우기 위해서 초대된 사람들로 이루어진 이 잔치가 종말의 메시아적 만찬의 상징으로 적합한지 의아스럽다. 이 비유에서는 마지막 만찬에서 베풀어지는 좋은 음식들이 제공되었는지, 사람들이 잔치 참여를 즐거워했는지 전혀 알 길이 없다. 또한 이 잔치가 하나님이 베푼 종말의 만찬이라면, 우리는 최소한의 초대 예의도 갖추지 못한 채, 억지로 사람들을 데려오는 무례하고 폭력적인 잔치를 받아들여야 하는가 묻지 않을 수 없다. "초대를 받은 사람 가운데서는, 아무도 나의 잔치를 맛보지 못할 것이다"라고 한 주인의 이율배반적인 마지막 선언은 또 어떠한가? 이것이 과연 잔치를 베푼 주인이 할 수 있는 정당한 선언인가? 이러한 의문들은 큰 잔치가 종말의 메시아적 만찬이라는 것을 받아들이기 어렵게 만들고, 더 나아가 근본적으로 이 잔치가 하나님의 통치를 드러내는 누가의 하나님 나라 잔치인지 의심스럽게 한다.

두 번째 특징은 구원사적 혹은 선교적 관점에서 손님들이 초청되는 과정을 구원·선교의 역사로 설명하는 것이다. 세 번으로 이루어진 각각의 초청은 구원·선교의 세 단계를 뜻한다고 본다. 이 본문에서 잔치 초청을 구원이나 선교와 연관시키는 해석은 대단히 자의적인 연결이다. 그러나 이 점을 감안한다고 해도 구원·선교의 역사에 대한 구체적인 제안은 더 많은 문제를 가지고 있다. 크게 두 가지 구체적 제안이 제시되는데, 하나는 인종적 설명이다. 첫 번째 초청은 유대 기득권자들, 그들의 거부로 두 번째 초청이 유대 주변인들에게 제시된다. 그 다음은 이방인 초청이다.[12] 이러한 인종적 구분은 비유에서는 아무런 근거를 찾을 수 없다. 다음은 사회경제적 설명이다. 첫 번째 초청은 부유한 자들(기득권자들), 두 번째 초청은 사회 주변인들, 세 번째 초청은 두 번째 초청보다 더 상황이 열악한 사람들이다.13 각각의 초청자들의 정체성에 접근하는 데는 사회경제적 설명이 보다 본문에 가깝다. 그러나 이것을 첫 번째부터 세 번째의 순서로 선교하라는 메시지로 읽는 것은 사회적으로 소외된 사람들에 대한 배려를 우선적으로 하고 있는 누가의 신학과 일치하지 않는다. 이러한 종류의 해석에서 강조되는 것은 과정이야 어떠하든지, 잔치에 최종적으로 참여하는 것이다. 세 가지 종류의 초청 모두에서 주인과 초청받은 사람들이 경험하게 되는 수치에 대해서는 아무런 평가도 하지 않는다. 처음에 초청받지 못한 사람들이 마지막에 잔치를 차지하는 역전이 이루어진다고 하지만, 이것은 세 번째 초청에서는 잔치 참여가 확인되지 않고 있다는 것을 간과한 것이다. 대안으로 초대받은 사람들은 잔치를 차지하지 않았다.

세 번째 특징은 1세기 그레코-로만 사회를 배경으로 사회학적 해석을 시도하는 최근 해석들을 통해서 밝혀진 것으로 이 비유에 등장하는 등장인물들의 사회적 위치와 관계, 본문 상황의 사회적 의미 등에 관한 것이다. 이러한 연구들에서는 식사나 식탁 교제가 의식(ceremony)으로 사회적 의미를 지녔다는 것을 밝혔고,14 만찬이라는 것이 당시 후원자들이 베풀었던 관용과 호의의 한 방식이었다는 것이 제시되어, 큰 잔치 베풂과 초청을 '후원자의 호의'와15 '상호성'이라는16 차원에서 사회적 안목으로 바라볼 수 있게 하였다. 또한 목스네스(Halvor Moxnes)는 14장 12-14절이 후원자 체제 아래서의 상호성을 배경으로 하고 있다는 중요한 안목을 제공하였고,17 로보(Richard L. Rohrbaugh)는 세 가지 초청자들과 연결된 공간적 특성을 연구하여 그들의 사회적 지위를 밝히고자 노력했다.18 브라운(Willi Braun)은 이전의 사회학적 연구를 14장에 적용하여, 큰 잔치를 베푼 주인이 당시의 사회적 관계에서 볼 때 얼마나 수치스러운 일을 당한 것인지 잘 분석해 주었다.19 그러나 이러한 연구 성과들에도 불구하고 각각의 연구들은 큰 잔치 비유의 개별 사안들에 대한 사회적 의미를 확장시켰을 뿐, 이 비유에 대한 기존의 해석을 넘어서는 데는 그다지 성공적이지 못했다. 예수의 초청자 지침에서 거부된 상호성의 원리에 대한 인식이 있었음에도 불구하고, 큰 잔치는 하나님이 베푼 잔치로 이해되었고20 세 가지 초청자들에 대한 사회경제적 분석이 이루어졌음에도 불구하고 큰 잔치는 사회의 주변인들을 받아들인 사회적 경계를 뛰어넘은 혁신적이고 포괄적인 모범적 잔치 모델로의 위치를 굳건히 지키고 있다.21 또한 초청한 사람들로부터 모두 거절당하는 수치를 경험했던 주인은 그에 대한 반발로 동료들과의 관계를 청산하고, 대안적 선택으로 사회적인 주변인들에게 돌아선 "회심"한 모범적 사례로 평가된다.22 이제 이러한 연구들의 한계를 넘어서서 큰 잔치를 새롭게 평가할 수 있는 길을 찾아보기로 하자.

3

예수의 초청 대상자 목록

14장 12-14절은 초청에 대한 예수의 가르침으로, 큰 잔치 비유 바로 앞에 위치해서 이후에 전개되는 큰 잔치 비유 해석의 단서를 제공한다. 14장 12-14절에서 예수는 점심이나 만찬에 손님을 초청하려고 하는 경우, 어떤 사람들을 초청해야 하는지, 초청 대상자에 대한 지침을 제시하고 있다. 또 거기에 덧붙여 그들을 초청해야 하는 이유 또는 초청하지 말아야 하는 이유도 설명한다. 큰 잔치 비유에서는 주인이 초청했으나 초청을 거부한 사람들, 주인이 초청하지 않았으나[23] 잔치에 참여하게 된 사람들이 등장하여, 12-14절에서 처럼 초청 대상자들에 대한 이야기를 다루고 있다. 그런 점에서 12-14절은 뒤이어 나오는 '큰잔치 비유'를 이해하는 길잡이가 된다.

14장 12-14절의 초청 대상자에 대한 지침을 살펴보자.[24] 우선 초청하지 말아야 할 대상으로 "친구, 형제, 친척, 부유한 이웃"이 제시되었다. 1세기 당시 그레코-로만 사회에서는 친분관계가 있었던 사람들을 식사나 만찬에 초대하는 것이 일반적인 관행이었다.[25] 그러나 이러한 관행을 깨고 예수께서 이 사람들을 초청하지 말아야 할 대상으로 바꾼 이유는 다음과 같다. "그들도 너를 도로 초대하여 네게 되갚을 것이다"(12절). 다음은 초청해야 할 대상자가 언급된다. 그들은 "가난한 사람들, 지체 장애자들, 다리 저는 사람들, 눈먼 사람들"이다. 이 사람들을 초청해야 할 이유도 명시되어 있다. "그들이 되갚을 수 없기 때문이다"(14절). 샌더스(Jack Sanders)는 이 구절들이 비유의 서언이 된다고 간접적으로 언급하면서, 누가는 여기에서 두 그룹, 즉 그들 자신을 배제시키는 유대인들과 뜻밖에 구원을 얻게 되는 비유대인들을 상정하고 있다고 한다.26 이러한 그의 입장은 본문이 제시하고 있는 단서들보다는 누가의 유대인들에 대한 입장을 구원사적으로 조명하고 있는 샌더스 자신의 신학적 입장에 영향을 받고 있다. 키즈마트(Sylvia C. Keesmaat)는 이 사람들의 정체를 제의적 정결과 관련하여 설명한다. 그는 레위기 21장 16-20절이나 사해 사본의 훈련 규범(the Manual of Discipline)의 예를 들어, 제사나 식탁 교제에 참여할 수 없었던 '불결한' 사람들에 대해서 언급하면서 14장 13절에 언급된 사람들도 바리새인의 정결법을 위협했던 '불결한' 사람들로 규정한다. 앞으로 있을 종말론적 잔치에는 거룩한 자뿐만 아니라 사회의 주변인들도 참여할 수 있게 된다는 메시지라는 것이다.27 이러한 부류의 사람들이 사회의 주변인이고, 제의적으로 '불결한' 것으로 간주되었던 사람들이었다는 데에는 다른 의견이 없을 것이다. 그러나 이 구절에서 이 사람들을 초청해야 하는 이유는 그들이 제의적으로 불결한 사람들이었으나 허용될 것이기 때문이 아니다. 다시 말하면, 키즈마트는 이 사람들을 초청해야 하는 이유가 명시되어 있다는 데 좀 더 주의를 기울였어야 한다. 목스네스(Halvor Moxnes)는 이 점을 잘 지적했다. "여기에서 예수는 정결의 문제에 초점을 맞추고 있는 것이 아니다. 오히려 강조되고 있는 것은 관계의 사회경제적 측면이다."28 그는 14장 1-14절이 파트론-클라이언트(patron-client) 관계의 맥락에 놓여있다고 보는데, 이러한 관점에서 두 부류의 사람들의 정체를 규정한다. 초청이 금지된 사람들은 주인의 친족, 혈족, 마을의 친구들로 주인과 사회적 지위가 유사한 내부 그룹이다. 이들은 이러한 관계를 통해서 그들끼리의 사회적 교류의 구조를 유지시켜 나간다. 반면에 초청자 명단에 넣어야 할 사람들은 이러한 관계 구조 밖에 있는, 그 관계에 참여할 수 없었던 외부인들이다.29 이러한 목스네스의 통찰은 초청여부의 기준이 되고 있는 '되갚을 수 있음'(12절, *antikalesōsin*)과 '되갚을 수 없음'(14절, *ouk echousin antaposounai*)의 의미를 제대로 포착한 것이며, 이를 토대로 두 그룹의 정체성을 규명한 것은 누가복음 본문에 충실한 매우 설득력 있는 시도라고 하겠다.

되갚음이란 무엇인가?

예수의 초청 대상자 지침에서 초청할 사람과 초청하지 말아야 할 사람을 구분하는 기준이 되고 있는 '되갚음'이라는 것이 무엇인가? 누가복음이 기록되었을 당시 1세기 팔레스틴 주변 지역의 그레코-로만 사회에서 '되갚음'이란 개인이나 집단이 자신이 받은 혜택(호의, 은총)에 대해서 보답하는 것을 뜻한다. 이것은 1세기 그레코-로만 사회의 사회적 관계를 이해하는 데 매우 중요한 개념이다. 1세기 그레코-로만 사회의 후원자 체제(patronage)에 대한 연구에서 잘 알려진 바와 같이,30 후원하는 자(patron)와 후원받는 자(client) 사이에 이루어지는 '호의와 그 호의에 대한 보답'의 관계는 굳건한 정치적, 사회적, 경제적 연결 고리를 형성하였다. 자기 이익을 취하기 위해서 계산적으로 호의를 베푸는 행위가 덕 있는 파트론이 해서는 안되는 일이듯이, 호의를 입은 자가 그 은혜를 감사하지 않는 행위 또한 영예로운 자들이 할 일이 아니었다. 호의에 보답하지 않는 일, 감사하지 않는 일은 가장 나쁜 범죄로 간주되었고 은총의 신을 모독하는 신성모독으로까지 여겨졌다. 또한 감사하지 않는 것은, 공공 생활과 개인적인 구제에 결정적인 영향을 끼치는 관용을 좌절시키기 때문에 인간에게 해를 끼치는 일로 여겨지기도 하였다.31 예수가 초청하라고 명한 사람들—가난한 사람들과 지체 장애자들과 다리 저는 사람들과 눈먼 사람들—은 그 당시 사회에서 이 '호의-보답'으로 이루어진 사회적 관계망 밖에 존재하고 있었던 사람들이다. 그들은 되갚을 수 없는 사람들, 어쩔 수 없이 은혜를 모르는 몰염치한 사람들로 살 수밖에 없었던 사회의 주변인들이다. 예수는 그 당시의 사람들에게 익숙하지 않은 방식으로 그들이 되갚을 수 없기 때문에' 초청해야 한다고 주장하고 있는 것이다.

14장 12-14절에 언급된 예수의 초청자 지침은 자신이 받았던 초대(호의)에 응답하여 '도로 초대하여 되갚는' 것에 대해서 말한다(12절). 아마도 초대 받았던 것에 대하여 보답성 초청을 하는 일이 누가복음의 독자들에게도 익숙했던 것 같다. 그런데 예수는, '호의-

보답'이 가지고 있었던 사회적 기능—양자 간의 사회적 결속을 다져 주고 그로 말미암아 보다 안정적인 사회적 관계를 형성해 갈 수 있었던 것—에 의미를 부여하고 있지 않은 것 같다. 의미를 부여하기는커녕, 초대에 대한 답례로 '도로 초대를 받는 일'은 하나님께 받을 보상을 잃게 될 것임을 암시하고 있다(14절). 누가복음 저자는 당시의 관행을 따라서 사람들의 보답을 기대할 수 있는 초청을 행할 것인지, 아니면 사람들의 보답을 기대할 수 없는 초청을 함으로써 하나님께 보답을 받을 것인지 선택하도록 한다. 이 대립 속에는 이 '호의-보답'으로 이루어지는 사회적 관계가 하나님이 다스리는 세계에서는 유효하지 않다는 누가의 평가가 포함되어 있다. 더 파격적인 것은, 하나님의 보답이 마지막 완성의 때를 상징하는 "의인들이 부활할 때"(14절)에 주어진다는 것이다. 이때가 이르기 전에는 그들에게 베풀었던 호의는 보상받지 못할 것이다. 카리스는 이 구절들은 "일반적인 그레코-로만 상호성 윤리와 상반된다"고 하였다.[32] 목스네스도 "이것은 전통적인 의미에서의 파트론-클라이언트 관계의 종말이다"라고 단언한다.[33] 아무런 보답도 바라지 않고, 더 정확히는 보답할 능력이 전혀 없기 때문에, 그 사람에게 호의를 베푸는 것은 관용과 재분배를 특징으로 한다.[34] 또한 "클라이언트가 보답의 의무를 행하지 않아도 되는 사회적 관계… 그것은 파트론을 대신해서 그 관용이 권력과 특권으로 변질될 수 없다는 것을 의미한다. 파트론은 그의 관용을 받게 되는 사람들과의 사회적 관계에서 아무런 이득도 얻지 못하게 된다.[35]

4

예수의 초청자 지침을 위반한 초청: 첫 번째 초청과 두 번째 초청

이제 '큰 잔치'는 어떤 잔치인지, 왜 누가복음은 그 비유를 소개하는 것인지 살펴보도록 하자. 12-14절의 잔치 초청 대상자 지침은 앞에서 제기한 의문점들을 풀어서 '큰 잔치'와 '하나님 나라 잔치'의 관계를 설명하는데 매우 유용한 안목을 제공해준다. 큰 잔치 비유를 12-14절과 함께 읽을 때, '큰 잔치'가 지닌 문제점이 분명하게 드러난다. '큰 잔치' 비유는 잔치에 초청받은 사람들에 대한 이야기로 구성되어 있다. 모두 세 가지 종류의 초청(초청받은 사람들)에 대한 이야기가 소개된다. 첫째, 16절은 주인이 '많은 사람들'(*pollous*)을 초대했다고 밝힌다. 그리고 그들은 주인의 초청에 대하여 '모두 하나같이'(*mias pantes*) 핑계를 대기 시작했고, 결국 초청에 응할 수 없다는 답변을 주었다. 이 비유에서 핑계를 대고 초청에 응하지 않았던 사람들 중에 몇 사람을 예로 제시했다. 그 예들을 통해서 초청받았던 사람들의 면모를 추정해 볼 수 있다. 주인이 초청했던 사람들은 '밭을 산 사람', '소를 산 사람', '장가들어 아내를 맞이한 사람'이었다.36 로보는 4장 15-24절을 산업사회 이전의 도시의 특징들을 잘 드러내 주고 있는 모델로 제시하는데, 그의 분석 중에서 본 논문에 유용한 몇 가지 제안들을 살펴보겠다. 초청을 거부한 첫 번째 사람은 토지를 매매할 수 있는 사람, 즉 토지를 소유한 사람이다. 로보에 따르면, 산업사회 이전 세계에서 토지의 많은 부분은 도시 엘리트가 소유하고 있었다.37 두 번째 사람은 다섯 마리의 겨릿소를 산 사람이다. 예레미아스에 따르면, 다섯 마리의 겨릿소를 산 사람은 최소한 45헥타르(100에이커)38의 토지를 경작할 수 있었다고 한다. 당시 일반적으로 농부 한 사람이 경작하는 땅이 대개 10-20헥타르였던 것과 비교하면, 다섯 마리의 겨릿소가 필요했던 사람은 일정 정도의 재산을 소유한 사람인 것이 분명하다.39 세 번째 사람은 결혼한 사람이다. 고대 사회에서 결혼은 개인들 간의 낭만적 결혼이기보다는 친족 집단의 상황 속에서 이루어졌다.40 결혼은 가족이라는 것이 지닌 하나의 기본적인 사회적 기능, 곧 생 산과 재생산, 함께 나눔, 사회적 보호, 종교 같은 일들을 같이하는 하나의 집단을 형성하게 되는 출발점이었고, 다른 한편으로는 상속, 즉 다음 세대로 부와 지위와 명예를 전수하는 것이었다.41 핸슨(K. C. Hanson)은 "결혼은 성(sexuality), 관계(relationship), 재생산에 대한 관심을 넘어서서 경제적, 종교적, 때로는 정치적 함의를 지닌 가문들 간의 협상이 이루어지는 사회적 계약이었다"고 결혼이 지닌 사회적 의미를 설명한다.42 키너(C. S. Keener)와 제퍼스(James Jeffers)도 그 당시의 결혼은 상업적 측면과 법적인 면을 가지고 있었음을 지적하였고,43 드 실바(D. A. DeSilva)도 결혼의 목적은 무엇보다도 자식과 상속이라는 점에서 미래를 준비하는 것이라고 평하였다.44 말리나(B. J. Malina) 역시 1세기 혹은 그 이전의 지중해 세계에서 결혼은 양가의 명예가 합쳐진다는 것을 상징하였고, 정치적이고 경제적인 관심 아래서 이루어졌다고 하였다. 신랑의 가족은 약혼 때에 신부의 값을 지불해야 했으며, 신부의 가족은 가족들을 경제적으로 잘 부양할 수 있고 친절한 아버지가 될 수 있고 또 존경받는 시민인 사람을 신랑감으로 찾았다.45 이처럼 결혼한다는 것은 그의 삶이 이러한 사회적 규범 안에 정초되어 있다는 것을 말한다. 로보의 주장대로 초청을 거절했던 사람들이 모두 '도시 엘리트' 그룹에 속했는지는 더 논증이 필요하겠지만,46 그들이 그 당시 그레코-로만 사회에서 일정 정도 재산을 소유하고 자립적인 경제생활을 유지할 수 있었던 사람들, 최소한 일반적인 사회적 규범에서 벗어나 있지 않았던 사람들이었다는 것은 추정해 볼 수 있다. 12-14절에 비추어 볼 때, 이 사람들은 "도로 초대하여 네게 되갚아" 줄 수 있는 사회적 관계망을 가진 사람들에 속한다고 하겠다. 큰 잔치 비유의 주인은 이 사람들을 초청함으로써, 예수의 명령과는 달리 예수가 초청하지 말라고 명했던 사람들을 초청한 셈이다. 둘째, 첫 번째 초청이 모두 거절당한 후, 주인이 화가 나서 데려오라고 명한 거리와 골목의 사람들에 대한 초청이 있다. 그들은 가난한 사람들, 지체에 장애가 있는 사람들, 눈 먼 사람들, 다리 저는 사람들로 대표되었다. 이 사람들은 예수께서 '되갚을 수 없기 때문에' 초청하라고 명했던 사람들과 동일한 목록의 사람들이다(13절 참조). 이 사람들의 정체에 대해서, 로보는 두 번째 경우의 사람들이 "시내의 거리와 골목"(21절, *eis tas plateias kai hymas tēs poleōs*)에 있었다는 데 주목하여, 그들이 도시 안에 있으나 엘리트들이 사는 지역과는 구분된 비엘리트 지역에 사는 사람들이라고 보았다.[47] 샌더스는 이들을 가난한 사람들로 구분한다.[48] 브라운은 도시의 슬럼가 등에서 사는 버려진 사람들로 본다.[49] 시내의 거리와 골목이라는 공간 설정이 21절이 제공하는 구체적인 등장인물들의 정체성에 부가적인 정보를 제공할 수는 있겠다. 그러나 이 사람들은 13절을 통해서 이미 되갚을 수 없는 사람들로 규정된 사람들이다. 22절의 "아직도 자리가 남았다"는 종의 보고로 짐작하건대, 이 사람들은 주인의 명령에 따라 잔치에 참석했던 것 같다. 첫 번째 초청은 12-14절에서 명백하게 금지한 초청이다. 주인은 그 명령을 따르지 않았다. 주인은 초청이 금지되었던 '되갚을 수 있는' 사람들을 초청하였다. 두 번째 초청은 12-14절에서 예수께서 권장한 초청이다. 그러나 주인은 역시 예수의 명령을 간과하였다. 주인은 "거리와 골목에서… 사람들을 데려 오라"고 명령했지만, 24절에서 그들을 자신이 초대한 것으로 간주하지 않고 있다. "초대 받은 사람 가운데는 아무도 나의 잔치를 맛보지 못할 것"이라는 주인의 선언은,[50] 잔치에 참여했던 이 사람들—가난한 사람들—을 '초대한' 사람으로 간주하고 있지 않음을 알 수 있다. 예수께서 초청하라고 명했던 사람들이 주인의 잔치에 참여하였음에도 불구하고 주인은 예수께서 초청하라고 명했던 사람들을 초청하지 않은 셈이 되었다. 첫 번째와 두 번째 경우 모두를 통해서 큰 잔치 비유의 주인은 12-14절의 초청자 지침을 명백하게 위반하고 있다.

예수의 초청자 지침을 위반한 잔치의 결과: 세 번째 초청

세 번째 초청은 이 명백한 위반이 주인에게 가져온 결과, 즉 주인이 당한 '수치'를 극단적으로 묘사하고 있다.51 우선 세 번째 초청이 앞의 두 초청과는 다른 성격을 가지고 있음을 지적해야겠다. 세 번째의 초청은 초청 대상이 누구인지 알려지지 않았다. "큰길과 울타리가로 나가서, 사람들을…" 하고 말한다. 로보는 "큰길과 울타리가"(23절, *eis tas hodous kai phragmous*)를 근거로 이 사람들이 도시에 접근할 수는 있었지만 도시 안에서 사는 것이 허용되지 않았던 도시 외곽에 살았던 버려진 사람들이었다고 말한다.52 브라운은 도시 엘리트들로부터 경멸을 당하는 시골의 농부들이라고 보았다.53 그러나 누가복음 본문은 첫 번째 초청과 두 번째 초청 대상자에 대해서 매우 분명한 설명을 제시하고 있는 것과는 대조적으로54 세 번째 초청된 이 사람들이 구체적으로 어떤 사람들인지 밝히지 않는다. 따라서 세 번째의 초청은 엄밀한 의미에서 12-14절의 초청자 지침을 적용하기가 어렵다. 또한 세 번째의 경우에는 이 사람들이 잔치에 참여했는지의 여부도 밝혀지지 않았다. 여전히 남아 있는 빈자리를 채우기 위해서 큰길과 울타리가의 사람들이 강제로 초청되지만, 이들이 잔치에 참석했는지 알 수 있는 단서는 없다. 이 강제 초청 명령은 주인의 명령으로만 끝나고 있기 때문이다. 24절의 결론적 언급 어디에서도 모든 초청이 완성되어 '집'이 다 채워졌다는 보도도 없다. 이런 점에서 스와틀리가 두 번째와 세 번째 그룹이 잔치에서 먹었다고 한 것은55 본문과 정확히 일치하지는 않는다. 더욱이 "억지로라도"(23절, *anagkason*) 데려오라는 표현은 이 경우를 '초청'으로 보는 것이 적절하지 않음을 시사한다. 블롬버그(Craig L. Blomberg)나 브라운 같은 학자들은 이 '강제성'을 동양적 예의나 사회적인 관례를 깨는데 필요한 조치였다고 주장한다.56 그러나 이러한 합리화를 뒷받침할 수 있는 손님들의 망설임이나 주저함을 암시하는 것은 없다. 또 어떤 이유에서든지, 강제적 초청이란 잔치나 초청의 의미를 훼손시킨다. 초청 대상자도 분명하지 않고, 초청받은 사람들이 잔치에 참여했는지도 알 수 없고 '초청'이라고 할 수도 없는 이 세 번째의 경우는 '잔치' 자체를 무의미하게 하는 것이다. 다시 말하면, 이것은 주인의 잘못된 초청의 극단적인 경우를 보여준다. 이 세 번째 경우를 통해서 경고된 잔치의 무효화는, 이 비유의 결론에서 주인의 입으로 선포된다. "초대를 받은 사람 가운데서는, 아무도 나의 잔치를 맛보지 못할 것이다"(눅 14:24). 이 무효화 선언은 예수의 초청자 지침을 무시했기 때문에 주인이 받은 수치의 결과이다. 또한 이 선언은 주인의 잘못된 초청으로 인하여 손님들이 받게 된 수치를 보여준다. 첫 번째 손님들은 주인의 초대를 거절한 대가로 자신들도 동일하게 주인에게 거부당하는 수치를 경험해야 할 것이며, 두 번째 손님은 대안 손님이라는 수치를 감수하고 잔치에 참여했음에도 불구하고 주인의 손님으로 인정받지 못하는 수치를 당해야 했으며, 세 번째 손님은 강제적인 초청에 응해야 하는 수치를 경험한다.

목스네스는 파트론이 베푼 호의가 명예와 권력으로 전환될 수 있다는 것을 잘 지적하였다.57 로보도 잔치를 베푼 '어떤 사람'은 '큰 잔치'를 베풀 수 있을 만큼의 재산을 소유한 도시 엘리트 그룹의 지도급 구성원이었을 것이라고 말한다.58 누가복음 14장의 잔치가 공적 만찬의 성격을 가졌는지는 확인할 수 없지만, 많은 사람을 초청한 '큰 잔치'(deipnon mega)라고 언급한 것은, 이 잔치가 어떤 사람, 추측하건대 파트론의 '호의'로 베풀어진 것이라고 볼 수 있다. 주인이 베푼 잔치는 초대를 받은 자들에 대한 주인의 호의였으며, 그의 명예였다. 주인은 첫 번째 초청이 거절됨으로써, 자신이 초청했던 사람들로부터 자신의 호의를 거부당하는 수치를 경험한다. 브라운도 이 비유에 대한 사회-경제적, 사회-수사학적 분석을 통해, 주인은 자신이 초청한 동료들로부터 초청을 거부당함으로써 불명예를 안게 되었다고 말한다. 그러나 브라운은 이 주인이 옛 사회적 관계의 동료들과 단절하고 도덕적, 사회적, 경제적 이상에 따라서 소외된 자들과의 교제를 주도적으로 선택함으로써 불명예를 극복하였다고 주장한다. 그는 24절은 이러한 주인의 변화를 확실하게 보여주는 것이라고 평가한다.59 브라운의 연구는 당시의 사회-경제적 요인을 14장의 비유 해석에 적용한 점에 있어서는 설득력이 있으나, 큰 잔치 비유의 주인의 행동을 회심(conversion)으로 평가한 점에는 동의하기 어렵다. 왜냐하면 앞에서 설명한 것처럼 두 번째와 세 번째 초청이 주인의 자발적인 선택이기보다는 위기 수습을 위한 어쩔 수 없는 선택이었기 때문이다. 또한 이 이야기에서 왜 두 번째 초청과 세 번째 초청을 구분하여 제시하고 있는지도 설명하지 못한다. 이런 점에서 쇼트로프(Luise Schottroff)가 주인은 하나님을 비유적으로 묘사한 것으로 간주해서는 안 된다고 주장한 것은 매우 적절한 평가라고 하겠다.[60] 주인은 자신의 초대를 거부당하고 '노하여'(orgistheis) 거리와 골목에서 그가 원래 초청하기를 원하지 않았던 사람들, 더 나아가 초청을 받아들일 의사가 없는 사람들을 강제로 데려와야 하는 상황에 놓이게 된다. 주인은 자신의 잔치에 자신이 초청하기를 원하지 않았던 두 번째 부류의 사람들을 초청하지 않을 수 없는 수치를 경험한다. 더 나아가 주인은 그 의 잔치에 참여하기를 원하지 않는 사람들을 강제로 잔치에 참여시켜야 하는 파트론으로서의 수치를 경험해야 했다. 24절은 결국 주인이 자신이 초대한 사람들을 스스로 거부함으로써 주인의 수치를 역설적으로 보여주고 있는 것이다.

5

이 글은 누가복음 14장 12-24절의 분석을 통하여 '큰 잔치 비유'에 대한 새로운 해석을 제시하고자 하였다. 이 글에서는 14장 12-14절이 15-24절을 해석하는 단서를 제공하는 것으로 판단한다. 특히 예수의 초청자 지침에서 강조되고 있는 '되갚음'에 대한 언급은 그레코-로만 세계의 일반적인 상호성의 규범으로 이 비유가 그레코-로만 세계의 사회상을 반영하고 있음을 보여준다. 따라서 이 글에서는 그레코-로만 세계에서 '되갚음'의 의미를 토대로 하여 12-14절이 지닌 사회적 의미를 확인하고, 15-24절의 비유가 이 지침을 어떤 방식으로 반영하고 있는지 살폈다. 그 결과 14장에 언급된 큰 잔치는 배타성을 경계하고 포괄성을 지향하는 하나님 나라 잔치를 반영하는 것으로 볼 수 없으며, 이 비유는 더 나아가서 강제적으로라도 그 나라를 경험하도록 하는 것을 합리화할 수 있는 메시지로 이해될 수 없음을 드러냈다.

14장 12-14절은 '되갚음'이라는 상호성에 입각한 사회적 관계망에서 벗어나 있었던 사회의 주변인들을 그들 공동체의 구성원으로 수용할 것을 요구한다. 이러한 요청은 당시의 사회적 관행을 고려해 볼 때, 기존의 관계망을 뒤흔드는 매우 혁신적인 요구이다. 이것은 단순히 그들이 현재 유지시키고 강화시켜 나가고 있는 사회적 경계를 확장시키는 것이 아니다. 그것은 그 당시 사람들에게는 그들이 살고 있는 세계의 질서를 거부하고, 그와는 다른 새로운 세상에 대한 비전과 실천을 수행하는 것이다.

큰 잔치 비유는 이처럼 새로운 세상을 여는 예수의 초청자 지침을 무시하고 초청이 금지된 사람들을 초청한 주인이 겪을 수밖에 없었던 수치와 그로 인하여 실패한 잔치의 모델을 보여줌으로써 하나님 나라의 잔치에 대한 올바른 이해를 갖도록 경고하고 있다.[61]

미 주

서문

1 루돌프 불트만/허혁 역, 『공관복음전승사』(서울: 대한기독교서회, 1970). 불트만은 이 책에서 공관복음서가 문서로 정착되기 이전의 구전양식들을 추적하고 있다. 그런데 불트만은 이러한 구전양식들의 '삶의 정황'(Sitz-Im-Leben)을 종교적인 것으로만 한정시키고 말았다. 즉 예수에 관한 다양한 구전들이 초대교회라는 한정된 장소에서만 유통되고 전승되었다는 것이다. 타이센(G. Theissen)은 이러한 불트만의 주장에 문제를 제기하면서, 예수전승이 보다 다양한 사회, 정치적 환경에서 전해져 왔다는 것을 보여준다. Gerd Theissen, *The Gospels in Context: Social and Political History in the Synoptic Tradition*, translated by Linda M. Maloney(Minneapolis: Fortress Press, 1991).

2 이러한 관점에서 공관복음서 각각의 특징적인 신학과 예수이해를 간략하게 소개하는 최근의 저작으로는, Mark Allan Powell, *The Gospels*(Minneapolis: Fortress Press, 1998), Clive Marsh & Steve Moyise, *Jesus and the Gospels*(New York: Cassell, 1999), 그레이엄 스탠턴, 『복음서와 예수』, 김동건 옮김(서울: 기독교서회, 1996), 게리 윌스, 『예수의 네 가지 얼굴』권혁 옮김(서울: 돋을새김, 2008)을 참조하라.

3 G. Bornkamm, *Tradition and Interpretation in Matthew*(Philadelphia: Westminster, 1963).

4 H. Conzelmann, *The Theology of St. Luke*(N.Y.: Harper & Row, 1960).

5 W. Marxen, *Mark the Evangelist: Studies on the Redaction History of the Gospel* (Nashville: Abingdon Press, 1969).

1장_ 원시 기독교와 공관복음

1 박찬웅, 『초기 기독교와 요세푸스: 헬레니즘 시대의 유대교를 배경으로』(서울: 동연, 2018), 43-50 참조.

2 Robin Margaret Jensen, *Understanding Early Christian Art*(London and New York: Routledge, 2000), 8-31.

3 시대에 따라 서양회화 속의 예수 이미지가 어떻게 변화하는가는, Jaroslav Perikan,

The illustrated Jesus Through the Centuries(New Haven & London: Yale University Press, 1997)을 참조하라.

4 복음서의 상징 동물에 대해서는, Richard A. Burridge, *Four Gospels, One Jesus?* (Grand Rapids: Wm. B. Eerdmans Publishing Company,1994), 23-27 참조하라. [김경진 옮김, 『네 편의 복음서, 한 분의 예수』(서울: 기독교연합신문사, 2000).]

5 Ibid., 24-25 참조.

6 7세기부터 서구의 교회들은 공관복음서를 상징하는 동물들을 그려 넣은 성서필사본들을 제작하기 시작하였다. 아일랜드의 켈트족 기독교인들이 남긴 『더로우書』(Book of Durrow)에는 마태를 상징하는 사람, 마가를 상징하는 사자, 누가를 상징하는 황소, 그리고 요한을 상징하는 독수리가 그려져 있다. Ibid., 25, 29-30 참조하라.

7 Ibid., 25-27 참조.

8 Ibid., 31-32.

9 복음서가 구전으로부터 문서화에 이르는 과정에 대해서는, 에릭 이브, 『예수에서 복음서까지』 박규태 옮김(서울: 좋은 씨앗, 2016)을 참조하라.

10 김재성 외, 『성서를 읽는 11가지 방법』(서울: 생활성서사, 2001), 89-105를 참조하라.

11 그레코-로만의 다양한 사회적 상황 속에서 공관복음서를 이해하려는 시도에 대해서는, Bruce J. Malina & Richard L. Rohrbaugh, *Social-Science Commentary on the Synoptic Gospels*(Minneapolis: Fortress, 1992)를 참조하라.

12 베르너 H. 켈버, 『마가의 예수이야기』, 서중석 역(천안: 한국신학연구소, 1987), 11-12.

13 게르트 타이센, 『복음서의 교회정치학』, 류호성, 김학철 역(서울: 대한기독교서회, 2002), 15.

14 이러한 전망에서 신약성서에 등장하는 다양한 예수상을 분석하고 있는 책으로는, Jerome H. Neyrey, *Christ Is Community: The Christologies of the New Testament* (Wilmington, Delaware: Michael Glazier, 1984)를 참조하라. 방법론과 공관복음의 특징적인 예수상에 대해서는 이 책의 7-141쪽을 참조하라.

15 지식사회학의 전망을 신약성서 해석에 적용한 대표적인 학자로는 H. C. Kee를 들 수 있다. 그의 책, *Knowing the Truth: A Sociological Approach to New Testament Interpretation*(Minneapolis: Fortress, 1989)을 참조하라. 사회과학적 성서해석에 대해서는, J. H. Elliott, *What Is Social-Scientific Criticism?*(Minneapolis: Fortress Press, 1993), 7-8을 참조하라. 사회과학의 이론이나 모델을 신약성서 연구에 적용한 책으로는 다음을 참조하라. Philip F. Esler, *Modelling Early Christianity: Social-scientific studies of the New Testament in its context*(London and New

York: Routledge, 1995).
16 서중석,『복음서해석』(서울: 대한기독교서회, 1991), 397.
17 서중석,『복음서의 예수와 공동체의 형태』(서울: 이레서원, 2007), 6.
18 공관복음 배후에 있는 원시 기독교 공동체들에 관한 연구들은 다음을 참조하라. J. A. Overman, *Matthew's Gospel and Formative Judaism: The Social World of the Matthew Community*(Minneapolis: Fortress Press, 1990). Anthony J. Saldarini, *Matthew's Christian-Jewish Community*(Chicago: University of Chicago Press, 1994). H. C. Kee, *Community of the New Age: Studies in Mark's Gospel* (Philadelphia: The Westminster Press, 1977). J. S. Suh, *Discipleship and Community: Mark's Gospel in Sociological Perspectives*(Claremont: CAAM, 1991). P. F. Esler, *Community and Gospel in Luke-Acts: The Social and Political Motivations of Lukan Theology* (Cambridge: Cambridge University Pres, 1987). J. H. Neyrey (ed.), *The Social World of Luke-Acts: Models for Interpretation* (Peabody: Hendrickson Publisher, Inc, 1991).
19 마가공동체의 종파적 성격에 관한 논의를 위해서 서중석,『공관복음해석』(서울: 대한기독교서회, 2018), 68-73을 참고하라.
20 로드니 스타크,『기독교의 발흥』손현선 옮김 (서울: 좋은 씨앗, 2016), 53-79.
21 W. A. Meeks, *The First Urban Christianity: The Social World of the Apostle Paul* (New Haven & London: Yale University Press, 1983), 74-110을 참조하라.
22 로마서 16장에는 5개의 가정교회에 속한 26명의 이름이 언급된다. 이에 대해서는 정승우,『로마서의 예수와 바울』(서울: 이레서원, 2008), 15-40을 참조하라.
23 필로와 그의 사상에 대해서는, Bruce W. Winter, *Philo and Paul among the Sophist*(Grand Rapids: Eerdmans, 2002)를 참조하라.
24 콜리기움에 대해서는 정승우,『로마서의 예수와 바울』, 25-26을 참조하라.
25 이 보고서에서 플리니는 기독교인의 모임을 마치 밀의종교의 모습으로 그리고 있다. 플리니에 따르면, 이들은 특정한 날을 정해 동 트기 전에 모이며, 그리스도가 신인 것처럼 그를 찬송하고, 예식을 마친 후에 음식을 함께 나누어 먹는다고 기술한다. 자세한 내용은, 엘버트 벨,『신약시대의 사회와 문화』, 오광만 역(서울: 생명의 말씀사, 2004), 180-181.
26 L. Alexander, "Paul and the Hellenistic Schools: the evidence of Galen," in *Paul in his Hellenistic Context,* edited by Troels Engberg-Pedersen(Philadelphia: Fortress Press, 1986), 136-142.
27 K. Stendahl, *The School of St. Matthew and Its Use of the Old Testament*

(Philadelphia: Fortress Press, 1968).
28 H. C. Kee, *Who are the People of God?: Early Christian Models of Community* (New Haven: Yale University Press, 1995), 55-178을 참조하라.
29 *Ibid,*, 55-87 참조.
30 *Ibid.*, 97-120 참조.
31 *Ibid.*, 121-144 참조.
32 *Ibid.*, 157-170 참조.
33 *Ibid.*, 179-180, 187-192 참조.

2장_ 공관복음의 기원

1 공관복음의 정의와 저자 그리고 저작 연대에 대해서는, E. P. 샌더스 & M. 데이비스, 『공관복음서 연구』, 이광훈 옮김(서울: 대한기독교서회, 1999), 15-47을 참조하라.
2 Richard A. Burridge, *Four Gospels, One Jesus?*, 10-11.
3 Richard A. Burridge, *What are the Gospels?: A Comparison with Graeco- Roaman Biography*(Cambridge: Cambridge University Press, 1992)을 참고하라.
4 복음서와 그레코-로만 자서전의 유사성에 대해서는, *ibid.*, 191-259를 참조하라.
5 에리히 아우어바흐, 『미메시스: 고대. 중세편』 김우창, 유종호 옮김(서울: 민음사, 1992), 88.
6 Richard A. Burridge, *What are the Gospels?* 195-199.
7 M. A. Powell, *The Gospels*(Minneapolis: Fortress Press, 1998), 45-46 참조.
8 공관복음서의 익명성에 대해서는 E. P. 샌더스 & M. 데이비스, 『공관복음서 연구』, 19-47을 참조하라.
9 공관복음 각 문헌들의 저자, 저술 시기, 장소, 저작 목적 등에 대해서는 M. A. Powell, *The Gospels*, 45-50, 71-75, 95-99을 참조하라.
10 마가복음의 저작 시기에 대한 논의에 대해서는 서중석, 『공관복음해석』, 15-28을 참고하라.
11 Richard A. Burridge, *Four Gospels, One Jesus?*, 10-11.
12 B. H. Streeter, *The Four Gospels: A Study of Origins*(London: Macmillan, 1924), 159-160.
13 Richard A. Burridge, *Four Gospels, One Jesus?*, 11-13 참조.
14 제자들의 눈멈과 소경의 눈뜸의 이야기가 지니는 의미에 대해서는, 베르너 H. 켈버,

『마가의 예수이야기』, 75-76을 참조하라.
15 마가의 여인들의 따름과 섬김의 주제에 대해서는, 서중석, 『공관복음해석』, 59-63을 참조하라.
16 마가복음의 종결이 미완성으로 끝나는 이유에 대해 컬버는 다음과 같이 설명한다. "복음이 이 '미완성된' 형태로 끝나는 한 가지 이유는 여인들의 실패가 실제로 하느님 나라 이야기에 관한 마지막이 아니기 때문이다. 제자들의 운명은 정해져 있으나 그 위기의 본질을 이해하는 마가 시대의 독자는 제자들에 의해서 완성되지 않고 남겨진 예수의 여행을 완성하도록 초대된다." 베르너 H. 켈버, 『마가의 예수이야기』, 131.
17 마태복음서의 구조에 대해서는, David R. Bauer, *The Structure of Matthew's Gospel: A Study in Literary Design* (Sheffield: the Almond Press, 1988)을 참조하라.
18 B. W. Bacon, *Studies in Matthew* (London: Constable, 1930). 마태복음의 구조에 대한 논의에 대해서는 도널드 시니어, 『마태복음』, 민경식 옮김(서울: 대한기독교서회, 2018), 27-41을 참고하라.
19 누가의 독자, 데오빌로에 대해서는, F. Gerald Downing, "Theophilus' First Reading of Luke-Acts," in *Luke's Literary Achievement*, edited by C. M. Tuckett (Sheffield: Sheffield Academic Press, 1995)을 참조하라.

3장_ 공관복음의 예수 묘사

1 복음서를 구전전승의 단위와 저자의 편집의도에 입각해서 이해하기보다는, 복음서 전체의 이야기를 통해 이해하려는 시도가 서사비평(narrative criticism)이란 이름으로 진행되어 왔다. 켈버는 마가의 서사구조의 특징을 통해, 마가복음의 문학적 특징과 신학을 분석하려 한다. H. 베르너, 켈버, 『마가의 예수 이야기』를 참조하라. 마태복음서에 관한 서사비평은 잭 딘 킹스베리, 『이야기 마태복음』 권종선 옮김(서울: 요단출판사, 2000)을 참조하라. 누가복음서에 대한 서사비평은, O. C. 에드워즈 2세, 『누가의 예수 이야기』 오덕호 역(서울: 한국장로교출판사, 1999)을 참조하라.
2 마커스 보그, 존 도미닉 크로산, 『첫 번째 크리스마스』, 김준우 옮김(서울: 한국기독교연구소, 2011), 125.
3 R. E. Brown, *The Birth of the Messiah: A Commentary on Infancy Narratives in the Gospels of Matthew and Luke* (New York: Doubleday, 1993), 74.
4 누가복음의 서문에 대해서는, Alexander, L. *The Preface to Luke's Gospel: literary convention and social context in Luke 1.1-4 and Acts 1.1.* Society for New

Testament Studies monograph series 78(Cambridge: Cambridge University Press, 1993)을 참조하라.
5 누가의 탄생 이야기가 지닌 사회, 정치적 의미에 대해서는, 리차드 A. 홀슬리, 『크리스마스의 해방』, 손성현 옮김(서울: 다산글방, 2000), 125-232.
6 Clive Marsh and Steve Moyise, *Jesus and the Gospels*(New York: Cassell, 1999), 18.
7 베르너 H. 켈버, 『마가의 예수 이야기』, 101.
8 B. W. Bacon, *Studies in Matthew*, 80-83.
9 D. C. Allison, *The New Moses: A Matthew Typology*(Minneapolis: Augsburg Fortress, 1993), 98-100.
10 Clive Marsh and Steve Moyise, *Jesus and the Gospels*, 34-35.
11 *Ibid.*, 36-37.
12 요한복음 12장 1절 이하, 마태복음 26장 10절, 마가복음 14장 3-9절과 비교해 보면, 이 구절의 누가복음적 특징이 선명하게 드러난다.
13 마태복음 1-2장에서는 요셉이 강조되고 있다.
14 누가공동체의 구성과 선교에 관하여는 서중석, 『공관복음해석』, 203-223을 참고하라.
15 공관복음서의 수난 이야기에 대해서는, R. E. Brown, *The Death of the Messiah* (New York: Doubleday, 1994). John Dominic Crossan, *Who Killed Jesus*(San Francisco: Harper San Francisco, 1995)를 참조하라.
16 M. Kähler, *The So-called Historical Jesus and the Historic, Biblical Christ*, translated by Carl E. Braaten(Philadelphia: Fortress Press, 1964), 80.
17 쿰란 공동체의 규칙서(4Q285)에는 두 명의 메시아가 언급되는데, 아론과 이스라엘의 메시아이다. 아론의 메시아는 제사장적 기능을 수행하고, 이스라엘의 메시아는 원수(키팀)를 물리치는 군사적 메시아를 상징한다. J. C. 판데어캄, 『초기 유다이즘 입문』 박요한 영식 옮김(서울: 성서와 함께, 2005), 288.
18 크로산에 따르면, 수난 이야기의 형성 과정은 3가지 단계를 거치는데, 먼저 역사적 수난(historical passion)의 단계로서, 이 과정은 수난에 관한 일반적 사실이 모아지는 단계이다. 둘째는 예언적 단계(prophetic passion)로, 예수의 수난을 암시하는 구약성서의 구절들이 모아지는 단계이다. 세 번째는 이야기 수난(narrative passion) 단계인데, 베드로 복음이나 마가복음 그리고 이들을 참조하여 마태복음과 누가복음, 그리고 요한복음에서 확대된 이야기 형태로의 수난사(Passion story)를 의미한다. 존 도미닉 크로산, 『역사적 예수』, 김준우 옮김(서울: 한국기독교연구소, 2000), 596-597.
19 Clive Marsh and Steve Moyise, *Jesus and the Gospels*, 20-25 참조.

4장_ 공관복음의 하나님 나라

1 C. H. Dodd, *The Parables of the Kingdom* (New York: Charles Scribner's Sons, 1961), 16.
2 W. Wrede, *The Messanic Secret*, translated by J. C. G. Grieg (London: Jamei Clarke, 1971), 68.
3 베르너 H. 켈버, 『마가의 예수 이야기』, 23-24.
4 서중석, 『복음서해석』, 31-51.
5 David B. Gowler, *What Are They Saying About the Parables* (New York: Paulist, 2000)을 참조하라.
6 Bruce J. Malina and Richard L. Rohrbaugh, *Social-Science Commentary on the Synoptic Gospels*, 238.
7 J. Duncan M. Derrett, "The Evil Eye in the New Testament," in *Modelling early Christianity: social-scientific studies of the New Testament in its context*, edited by Philip F. Esler (London and New York: Routledge, 1995). 사악한 눈(evil eye)은 고대 지중해 세계에서 부모들이 자식들을 보호해야 하는 악마적 세력을 의미한다.
8 산상설교에 대해서는 박수암, 『산상수훈』(서울: 대한기독교서회, 1990), 게르하르트 로핑크, 『산상설교는 누구에게』, 정한교 옮김 (왜관: 분도출판사, 1990), W. Cater, *What Are They Saying about Matthew's Sermon on the Mount* (New York: Paulist Press, 1994), Dale C. Allison, *The Sermon on the Mount* (New York: The Crossroad Publishing Company, 1999)를 참조하라.
9 김선정, "포도원 주인의 두 가지 길: 마태복음 20:1-16에 대한 사회학적 해석," 「신약논단」 13(4) (2006): 785-810을 참고하라.
10 도널드 시니어, 『마태복음』, 180-184 참고.
11 달란트 비유에 대한 해석으로 김학철, "하늘나라 비유로서 달란트 비유 다시 읽기," 「신약논단」 16/1 (2009): 5-39를 참고하라.
12 Bruce J. Malina and Richard L. Rohrbaugh, *Social-Science Commentary on the Synoptic Gospels*, 367.
13 김선정, "큰 잔치 비유 다시 읽기: 누가복음 14:12-24," 「문화와 신학」 제12집(2008): 93-117를 참고하라.
14 마가복음이 '강도'(*lēstēs*. 막 15:27)로 표현한 것을 누가복음은 '죄수'(*kakourgos*, 눅 23:32, 39)로 수정하였다.

5장_ 공관복음 배후의 공동체들

1 Howard Clark Kee, *Who Are the People of God?*, 13-16.
2 중간기 묵시문학에 대해서는, 존 J. 콜린스,『묵시문학적 상상력: 유다묵시문학 입문』 박요한 영식 옮김 (서울: 가톨릭 출판사, 2006)을 참조하라.
3 Howard Clark Kee, *Who Are the People of God?* 66-67.
4 마가복음 13장에 반영된 묵시 사상의 특징에 대해서는 서중석,『공관복음해석』, 29-49를 참조하라.
5 G. 타이센,『초기 그리스도교에 대한 사회학적 연구』, 김명수 역(서울: 대한기독교출판사, 1986), 134-171을 참조하라. 예수 운동의 사회적 무근성에 대해서는, 게르트 타이센,『예수 운동의 사회학』, 조성호 옮김(서울: 종로서적, 1988)을 참고하라. 한편, 예수 운동이 방랑하는 카리스마적 설교가들에 의해 주도되었다는 타이센의 주장에 대한 비판은, 리차드 홀슬리,『예수운동』, 이준모 역(천안: 한국신학연구소, 1993)을 참조하라. 홀슬리는 타이센이 사용하고 있는 기능주의 사회학의 문제점을 지적한다. 즉 예수 운동의 변혁성은 구조기능주의에 의해서 포착될 수 없고, 갈등이론으로 가능하다고 주장한다. 그리고 방랑하는 설교자들보다는 변혁적인 지역 공동체들에 의해 예수 운동이 전개되었다는 것을 강조한다.
6 잭 딘 킹스베리,『이야기 마태복음』, 권종선 옮김(서울: 요단출판사, 2000), 241-262를 참조하라.
7 도널드 시니어,『마태복음』, 101-113을 참고하라.
8 Howard Clark Kee, *Who Are the People of God?*, 97-120 참고하라.
9 G. Bornkamm, "End-Expectation and Church in Matthew's," in *Tradition and Interpretation in Matthew*, G. Bornkamm, G. Barth and H. J. Held (Philadelphia: Westminster, 1963), 15-51.
10 Stephenson H. Brooks, *Matthew's community: the evidence of his special sayings material*, Journal for the study of the New Testament supplement series 16 (Sheffield: JSOT Press, 1987), 20-21.
11 O. L. Cope, *Matthew: A Scribe Trained for the Kingdom of Heaven* (Washington, D. C.: CBAA, 1976), 10.
12 마태공동체의 학문적 성격에 대해서는, 구제홍, "학문공동체로서 마태공동체의 특성이해," Y*onsei Review of Theology & Culture* 4(1998): 273-291을 참조하라.
13 서중석,『복음서해석』, 112-121

14 *Ibid.*, 120.
15 *Ibid.*, 129-130.
16 하워드 클락 키, 『신약성서의 이해』, 서중석 역(천안: 한국신학연구소, 1991), 250.
17 P. F. Esler, *Community and Gospel in Luke-Acts: The Social and Political Motivations of Lucan Theology*, 31.
18 H. Moxnes, *The Economy of the Kingdom: Social Conflict and Economic Relations in Luke's Gospel* (Philadelphia: Fortress Press, 1988).
19 H. J. Cadbury, *The Making of Luke-Acts* (London: SPCK, 1958), 245-249.
20 P. F. Esler, *Community and Gospel in Luke-Acts: The Social and Political Motivations of Lucan Theology*, 30.
21 마크 포웰, 『누가복음 신학』, 배용덕 역(서울: 기독교문서선교회, 1995), 16-17.

부록 1. 포도원 주인의 두 가지 길

1 비유에 대한 사회학적 연구 성과들에 대한 간략한 소개는 David B. Gowler, *What Are They Saying About The Parables?* (New York: Paulist Press, 2000), 68-84를 보라.
2 예수 세미나(Jesus Seminar)에 의하면 마태복음 20:1-15는 예수의 말씀이었을 가능성이 매우 높은 Red Parable로 평가되었다(평균 2.31; 비유 중에서 4위로 매겨짐). James R. Butts edited *The Parables of Jesus: Red Letter Edition*(California: Polebridge Press, 1988), 26, 102, 104.
3 V. George Shillington, "Saving Life and Keeping Sabbath(Matthew 20:1b-15): The Parable of the Labourers in the Vineyard," in *Jesus and His Parables: interpreting the Parables of Jesus Today*, edited by V. George Shillington (Edinburgh: T & T Clark, 1997), 87-101, 특히 90-93. 이 비유에 대한 간략한 연구사가 소개되어 있다.
4 Warren Carter, *Matthew and the Margins: A Sociological and Religious Reading* (New York: Orbis Books, 2001), 398.
5 William R. HerzogII, *Parables as Subversive Speech: Jesus as Pedagogue of the Oppressed* (Louisville: Westminster/John Knox Press, 1994).
6 *Ibid.*, 97.
7 이것은 헤르조그가 이 비유에 붙인 제목이다.
8 William R. Herzog II, *Parables as Subversive speech*, 97.
9 고울러(David B. Gowler)는 헤르조그가 사회사적 지식을 이 비유 해석을 위하여 에

틱 전망(etic perspective)에서 사용하고 있다고 적절하게 평가하였다. David B. Gowler, *What Are They Saying About The Parables?* 73. etic perspective에 관하여는 John H. Elliott, *What is Social-Scientific Criticism* (Minneapolis: Fortress Press, 1993), 38-39를 보라. 헤르조그는 이 용어가 주인과 일꾼 사이의 사회적 위치의 차이를 겸손한 척하면서 또 미묘하게 강화시키는 말이라고 지적한다. William it. Herzog II, *Parables as Subversive speech*, 92.

10 헤르조그는 이 용어가 주인과 일꾼 사이의 사회적 위치의 차이를 겸손한 척하면서 또 미묘하게 강화시키는 말이라고 지적한다. William R. Herzog II, *Parables as Subversive speech*, 92.

11 스캇(B. B. Scott)은 이 비유에서 사용되고 있는 '주인' '관리인' '일꾼'이라 는 용어들이 파트론-클라이언트 관계의 공식 용어를 재도입하고 있는 것으로 본다. Bernard Brandon Scott, *Hear Then the Parable. A Commentary on the Parable of Jesus* (Minneapolis: Fortress Press, 1989), 294.

12 William R. Herzog II, *Parables as Subversive speech*, 86-87.

13 Fernando Belo, *A Materialist Reading of the Gospel of Mark* (N. Y.: Orbis Books, 1981).

14 William R. Herzog II, *Parables as Subversive speech*, 94.

15 *Ibid.*, 89; Louise Schottroff, *The Parables of Jesus* (Minneapolis: Fortress Press, 2006).

16 이 문제는 5장에서 좀 더 자세히 다룬다.

17 마태복음에서 '의'가 어떤 의미로 사용되고 있는지에 대해서 Hung Sik Choi, "A Study of 'dikaiosunē' in Matthew," *Korea Journal of Christian Studies* 39(2005), 47-61을 참고하라.

18 Bernard Brandon Scott, *Hear Then the Parable*, 291.

19 William R. Herzog II, *Parables as Subversive speech*, 89.

20 이러한 논점에 대한 언급은 Bernard Brandon Scott, *Hear Then the Parable*, 283을 참고하라.

21 *Ibid.*, 297-298.

22 William R. HerzogII, *Parables as Subversive speech*, 86. 쇼트로프도 이 입장에 전적으로 동의한다. Louise Schottroff, *The Parables of Jesus*, 210-211.

23 V. George Shillington, "Saving Life and Keeping Sabbath(Matthew 20:1b-15): The Parable of the Labourers in the Vineyard," in *Jesus and His Parables: Interpreting the Parables of Jesus Today*, edited by V. George Shillington

(Edinburgh: T & T Clark, 1997), 87-101, 특히 97-100.
24 B. Rod Doyle, "The Place of the Parable of the Labourers in the Vineyard in Matthew 20:1-16," *Australian Biblical Review* 42(1994), 39-58, 특히 55.
25 Bernard Brandon Scott, *Hear Then the Parable*, 294.
26 정확하게는 첫 번째 그룹 중에서 한 사람을 향한 주인의 답변으로 묘사되고 있다. 나는 이 답변이 첫 번째 그룹 전체에 대한 주인의 답변이라고 보았다. 왜냐하면 불만을 제기했던 것은 한 개인이 아니라 *elthontes hoi prōtoi*(맨 처음 온 사람들, 10절)이었기 때문이다.
27 Bernard Brandon Scott, *Hear Then the Parable*, 295.
28 William R. HerzogII, *Parables as Subversive speech*, 79, 95.
29 Bruce J. Malina and Richard L. Rohrbaugh, *Social-Science Commentary on the Synoptic Gospels* (Minneapolist: Fortress Press, 1992), 125-126; John H. Elliott, "Matthew 20:1-15: A Parable of Invidious Comparison and Evil Eye Accusation," *Biblical Theology Bulletin* 22(1992): 52-53. '악한 눈'이 다양한 문화 속에서 어떻게 이해되었는지에 대한 언급은 임철규, 『눈의 역사, 눈의 미학』(파주: 한길사, 2004), 61-66.
30 Bernard Brandon Scott, *Hear Then the Parable*, 287.
31 Stephen J. Patterson, *The God of Jesus: The Historical Jesus & the Search for Meaning* (Pennsylvania: Trinity Press International, 1998), 143.
32 Ivor Harold Jones, *The Matthean Parables: A Literary and Historical Commentary* (Leiden, New York, Köln: E. J. Brill, 1995), 422.
33 Louise Schottroff, *The Parables of Jesus*, 215.
34 레바크쯔(Karen Lebacqz)는 포도원 주인의 정의롭지 못한 것처럼 보이는 임금 지급 방식을 '희년'의 관점에서 설명한다. '정당한 것'이란 정의에 관한 희년적 개념에서 생각할 수 있으며, "똑같이 대한다"는 것은 가난한 자와 부자의 불균형을 재편하고, 재화를 재분배하고 다시 출발할 수 있게 하는 희년적 정의에 바탕을 둔다고 보았다. 그는 비유 안에서 '희년'이라는 단어가 언급되지 않지만, 희년의 정신 안에서 정의와 자비의 의미를 다시 생각해볼 것을 제안한다. Karen Lebacqz, "Justice, Economics, and the Un-comfortable Kingdom: Reflections on Matthew 20:1-16," *Annaual of the Society of Christian Ethics* (1983), 27-53, 특히 41-44.
35 Brad H. Young, *Jesus and His Jewish Paraibes: Rediscovering the Roots of Jesus' Teaching* (New York/Mohwah: Paulist Press, 1989), 259-281. 영(Brad H. Young)은 마태복음 20:1-16의 비유와 유사한 세 가지 유대의 비유를 제시하였는데, 영이

소개한 세 가지 사례를 간략히 소개하면 다음과 같다. 첫째는 예루살렘 탈무드에 실린 제이라(R. Zeira)의 비유로, 젊어서 일찍 죽은 랍비 번 바 키야(R. Bun bar Chiya)의 죽음에 대한 질문에 답하기 위해서 제시된다. 이 비유에서 매우 부지런한 왕의 일꾼이 마태의 비유에서처럼 적은 시간을 일하고도 다른 일꾼들과 동일한 임금을 받는 상황이 등장한다. 왕은 불평하는 사람들에게 적게 일한 일꾼이 적은 시간에도 불구하고 많은 일을 해냈다는 것을 강조한다. 번 바 키아의 죽음도 그가 젊은 나이에 죽었지만, 오래 살면서 해낼 수 있는 일을 모두 다 해냈다고 설명한다. 둘째는 레위기 26:6에 관한 시프라(Sifra)에 나오는 익명의 비유이다. 이 비유에서는 왕을 위해 더 많이 일한 일꾼이 별로 일하지 않은 다른 일꾼들과 동일하게 최소한의 임금만을 받는다. 이 때 왕은 더 많이 일한 일꾼에게 미래에 더 많은 보상을 해줄 것을 약속한다. 이 이야기에서는 부족한 부분 이 미래의 보상으로 보충된다. 셋째, R. Simeon ben Eleazar의 것으로 소개되는 비유인데, 종일 일한 일꾼과 한 시간 일한 일꾼이 모두 한 데나리온을 받았다면 누가 더 사랑받은 것인가 질문하면서, 120년간 이스라엘을 돌본 모세와 52년간 돌본 사무엘 모두가 전능하신 분 앞에서는 동일하다고 말한다. 하나님의 은총은 그들이 하나님께 복종한 것에 준해서 주어지지 않는다.

36 Ulrich Luz, *Studies in Matthew* (Michigan/Cambridge: William B. Eerdmans Publishing Company, 2005), 9, 11; Aaron M. Gale, *The Matthean Community: Location, Wealth, Literacy* (Michigan: UMI, 2001), 103-109; David C. Sim, *The Gospel of Matthew and Christian Judaism. The History and Social Setting of the Matthean Community* (Edinburgh: T & T Clark, 1998), 1-9. 참조 이러한 문헌들은 마태공동체의 사회적 배경에 대한 연구 동향을 간략하게 정리하고 있다.

37 Francis Watson, *Paul, Judaism and the Gentile: A Sociological Approach* (Cambridge: Cambridge University Press, 1986), 40-41. 소종파가 기존 사회에서 분리되어 자신들의 이데올로기적 정당성을 추구해나가는 과정을 소개한다.

부록 2. 여성과 일

1 이 본문에 관한 논의는 그 관점에 따라 다양하게 전개되어 왔다. 이 대화에 등장하는 마르다와 마리아가 역사적 인물이었는가에 대한 논의에서부터, 다른 복음서에 등장하는 마르다, 마리아와의 관계와 그들에 대한 원시 기독교 전승에 대한 논의, 이 본문에 반영된 누가복음서 저자의 신학에 대한 논의, 원시 공동체의 여성관에 대한 논의, 등이 그것이다. 칼라 리찌(Carla Ricci)는 막달라 마리아에 대한 연구에서 성서에 언급된 여성들에 대한 연구 경향의 변화를 보여준다. *Mary Magdalene and Many*

Others. *Women who followed Jesus* (Minneapolis: Fortress Press, 1994), 40-50 참조.
2 Elisabeth Moltmann-Wendel, 『예수 주변의 여인들』 김희은 역(서울: 대한기독교출판사, 1982), 25-81을 참고하라.
3 Veronica Koperski는 이 단락에 대한 해석들을 feminist apologetic perspectives, a feminist critical perspective, reactions to a feminist critical perspective로 나누어 소개한다. "Luke 10,38-42 and Acts 6,1-7: Women and Discipleship in the Literary Context of Luke-Acts," in *The Unity of Luke-Acts*, edited by Joseph Verheyden (Leuven: Leuven University Press, 1999): 517-544.
4 신약성서를 중심으로 원시 기독교 공동체 안에서의 여성의 역할과 지위에 관한 개괄적인 이해를 위해서는 Ross Shepard Kraemer, *Her Share of the Blessings: Women's Religions Among Pagans, Jews, and Christians in the Greco-Roman World* (New York, Oxford: Oxford University Press, 1992), 128-156을 참고하라.
5 Stevan Davies, "Women in the Third Gospel and the New Testament Apocrypha," in *"Women Like This" New Perspectives on Jewish Women in the Greco-Roman world*, edited by Amy-Jill Levine(Atlanta: Scholars Press, 1991): 185-190을 보라. 그는 예수의 죄사하는 권세나 부활 사건 보도와 여성에 대한 보도를 비교하면서 누가복음서 저자는 전자의 사건들에 대해서는 예수의 행동이 동시대인들에게 매우 특별하고 예외적인 것이었음을 분명히 밝히지만, 여성들을 향한 예수의 행동에 대해서는 그러한 언급이 없다고 주장한다. 그는 여성들이 등장하는 본문들은 그 초점이 여성들의 특권을 말하고자 한 것이 아니라 예수의 신적 능력을 드러내기 위한 것이라고 말한다. 또한 여성들이 예수를 따랐다는 누가복음 8장1-3절의 경우도 누가만의 독특한 언급이 아니라고 지적한다. 이것은 마가복음서에서 가져와 수정한 것이며, 어느 복음서에서도 여성들이 있었다는 것을 특이하게 여긴 사람은 하나도 없었다는 것이다.
6 *Ibid.*, 186.
7 *Ibid.*
8 James S. Jeffers, *The Greco-Ronrin World of the New Testament Era Exploring the Background of Early Christianity* (Illinois: InterVarsity Press, 1999), 249-257; Ben Witherington III, *Women and the Genesis Christianity* (Cambridge: Cambridge University Press, 1990), 3-26.
9 Loveday Alexander, "Sisters in Adversity: Retelling Martha's Story," in *Women in the Biblical Tradition,* edited by George J. Brooke(Lewiston · Queenston · Lampeter: The Edwin Mellen Press, 1992), 179-180. 강조는 저자의 것임.
10 *Ibid.*, 186.

11 이 문제에 관한 논의는, 3,4장에서 다룰 것이다.
12 Bruce J. Malina and Richard L. Rohrbaugh, *Social-Science Commentary on the Synoptic Gospels* (Minneapolis: Fortress Press, 1992), 348 . 사본상의 불일치에 대해서는 Bruce Metzger, *A Textual Commentary on the Greek New Testament*, 3rd. (London, New York: United Bible Societies, 1971), 153.
13 누가복음서에서 나사로는 누가복음 16장 19-31절에서 거지 나사로로 등장한다.
14 James Malcolm Arlandson, *Women, Class, and Society in Early Christianity* (Massachusetts: Hendrickson Publishers, Inc., 1997), 68-73, 136-137.
15 Bruce J. Malina and Richard L. Rohrbaugh, *Social-Science Commentary on the Synoptic Gospels*, 348.
16 Elisabeth Moltmann-Wendel, 『예수 주변의 여인들』 25-69. 벤델은 마르다의 적극성, 유능함은 오히려 교회의 전통에서 열등한 것으로 평가받았다고 말한다 . 마르다와 마리아의 이미지에 대한 전통적인 견해들에 대해서는 Loveday Alexander, "Sisters in Adversity: Retelling Martha's Story," 168-177.
17 A. Weiser, "diakoneō," in *Exegetical Dictionary of the New Testament*, vol.1, edited by Horst Balz and Gerhard Schneider (Michigan: William B. Eerdmans Publishing Company, 1990), 302.
18 Hermann W. Beyer, "diakoneō," in *Theological Dictionary of the New Testament*, vol.11, edited by G. Kittel (Michigan: William B. Eerdmans Publishing Company, 1904), 81.
19 Bruce J. Malina and Richard L. Rohrbaugh, *Social-Science Commentary on the Synoptic Gospels*, 348.
20 John N. Collins, *Diakonia: Re-interpreting the Ancient Sources* (New York: Oxford University Press, 1990), 3-95, 173-191, 335-337. Warren Carter, "Getting Martha out of the Kitchen: Luke 10:38-42 Again," *The Catholic Biblical Quaterly* 58(1990): 269-272에서 재인용.
21 누가복음 8장 1-3절의 연구 흐름에 대한 간단한 소개를 보라. Carla Ricci, *Mary Magdalene and Many Others*, 40-50.
22 Joseph A. Fitzmyer, *The Gospel According to Luke* (X-XXIV), The Anchor Bible 28A (New York . London. Toronto . Sydney . Auckland: Doubleday, 1985), 848.
23 Adele Reinhartz, "From Narrative to History: The Resurrection of Mary and Martha," in *"Women Like This" New Perspectives on Jewish Women in the Greco-Roman World*, 169.

24 Ibid.
25 이 문제에 관하여는 5장에서 다룰 것이다.
26 Ibid., 170-171.
27 Ibid., 170.
28 제인 비아(E. Jame Via)는 누가복음서 안에서 diakoneo 가 원시 기독교의 의례적 식사(ritual meal)와 어떻게 연결되고 있는지 조사하였다. 여기에서는 Diakonea의 사용뿐 아니라, 먹고 마심에 대한 언급들, 먹는 이미지의 빈번한 사용 등이 총체적으로 조사되었다. "Women, the Discipleship of Service, and the Early Christian Ritual Meal in the Gospel of Luke," *Saint Luke's Journal of Theology* 29, no. 1 (1985): 37-60.
29 Loveday Alexander, "Sisters in Adversity," 181-182.
30 Warren Carter, "Getting Martha out of the Kitchen: Luke 10:38-42 Again," 268.
31 Elaiabeth Moltmann-Wendel,『예수 주변의 여인들』30-31.
32 Ben Witherington III, *Women in the Ministry of Jesus* (Cambridge: Cambridge University Press, 1984), 101. 이 주장은 훨씬 이전의 콘스탄스 파비(Constance Parvey)에 의해서 주장되었다.
33 Ibid., 101-103.
34 Elisabeth Schussler Fiorenza, *But She Said* (MA: Beacon Press, 1992), 52-76.
35 Loveday Alexander, "Sisters in Adversity," 171.
36 Robert W. Wall, "Martha and Mary (Luke 10.38-42) in the Context of a Christian Deuteronomy," *Journal for the Study of the New Testament* 35 (1989): 28.
37 Ibid., 24.
38 Stevan Davies, "Women in the Third Gospel and the New Testament Apocrypha," 185-186.
39 단젤로는 누가의 예수는 마르다의 사역을 금지하지는 않았지만 그것과 대조시켜서 마리아의 제자됨을 더 중요한 것으로 인정하였다고 평가한다. 그는 마르다의 불만은 누가 당시 여성 사역자들이 여성들의 역할이 약화되어 가는 것을 불만스럽게 여겼음을 반영하는 것으로 생각할 수 있다고 제시하면서, 누가-행전에서 여성의 사역은 거부되거나 금지되지는 않지만 회피된다고 주장한다. Mary Rose D'Angelo, "Women in Luke-Acts:A Redactional View," *Journal of Biblical Literature* 109/3 (1990): 441 461 , 특히 455,
40 Warren Carter, "Getting Martha out of the Kitchen," 264-280.
41 Ibid., 277.

42 Mary Rose D'Angelo, "Women in Luke-Acts: A Redactional View," 442.

부록 3. 큰 잔치 비유 다시 읽기

1 Robert J. Karris, *Luke Artist and Theologian* (New York: Paulist Press, 1985), 49-52 에서 이러한 주제들과 관련된 구체적인 누가의 본문을 제시한다.(먹는 행위 = 4:2: 5: 30-33;6:1-5: 7:33-34, 36: 8:55: 9:13: 10:7-8: 12:19-22, 29, 45; 13:26; 14:1,15; 15:16, 23; 17:8, 27-28;22:8, 11, 15-16, 30: 24:43 / 식사* = 14:12, 16-17, 24;22:14-38: 24:28-34 / 식탁친교= 4:25;7:36-50; 9:11-17; 15:1-2, 25-32: 19:5-7 / 빵을 나눔 = 22:19; 24:35 / 음식= 10:7-8: 12:23, 42 / 식사예절= 14:7-11, 12-14: 22:24-27 / 환대= 4:39 : 5:29: 10:38)
2 예수와 그의 제자들의 식사(5:27-6:5),예수와 바리새인의 첫 번째 식사(7:36-50), 예수께서 무리들을 먹이심(9:10-17),예수와 마르다, 마리아와의 식사(10:38-42), 예수와 바리새인의 두 번째 식사(11:37-54), 예수와 바리새인의 세 번째 식사(14:1-24), 돌아온 탕자를 위한 식사(15:1-32), 부자와 나사로의 식사(16:19-31), 예수와 삭개오의 식사(19:1-10), 예수와 제자들의 마지막 식사 (22:7-38), 부활한 주님과 엠마오 제자들의 식사(24:28-35), 부활한 주님과 예루살렘의 제자들과의 식사(24:41-43). John Paul Heil. *The Meal Scenes in Luke Acts. An Audience-Oriented Approach* (Atlanta-Society of Biblical Literature, 1999).
3 이사야서 25:6 "만군의 여호와께서 이 산에서 만민을 위하여 기름진 것과 오래 저장하였던 포도주로 연회를 베푸시리니…."(개역개정판)
4 Sylvia C. Keesmaat, "Strange Neighbor? and Risky Care(Matt 18:21-35: Luke 14:7-14; Luke 10:25-37)," in *The Challenge of Jesus' Parables,* edited by Richard N. Longenecker(Grand Rapids: William B. Eerdmans Publishing Company, 2000), 273-274.
5 Bruce J. Malina and Richard L. Rohrbaugh, *Social-Science Commentary on the Synoptic Gospels* (Minneapolis: Fortress Press, 1992), 367.
6 Mary Douglas, "Deciphering a Meal," in *Implicit Meanings* (London and Boston: Routledge & Kegan Paul, 1975), 249.
7 ritual과 ceremony의 차이에 대해서는 Mark McVann, "Rituals of Status Transformation in Luke-Acts: The Case of Jesus the Prophet," in *The Social World of Luke-Acts,* edited by Jerome H. Neyrey(MA: Hendrickson Publishing Inc., 1991), 334-335를 참고하라.
8 Jerome H. Neyrey, "Ceremonies in Luke-Acts: the Case of Meals and Table

Fellowship,"in *The Social World of Luke-Acts*, edited by Jerome H, Neyrey (MA: Hendrickson Publishing Inc., 1991), 363.

9 David A. DeSilva, *Honor, Patronage, kinship & Purity* (Downers Grove: Inter Varsity Press, 2000), 100, 106.

10 J. Jeremias, *The Parables of Jesus* (London: SCM Press,1963), 176-180: John R. Donahue, *The Gospel in Parable* (Fortress: Fortress Press, 1988), 140-146: M. Swartley, "Unexpected Banquet People (Luke 14:16-24): The Parable of the Great Feast," in *Jesus and His Parables: Interpreting the Parables of Jesus Today*, edited by V. Geroge Shillington(Edinburgh: T. & T. Clark, 1997). 쇼트로프는 이러한 종류의 해석으로 구원사적 또는 교회론적 해석과 종말론적 해석을 예로 설명했다. Luise Schottroff, *The Parables of Jesus* (MN: Fortress Press,2006), 53-56.

11 이 글에서는 큰 잔치를 하나님 나라 잔치로 해석하는 것에 대해서만 문제를 제기할 것이기 때문에, 큰 잔치 비유에 대한 다양한 해석들—예를 들면,마태복음서와 도마복음서의 유사한 본문에 대한 비교연구나 이 단락의 문학적 장르에 대한 연구 등—을 포괄적으로 소개하거나 비평하는 일은 논의의 범위를 넘어서는 것으로 시도하지 않을 것이다.

12 전통적인 해석들에 대해서는 Willard M. Swartley, "Unexpected Banquet People (Luke 14:16-24): The Parable of the Great Feast"를 참고하라

13 Bernard Brandon Scott, *Hear Then the Parable* (Minneapolis: Fortress Press, 1989), 164.

14 Jerome H. Neyrey, "Ceremonies in Luke-Acts: the Case of Mealsand Table Fellowship," 361-387.

15 David A. De Silva, *Honor, Patronage, Kinship & Purity*, 95-119.

16 Richard L. Rohbaugh, "The Pre-industrial City in Luke-Acts: Urban Social Relations," in *The Social World of Lukc-Acts*, edited by Jerome H. Neyrey (MA: Hendrickson Publishing Inc., 1991), 141.

17 Halvor Moxnes, *The Economy of the Kingdom. Social Conflict and Economic Relations in Luke's Gospel* (Philadelphia: Fortress Press, 1988), 127-138.

18 Richard L. Rohbaugh, "The Pre-industrial City in Luke-Acts: Urban Social Relations," 125-149.

19 Willi Braun, *Feasting and social rhetoric in Luke 14* (Cambridge: Cambridge University Press, 1995).

20 Halvor Moxnes, "Patron-Client Relations and the New Community in Luke- Acts," in *The Social World of Luke-Acts*, edited by Jerome H. Neyrey(MA: Hendrickson Publishing Inc., 1991), 265.
21 Richard L. Rohbaugh, "The Pre-industrial City in Luke—Acts: Urban Social Relations," 146-147.
22 Willi Braun, *Feasting and social rhetoric in Luke 14*, 113-131.
23 이것은 주인이 '원래' 초청하지 않았다는 것과 주인 자신이 "데려오라"고 한 그 명령을 초청으로 여기지 않고 있다는 것, 둘 다를 뜻한다.
24 브라운(W. Braun)은 부자 엘리트의 만찬에 가난한 이들을 초대하는 호의(dinner-hospitality)가 그레코-로만문학에서도 등장한다는 것을 지적하고, 누가와 루시안의 작품들을 비교하였다. 브라운은 이러한 문학이 도덕적 메시지를 전 하기 위한 것이라고 평가한다. *Feasting and social rhetoric in Luke 14*, 54-61.
25 *Ibid.*, 55 참조.
26 Jack T. Sanders, *The Jews Luke-Acts* (Philadelphia: Fortress Press, 1987), 135.
27 Sylvia C. Keesmaat, "Strange Neighbors and Risky Care," 273-275.
28 Halvor Moxnes, *The Economy of the Kingdom*, 132.
29 *Ibid.*, 130-132.
30 N. S. Eisenstadt and L. Roniger, *Patrons, Clients, and Friends*(Cambridge: Cambridge University Press, 1984); Richard Sailer, *Personal Patronage Under the Early Empire* (Cambridge: Cambridge University Press, 1982); Andrew Wallace-Hadrill, *Patronage in Ancient Society* (London: Routledge, 1989): Frederick W. Danker, *Benefactor: Epigraphic Study of a Graeco-Roman and New Testament Semantic Field* (St, Louis: Clayton Publishing, 1982.)
31 David DeSilver, *Honor, patronage, Kinship & Purity*, 109-110. 말리나는 상호성의 종류를 세 가지로 소개하였다. 보편적 상호성(Generalized Reciprocity)은 다른 사람의 편에서 배려하는 이타적 성격을 가지고 있는 것으로 보답을 바라지 않는다. 부모가 자녀에게 주는 양육이나 지원이 가장 대표적인 예이다. 대등한 상호성(Balanced Reciprocity)은 양편이 서로 균등한 이익을 주고받는 상호 관계로,다양한 형태의 사회적 재화를 거래하게 된다. 부정적 상호성(Negative Reciprocity)은 자기중심적이고 이기적인 성격을 갖는 것으로 어떤 보상도 없이 다른 사람으로부터 무엇인가를 얻는 것이다. 사기, 절도강탈, 과도한 부과 등이 여기에 해당한다. Bruce J. Malina, *Christian Origins and Cultured Anthropology* (Atlanta: John Knox Press, 1986), 101-106.

32 Robert Karris, "Poor and Rich: The Lukan Sitz im Leben," *Perspectives on Luke-Acts* (Edinburgh: T. & T. Clark Ltd., 1978),120.
33 Halvor Moxnes, *The Economy of the Kingdom*, 133.
34 목스네스는 살린(M. Sahte)을 인용하여, 이 관계를 위에서 아래로 주는 '재분배'라고 칭하였다. *Ibid.*, 132-133.
35 *Ibid.*, 134.
36 바인은 이 사람들은 신명기 20장 5-7절에 언급된 전쟁 참여를 면제 받을 수 있었던 사람들의 목록과 병행한다고 지적한다. Victor E. Vine, "Luke 14:15-24 and Anti-Semitism," *Expository Times* 102(1991), 263: Willard M. Swardey, "Unexpected Banquet People(Luke 14: 16-24)," 185. 그러나 이러한 정당한 사유에도 불구하고 주인은 그들이 초청을 거부한 것에 대해서 화를 내었고, 끝내는 잔치 참여를 금지시켰다.
37 Richard L. Rohbaugh, "The Pre-industrial City in Luke-Acts: Urban Social Relations," 143.
38 대략 45만m2(136,125평)에 해당한다.
39 J. Jeremias, *The Parables of Jesus*, 177.
40 Bruce J. Malina, *The New Testament World. Insight from Cultural Anthropology*, 3rd edition(Louisville: Westminster John Knox Press, 2001), 158.
41 Halvor Moxnes, "What is family? Problems in constructing early Christian families," in *Constructing Early Christian Families*, edited by Halvor Moxnes (London and New York: Roudedge, 1997), 30.
42 K. C. Hanson, "BTB Readers Guide: Kinship," *Biblical Theology Bulletin* 24(1994): 188.
43 C. S. Keener, "Marriage," in *Dictionary of New Testament Background*, edited by Craig Evans & Stanley Porter(IL: Inter Vaisity Press, 2000), 680-693: James Jefiers, *The Greco-Roman World of the New Testament Era: Exploring the Background of early Christianity*(IL: Inter Varsity Press, 2002), 238.
44 David A. DeSilva, *Honor, Patronage, Kinship & Purity*, 177.
45 Bruce J. Malina, *The New Testament World*, 143-144.
46 Richard L. Rohbaugh, "The Pre-industrial City in Luke-Acts: Urban Social Relations," 143.
47 *Ibid.*, 139-145.
48 Jack T. Sanders, *The Jews in Luke-Acts*, 135-137.

49 Willi Braun, *Feasting and Social Rhetoric in Luke 14*, 73-97.
50 24절의 '내가 너희에게 말한다"(*legō gar hymin*)에 대한 논의에 대해서는 Willi Braun, *Feasting and Social Rhetoric in Luke 14*, 121-128을 참조하라.
51 키즈마트는 이 비유가 명예와 수치에 대한 옛 기대를 완전히 뒤엎은 세계를 보여준다고 말한다. Sylvia C. Keesmaat, "Strange Neighbors and Risky Care," 275. 그가 이 비유에서 고대 사회의 '명예와 수치'라는 사회적 가치를 제시한 것은 통찰력 있는 것이었으나, 그것을 구원이 예상되었던 사람들과 그렇지 못했던 사람들 간의 명예와 수치의 역전으로 적용함으로써 전통적인 해석에서 벗어나지 못하고 있다.
52 Richard L. Rohbaugh, "The Pre-Industrial City in Luke-Acts: Urban Social Relations," 139-145.
53 Willi Braun, *Feasting and Social Rhetoric in Luke 14*, 73-97.
54 특히 이것은 마태복음서나 도마복음서와 비교할 때 더 두드러진다. *Ibid*., 73 참조.
55 Willard M. Swardey, "Unexpected Banquet People," 185.
56 Craig L. Blomberg, *Interpreting the Parables* (Downers Grove: Inter Varsity Press, 1990), 235: Willi Braun, *Feasting and Social Rhetoric in Luke 14*, 96.
57 Halvor Moxnes, *The Economy of the Kingdom*, 133-134.
58 Richard L. Rohbaugh, "The Pre-industrial City in Luke-Acts: Urban Social Relations," 140.
59 Willi Braun, *Feasting and Social Rhetoric in Luke 14*, 98-131 참조.
60 Luise Schottroff, *The Parables of Jesus*, 53.
61 이와 같이 부정적인 파트론(negative patron) 모델을 통해서 경고의 메시지를 보내는 방식은 누가복음서에서 익숙한 방식이다. 누가복음서는 어리석은 부자(12:13-21), 부자와 거지 나사로(16:19-31), 불의한 재판관(18:1-8), 돈 많은 관리(18: 18-30), 므나 비유(19:11-27) 등에서 부정적 파트론을 통해서 경고의 메시지를 전달한다. 부정적인 파트론에 대해서는 Halvor Moxnes, "Patron-Client Relations and the New Community in Luke-Acts," 255-257을 참조하라.

참 고 문 헌

구제홍. "학문공동체로서 마태공동체의 특성이해." *Yonsei Review of Theology & Culture* 4(1998): 273-291.
김선정. "큰 잔치 비유 다시 읽기: 누가복음 14:12-24."「문화와 신학」제12집(2008): 93-117.
_____. "포도원 주인의 두 가지 길: 마태복음 20:1-16에 대한 사회학적 해석."「신약논단」 13(4) (2006): 785-810.
김재성 외.『성서를 읽는 11가지 방법』. 서울: 생활성서사, 2001.
김학철. "하늘나라 비유로서 달란트 비유 다시 읽기."「신약논단」16/1 (2009): 5-39.
로핑크, G.『산상설교는 누구에게』. 정한교 옮김. 왜관: 분도출판사, 1990.
박수암.『산상수훈』. 서울: 대한기독교서회, 1990.
박찬웅.『초기 기독교와 요세푸스: 헬레니즘 시대의 유대교를 배경으로』. 서울: 동연, 2018.
벤델, E. M.『예수 주변의 여인들』. 김희은 역. 서울: 대한기독교출판사, 1982.
벨, A.『신약시대의 사회와 문화』. 오광만 역. 서울: 생명의 말씀사, 2001.
보그, M., 크로산, J. D.『첫 번째 크리스마스』. 김준우 옮김. 서울: 한국기독교연구소, 2011.
불트만, R.『공관복음전승사』. 허혁 역. 서울: 대한기독교서회, 1970.
샌더스, E. P., 데이비스, M.『공관복음서 연구』. 이광훈 역. 서울: 대한기독교서회, 1999.
서중석.『공관복음해석』. 서울: 대한기독교서회, 2018.
_____.『복음서의 예수와 공동체의 형태』. 서울: 이레서원, 2007.
_____.『복음서해석』. 서울: 대한기독교서회, 1991.
스타크, R.『기독교의 발흥』. 손현선 역. 서울: 좋은 씨앗, 2016.
스탠턴, G.『복음서와 예수』. 김동건 역. 서울: 기독교서회, 1996.
시니어, D.『마태복음』. 민경식 옮김. 서울: 대한기독교서회, 2018.
아우어바흐, E.『미메시스: 고대. 중세편』. 김우창, 유종호 역. 서울: 민음사, 1992.
에드워즈 2세, O. C.『누가의 예수 이야기』. 오덕호 역. 서울: 한국장로교출판사, 1999.

윌스, G.『예수의 네 가지 얼굴』. 권혁 역. 서울: 돋을새김, 2008.
이브, E.『예수에서 복음서까지』. 박규태 역. 서울: 좋은 씨앗, 2016.
정승우.『로마서의 예수와 바울』. 서울: 이레서원, 2008.
켈버, W. H.『마가의 예수이야기』. 서중석 역. 천안: 한국신학연구소, 1987.
콜린스, J. J.『묵시문학적 상상력: 유다묵시문학 입문』. 박요한 역. 서울: 카톨릭 출판사, 2006.
크로산, J. D.『역사적 예수』. 김준우 역. 서울: 한국기독교연구소, 2000.
키이, H. C.『신약성서의 이해』. 서중석 역. 천안: 한국신학연구소, 1991.
킹스베리, J. D.『이야기 마태복음』. 권종선 옮김. 서울: 요단출판사, 2000.
타이센, G.『복음서의 교회정치학』. 류호성, 김학철 역. 서울: 대한기독교서회, 2002.
_____.『예수 운동의 사회학』. 조성호 역. 서울: 종로서적, 1988.
_____.『원시 그리스도교에 대한 사회학적 연구』. 김명수 역. 서울: 대한기독교출판사, 1986.
판데어캄, J. C.『초기 유다이즘 입문』. 박요한 영식 옮김. 서울: 성서와 함께, 2005.
포웰, M.『누가복음 신학』. 배용덕 역. 서울: 기독교문서선교회, 1995.
홀슬리, R. A.『크리스마스의 해방』. 손성현 역. 서울: 다산글방, 2000.
_____.『예수운동』. 이준모 역. 천안: 한국신학연구소, 1993.
Alexander, L. *The Preface to Luke's Gospel: Literary Convention and Social Context in Luke 1.1-4 and Acts 1.1*. Society for New Testament Studies Monograph Series 78. Cambridge: Cambridge University Press, 1993.
_____. "Sisters in Adversity: Retelling Martha's Story." In *Women in the Biblical Tradition*, The Edwin Mellen Press, 1992: 168-182.
_____. *Paul and the Hellenistic Schools: The Evidence of Galen*. Philadelphia: Fortress Press, 1986.
Allison, Dale C. *The Sermon on the Mount*. New York: The Crossroad Publishing Company, 1999.
_____. *The New Moses: A Matthew Typology*. Minneapolis: Augsburg Fortress, 1993.
Arlandson, James Malcolm. *Women, Class, and Society in Early Christianity*. Massachusetts: Hendrickson Publishers, Inc., 1997.
Bacon, B. W. *Studies in Matthew*. London: Constable, 1930.

Bauer, David R. *The Structure of Matthew's Gospel: A Study in Literary Design*. Sheffield: the Almond Press, 1988.

Beyer, Hermann W. "diakoneō." In *Theological Dictionary of the New Testament*. Vol.11, William B. Eerdmans Publishing Company, 1904.

Blomberg, Craig L. *Interpreting the Parables*. Downers Grove: Inter Varsity Press, 1990.

Bornkamm, G. "End-Expectation and Church in Matthew's." In *Tradition and Interpretation in Matthew*. G. Bornkamm, G. Barth, and H. J. Held. Philadelphia: Westminster, 1963:15-51.

Braun, Willi. *Feasting and social rhetoric in Luke 14*. Cambridge: Cambridge University Press, 1995.

Brooks, Stephenson H. *Matthew's Community : The Evidence of his Special Sayings Material*. Journal for the study of the New Testament supplement series 16. Sheffield: JSOT Press, 1987.

Brown, R. E. *The Death of the Messiah*. New York: Doubleday, 1994.

_____. *The Birth of the Messiah: A Commentary on Infancy Narratives in the Gospels of Matthew and Luke*. New York: Doubleday, 1993.

Burridge, Richard A. *Four Gospels, One Jesus?* Grand Rapids: Wm. B. Eerdmans Publishing Company, 1994. [김경진 역.『네 편의 복음서, 한 분의 예수』. 서울: 기독교연합신문사, 2000.]

_____. *What are the Gospels?: A Comparison with Graeco-Roaman Biography*. Cambridge: Cambridge University Press, 1992.

Butts, James R. (Ed.) *The Parables of Jesus: Red Letter Edition*. California: Polebridge Press, 1988.

Cadbury, H. J. *The Making of Luke-Acts*, London: SPCK, 1958.

Carter, Warren. *Matthew and the Margins: A Sociological and Religious Reading*. New York: Orbis Books, 2001.

_____. *What Are They Saying about Matthew's Sermon on the Mount*. New York: Paulist Press, 1994.

_____. "Getting Martha out of the Kitchen: Luke 10:38-42 Again." *The Catholic Biblical Quaterly* 58(1990): 269-272.

Choi, Hung Sik. "A Study of 'dikaiosunē' in Matthew." *Korea Journal of Christian Studies* 39(2005): 47-61.

Conzelmann, H. *The Theology of St. Luke*. N.Y.: Harper & Row, 1960.

Cope, O. L. *Matthew: A Scribe Trained for the Kingdom of Heaven*. Washington, D.C.: CBAA, 1976.

Crossan, J. D. *Who Killed Jesus*. San Francisco: Harper, San Francisco, 1995.

D'Angelo, Mary Rose. "Women in Luke-Acts:A Redactional View." *Journal of Biblical Literature* 109/3 (1990): 441-461.

Danker, Frederick W. *Benefactor: Epigraphic Study of a Graeco-Roman and New Testament Semantic Field*. St. Louis: Clayton Publishing, 1982.

Davies, Stevan. "Women in the Third Gospel and the New Testament Apocrypha." In *"Women Like This."* Atlanta: Scholars Press, 1991: 185-190.

Derrett, J. D. M. "The Evil Eye in the New Testament." In *Modelling early Christianity: Social-Scientific Studies of the New Testament in its Context*. Edited by Philip F. Esler. London, New York: Routledge, 1995.

DeSilva, David A. *Honor, Patronage, Kinship & Purity*. Downers Grove: Inter Vaisity Press, 2000.

Dodd, C. H. *The Parables of the Kingdom*. New York: Charles Scribner's Sons, 1961.

Donahue, John R. *The Gospel in Parable*. Fortress: Fortress Press, 1988.

Douglas, Mary. "Deciphering a Meal." In *Implicit Meanings*. London and Boston: Routledge & Kegan Paul, 1975.

Downing, F. Gerald. "Theophilus' First Reading of Luke-Acts." In *Luke's Literary Achievement*. Edited by C. M. Tuckett. Sheffield: Sheffield Academic Press, 1995.

Doyle, B. Rod. "The Place of the Parable of the Labourers in the Vineyard in Matthew 20:1-16." *Australian Biblical Review* 42(1994): 39-58.

Eisenstadt, N. S. and Roniger, L. *Patrons, Clients, and Friends*. Cambridge: Cambridge University Press, 1984.

Elliott, John H. *What Is Social-Scientific Criticism?* Minneapolis: Fortress Press, 1993.

_____. "Matthew 20:1-15: A Parable of Invidious Comparison and Evil Eye Accusation." *Biblical Theology Bulletin* 22(1992): 52-65.

Esler, Philip F. *Modelling Early Christianity: Social-Scientific Studies of the New Testament in its Context*. London and New York: Routledge, 1995.

_____. *Community and Gospel in Luke-Acts: The Social and Political Motivations of Lukan Theology*. Cambridge: Cambridge University Press, 1987.

Fiorenza, Elisabeth Schussler. *But She Said*. MA: Beacon Press, 1992.

Fitzmyer, Joseph A. *The Gospel According to Luke (X-XXIV)*. The Anchor Bible 28A. New York, London, Toronto, Sydney, Auckland: Doubleday, 1985.

Gale, Aaron M. *The Matthean Community: Location, Wealth, Literacy*. Michigan: UMI, 2001.

Gowler, David B. *What Are They Saying About the Parables*. New York: Paulist, 2000.

Hanson, K. C. "BTB Readers Guide: Kinship." *Biblical Theology Bulletin* 24(1994): 183-194.

Heil, John Paul. *The Meal Scenes in Luke-Acts. An Audience-Oriented Approach*. Atlanta-Society of Biblical Literature, 1999.

Herzog II, William R. *Parables as Subversive Speech: Jesus as Pedagogue of the Oppressed*. Louisville: Westminster/John Knox Press, 1994.

Jeffers, James S. *The Greco-Roman World of the New Testament Era Exploring the Background of Early Christianity*. Illinois: InterVarsity Press, 1999.

Jensen, Robin Margaret. *Understanding Early Christian Art*. London and New York: Routledge, 2000.

Jeremias, J. *The Parables of Jesus*. London: SCM Press, 1963.

Jones, Ivor Harold. *The Matthean Parables: A Literary and Historical Commentary*. Leiden, New York, Köln: E. J. Brill, 1995.

Karris, Robert J. *Luke Artist and Theologian*. New York: Paulist Press, 1985.

_____. *Perspectives on Luke-Acts*. Edinburgh: T. & T. Clark Ltd., 1978.

Kähler, M. *The So-Called Historical Jesus and the Historic, Biblical Christ*. Philadelphia: Fortress Press, 1964.

Kee, H. C. *Who are the People of God?: Early Christian Models of Community*. New Haven: Yale University Press, 1995.

_____. *Knowning the Truth: A Sociological Approach to New Testament Interpretation*. Minneapolis: Fortress, 1989.

_____. *Community of the New Age: Studies in Mark's Gospel*. Philadelphia: The Westminster Press, 1977.

Keener, C. S. "Marriage." In *Dictionary of New Testament Background*. IL: Inter Vaisity Press, 2000: 680-693.

Keesmaat, Sylvia C. "Strange Neighbors and Risky Care(Matt 18:21 -35: Luke 14:7-14: Luke 10:25-37)." In *The Challenge of Jesus' Parables*. Edited by Richard N. Longenecker Grand Rapids: William B. Eerdmans Publishing Company, 2000.

Kraemer, Ross. *Shepard the Blessings: Women's Religions Among Pagans, Jews, and Christians in the Greco-Roman World*. New York · Oxford: Oxford University Press, 1992.

Lebacqz, Karen. "Justice, Economics, and the Uncomfortable Kingdom: Reflections on Matthew 20:1-16." *Annual of the Society of Christian Ethics* (1983): 27-53.

Luz, Ulrich. *Studies in Matthew*. Michigan/Cambridge: William B. Eerdmans Publishing Company, 2005.

Malina, Bruce J. *The New Testament World. Insight from Cultural Anthropology*. Louisville: Westminster John Knox Press, 2001.

_____. *Christian Origins and Cultured Anthropology*. Atlanta: John Knox Press, 1986.

_____ and Rohrbaugh, Richard L. *Social-Science Commentary on the Synoptic Gospels*. Minneapolis: Fortress Press, 1992.

Marsh, Clive and Moyise, Steve. *Jesus and the Gospels*. New York: Cassell, 1999.

Marxen, W. *Mark the Evangelist: Studies on the Redaction History of the Gospel*. Nashville: Abingdon Press, 1969.

McVann, Mark. "Rituals of Status Transformation in Luke-Acts: The Case of Jesus the Prophet." In *The Social World of Luke-Acts*. Edited by Jerome H. Neyrey. MA: Hendrickson Publishing Inc., 1991.

Meeks, W. A. *The First Urban Christianity: The Social World of the Apostle Paul*. New Haven & London: Yale University Press, 1983.
Metzger, Bruce. *A Textual Commentary on the Greek New Testament*. 3rd. London, New York: United Bible Societies, 1971.
Moxnes, Halvor. "Patron-Client Relations and the New Community in Luke-Acts." In *The Social World of Luke-Acts*. Edited by Jerome H. Neyrey. MA: Hendrickson Publishing Inc., 1991.
_____. *The Economy of the Kingdom. Social Conflict and Economic Relations in Luke's Gospel*. Philadelphia: Fortress Press, 1988.
_____. (Ed.) "What is family? Problems in constructing early Christian families." In *Constructing Early Christian Families*. London and New York: Roudedge, 1997.
Neyrey, Jerome H. "Ceremonies in Luke-Acts i the Case of Meals and Table Fellowship." In *The Social World of Luke-Acts*. MA: Hendrickson Publishing Inc., 1991.
_____. *Christ Is Community: The Christologies of the New Testament*. Wilmington, Delaware: Michael Glazier, 1984.
_____. (Ed.). *The Social World of Luke-Acts: Models for Interpretation*. Peabody: Hendrickson Publisher, 1991.
Overman, J. A. *Matthew's Gospel and Formative Judaism: The Social World of the Matthew Community*. Minneapolis: Fortress Press, 1990.
Patterson, Stephen J. *The God of Jesus: The Historical Jesus & the Search for Meaning*. Pennsylvania: Trinity Press International, 1998.
Perikan, Jaroslav. *The Illustrated Jesus Through the Centuries*. New Haven, London: Yale University Press, 1997.
Powell, M. A. *The Gospels*. Minneapolis: Fortress Press, 1998.
Reinhartz, Adele. "From Narrative to History: The Resurrection of Mary and Martha." In *"Women Like This,"* Edited by A. J. Levine. Atlanta: Scholars Press, 1991.
Ricci, Carla. *Mary Magdalene and Many Others. Women Who Followed Jesus*. Minneapolis: Fortress Press, 1994.
Rohbaugh, Richard L. "The Pre-industrial City in Luke-Acts: Urban Social Relations." In *The Social World of Lukc-Acts*. MA: Hendrickson Publishing Inc., 1991.

Sailer, Richard. *Personal Patronage Under the Early Empire*. Cambridge: Cambridge University Press, 1982.

Saldarini, Anthony J. *Matthew's Christian-Jewish Community*. Chicago: University of Chicago Press, 1994.

Sanders, Jack T. *The Jews Luke-Acts*. Philadelphia: Fortress Press, 1987.

Schottroff, Louise. *The Parables of Jesus*. Minneapolis: Fortress Press, 2006.

Scott, Bernard Brandon. *Hear Then the Parable: A Commentary on the Parable of Jesus*. Minneapolis: Fortress Press, 1989.

Shillington, V. George. "Saving Life and Keeping Sabbath(Matthew 20:1b-15): The Parable of the Labourers in the Vineyard." *Jesus and His Parables: Interpreting the Parables of Jesus Today*. Edited by V. George Shillington Edinburgh: T & T Clark, 1997: 87-101.

Sim, David C. *The Gospel of Matthew and Christian Judaism: The History and Social Setting of the Matthean Community*. Edinburgh: T & T Clark, 1998.

Stendahl, K. *The School of St. Matthew and Its Use of the Old Testament*. Philadelphia: Fortress Press, 1968.

Streeter, B. H. *The Four Gospels: A Study of Origins*. London: Macmillan, 1924.

Suh, J. S. *Discipleship and Community: Mark's Gospel in Sociological Perspectives*. Claremont: CAAM, 1991.

Swartley, M. "Unexpected Banquet People (Luke 14:16-24): The Parable of the Great Feast." In *Jesus and His Parables: Interpreting the Parables of Jesus Today*. Edinburgh: T. & T. Clark, 1997.

Theissen, Gerd. *The Gospels in Context: Social and Political History in the Synoptic Tradition*. Translated by Linda M. Maloney. Minneapolis : Fortress Press, 1991.

Verheyden, Joseph. "Luke 10,38-42 and Acts 6,1-7: Women and Discipleship in the Literary Context of Luke-Acts." In *The Unity of Luke-Acts*. Leuven: Leuven University Press, 1999.

Via, E. Jame. "Women, the Discipleship of Service, and the Early Christian Ritual Meal in the Gospel of Luke." *Saint Luke's Journal of Theology* 29, No. 1 (1985): 37-60.

Vine, Victor E. "Luke 14:15-24 and Anti-Semitism." *Expository Times* 102(1991): 262-263.

Wall, Robert W. "Martha and Mary (Luke 10.38-42) in the Context of a Christian Deuteronomy. "*Journal for the Study of the New Testament* 35 (1989): 19-35.

Wallace-Hadrill, Andrew. *Patronage in Ancient Society.* London: Roudedge, 1989.

Watson, Francis. *Paul, Judaism and the Gentile: A Sociological Approach.* Cambridge: Cambridge University Press, 1986.

Weiser, A. "diakoneō." In *Exegetical Dictionary of the New Testament.* Vol.1. Michigan: William B. Eerdmans Publishing Company, 1990.

Winter, Bruce W. *Philo and Paul among the Sophist.* Grand Rapids: Eerdmans, 2002.

Witherington III, Ben. *Women and the Genesis Christianity.* Cambridge: Cambridge University Press, 1990.

Wrede, W. *The Messanic Secret.* Translated by Grieg, J. C. G. London: Jamei Clarke, 1971.

Young, Brad H. *Jesus and His Jewish Parables: Rediscovering the Roots of Jesus' Teaching.* New York, Mahwah: Paulist Press, 1989.

찾아보기 (Index)

갈릴리 13, 39, 55, 59, 71, 77, 83, 91, 102, 124, 140, 150, 162, 171
경외자들 158
공관복음 4, 12, 17, 234
공생애 40, 55, 75, 77, 142
구약성서 14, 19, 31, 86, 103, 212, 239
구유 73
구전 전승 23, 25, 53
귀신 축출 77, 79, 83, 104, 105
규범 30, 79, 80, 115, 131, 145, 186, 220, 226, 232
기독론 63, 105, 148
긴급성 77, 125, 126
나사렛 15, 31, 39, 42, 59, 66, 70, 72, 76, 83, 141, 153, 162
농촌 102, 109, 143, 159, 168, 171
누가공동체 37, 75, 131, 154, 160, 197, 208, 213, 238
누가복음 11, 22, 36, 40, 51, 54, 60, 65, 71, 238
달란트 115, 122, 123, 143, 239
대립 명제 114, 146
데오빌로 60, 162, 237
도시 35, 79, 102, 118, 143, 153, 159, 163, 171, 177, 224, 230
되갚음 221, 231
디아코니아 192, 196, 200, 205, 209

로마 제국 15, 18, 27, 31, 161, 169, 178, 188
마가공동체 27, 29, 106, 107, 108, 235
마가복음 109, 119, 125, 131, 136, 240
마르다, 마리아 190, 192, 245, 248
마리아 찬가 73
마태공동체 120, 131, 143, 145, 149, 150, 153, 178, 186, 241, 244
마태복음 11, 15, 21, 27,35, 40, 48, 52, 54
말씀자료(Q) 54
메시아 57, 64, 73, 86
무라토리 정경 21
묵시사상 134, 135
므나 비유 126, 144
바리새파 81, 88, 93, 113, 126, 155
바실레이아 103
바울 11, 29, 103, 135, 143, 154
배타적 교제 130
베드로 11, 18, 32, 47, 51, 56, 91, 95, 97, 106, 135, 152
베들레헴 68, 69, 70, 72
복음 11, 14
부활 현현 85, 97, 164
비밀 주제 105, 107
사도적 전승 11
사회학적 신약해석 27
산상설교 36, 48, 59, 81

산헤드린 90, 95
생물들(사자, 소, 독수리, 인간) 19
선교 31, 37, 47, 61, 75, 79, 85
성전 15, 17, 34, 40, 52, 57, 72, 78, 85, 91, 137, 143, 148, 163
세례 요한 14, 22, 65, 71, 78, 82, 135, 155
소묵시록 77
수난예고 56, 63
수치 217, 228, 229
식탁 교제 128, 211
악한 눈 112, 118, 168, 181, 184
안식일 논쟁 89
알레고리 110, 167, 215
암하아레츠 129
에클레시아 29
여성 56, 60, 67, 84, 85, 190, 245
여행 이야기 61
역전 84, 119, 179, 185, 206, 217
예루살렘 13, 35, 47, 52, 55, 61, 74, 75, 78, 85, 94, 126, 136, 141, 148, 157, 162
예언서 18, 37, 81, 87, 146
오경 48, 68, 79
요한복음 11, 15, 35, 39, 50, 195
원시 기독교 공동체 4, 5, 14, 15, 23, 25, 27, 133, 136, 190, 192
유대 당국자 76, 94, 147
유대-로마 전쟁 25, 34, 163
율법 16, 27, 32, 36, 48, 58, 74, 79, 88, 98, 113, 130, 144, 147, 155, 172, 203
의 81
이단 저주칙령 15

이미지 16, 19, 20, 22, 27, 32, 58, 63, 92, 102, 122
인자 63, 76, 88, 137, 147, 152
일꾼들 118, 169, 173, 177, 180, 185, 187
임마누엘 68
자비 95, 116, 118, 121, 146, 167, 168, 172, 175, 177, 180, 188
장르 14, 41, 44, 134
전기 문학 14, 43, 45
제자도 57, 192, 194, 202
족보 21, 22, 66, 75, 82, 132, 148, 150
종말 52, 59, 79, 85, 109, 123, 135, 147, 155, 185, 212
초청 대상자 지침 219, 221, 228
치유 기적 105
큰 잔치 비유 210, 215, 218
파트론 221, 222, 230
포괄적 교제 130, 213
포도원 주인 54, 102, 117
포용성 84
하나님의 나라 77, 82, 101, 111, 112, 124, 125, 127, 128, 131, 155, 160, 212, 215
하늘 나라 79, 112, 113, 115, 117, 119, 120, 123
헤롯 68, 69, 73, 88, 95
호의 118, 178, 179, 181, 183, 186, 214, 217
혼인 잔치 비유 121
회당 31, 78, 141, 145, 147, 153, 158